湖南师范大学基层教学组织项目建设成果

中国法制史
研讨教学案例

夏新华　主　编

刘顺峰　副主编

湖南师范大学出版社

本书编写人员

主　编

夏新华

副主编

刘顺峰

撰稿人

（以姓氏拼音为序）

陈　兵	陈仁鹏	郭　炯	黄谷秀
李勤通	刘顺峰	王登峰	夏新华
谢时研	于　熠	张小虎	张正印

序

近些年来，随着中国特色社会主义法治建设的不断开展，有关"中国历史上有没有法"的问题再次受到了学界的广泛关注。若以西方现代法学的知识视角来审视中国古代法律传统，确实存在着一定难度：一方面，中国历史上的法律概念与术语，如"眚""非眚""劾""读鞫""乞鞫"等，均有着特定的适用情境，可否将其直接等同于或翻译为现代意义上某一个具体法律概念与术语，学界争论颇多；另一方面，相较于西方，中国古代法的形成与发展，受到政治权力与家庭观念的影响更大，如皇帝对死刑案件具有最终裁决权、皇帝的诏命有着超越于国家成文法的效力、家族成员有谋反或谋叛等严重犯罪行为则会牵连整个家族等。由此，理解中国古代法，仅仅具有深厚的西方法学知识还不够，还需对中国传统法赖以生存的地理环境、社会结构、文化传统等有全面把握。

纵观近十年来国内法学界有关中国法制史教材的编写体例，虽对改革开放初期的"国家—法权史"编写体例作了改进，但总的来看，还是未能跳出由杨鸿烈先生创设的"朝代史"体例，亦即习惯于围绕刑事法律、民事法律、行政法律、司法制度等主题对中国传统法制展开"是什么"的介绍。客观言之，此种编写"范式"，虽对学生形成有关中国古代法的体系化认识有一定积极意义，却忽略了对传统法制运行机理的逻辑分析，遮蔽了法律制度背后的历史法理。不仅如此，在传统中国法制史教学过程中，学生一般都是"被动地"接受教师讲解的知识，对于为什么法制史知识是这样的，法制史知识的存在有何价值与意义，法制史知识与生活之间有何联系等问题没有予以进一步关注。

鉴于此，早在 2016 年，湖南师范大学法学院法律史教学团队便围绕教育部培养应用型与创新型法律人才的目标，同时结合法学教育的本质性要求及一般规律，编写了《中国法制史研讨教学论纲》。该教材以中国历史上的"法学问题"为中心，将前沿研究成果与课堂教学有机结合，注重课堂教学过程中的师生互动，启迪学生发现问题、解决问题、提出新问题，以改变传统中国法制史的"知识传承—被动接受"教学模式，推进了学生对中国古代法的理论认识深度，夯实了学生的法学理论基础，培养了学生的历史法学思维，让学生对法律史的认识不再仅仅限于"朝代—法制"的既定框架。因此，《中国法制史研讨教学论纲》出版后，受到了学界的一致好评。只是，我们深知，囿于水平、时间所限，其间还存在一些瑕疵，但还是为我们思考新时代中国法制史教学"向何处去"提供了指引，特别是"如何帮助学生实现对中国古代法与中国人生活经验之间关联的认识""中国传统法中的智慧对新时代中国法律的体系化发展有无借鉴价值""中国传统法的发展有无客观规律"等问题的探索，不仅关涉到中国法制史教学的目标与价值，还关涉到法学学科发展"向何处去"。

基于深厚的法律史情怀与知识分子的责任担当，2018 年 2 月至 6 月，湖南师范大学法学院法律史教学团队，历经 10 多次的讨论与交流后，决定展开《中国法制史研讨教学案例》的编写工作。所谓案例，是指基于法学视角对客观事件的记录与描述。不过，案例在不同时空场域却有着不同的表达方式与意义内涵。因此，我们在案例选择时，始终紧密结合中国法律与法学发展的历史时空特征，并综合运用了如下三个标准：一是能体现特定历史时段立法、司法、行政理念或法制指导思想的代表性案例、典型性案例，比如体现隋朝"重刑主义"理念的"隋文帝时群盗案"，体现唐朝"一准乎礼"法制指导思想的"房强兄弟谋反连坐案"。二是能体现对重大政治事件予以法制化处理，或者对重大政治性事件有深刻影响的代表性案例、典型案例。比如，体现中国传统禅让制向世袭制过渡的"夏启征伐有扈氏案"，体现明朝大兴党狱的"胡惟庸谋反案"。三是所有入选的案例，必须要在"马工程"教材上有对应的知识点。比如，"羊聃适用八议案"，其对应的知识点是"魏晋南北朝的八议制度"；"张蕴古泄露机密案"，其对应的知识点是"唐朝的死刑复奏制度"。其实，在编写该教材之前，我们团队成员就广泛阅读、参考了多部已经出版的有关中国法制史案例教学的教材。总的来看，虽然其对帮助学生"跳出"从理论到理论的法律史学习框架、引导教师不再仅仅关注传统中国法的制度阐释与梳理、鼓励师生之间积极互动等有重要意义，但不足亦较为明显：（1）大多教材对所选案例的出处没有进行严格"考证"，亦即有不少教材虽以"案例"作为分析的对象，但案例"转引"现象尤为常见且案例中的文字、语句错误之处较多，凡此不仅难以确保案例"意思表示"的真实性，也不利于学生历史法学思维的培养；（2）对案例的分析仅仅限于案例本身的历史，亦即只关注案例的事实、缘由及裁决结果，忽略了对案例发生时的历史社会背景的梳理，对案例为什么会发生，发生后受到了哪些因素的影响，为什么案例会在中国法制史上留下重要"印记"等问题没有予以系统阐释；（3）案例的选择缺乏科学标准。中国法制史是一段法律儒家化的"长程历史"，到底哪些案例具有重要的教学价值？对学生理解中国法的变迁、逻辑、经验有无积极意义？对推进中国法的历史进程能否发挥重要作用？诸如此类的问题都需要结合中国法制史的教学目标与教学安排来进行认真筹划，并遵循科学的标准。

因此，本书的编写可被视为在克服上述不足的基础上展开的一次大胆创新，主要体现在四个方面：第一，紧密围绕"马工程"《中国法制史》教材进行内容设计。遵循中国法制萌芽、诞生与发展的时间顺序，对每个重要历史时段的代表性案例或者典型性案例展开多向度深入分析，让学生对"马工程"《中国法制史》教材中的重要知识点有清晰把握，帮助学生建构中国法制历史发展进程的体系化思维。第二，通过研讨式教学启发学生的法学跨学科思维。一改传统教学过程中"以教师教学为中心"的模式，让学生在对有关古代案例的学习中，主动找到案例分析的突破口，厘清古今法制的差异并阐释差异形成的原因。第三，注重案例原文与出处的"原生性"与"代表性"。如前所述，当前有很多以中国法制史案例分析为主题的教材，虽然援引了大量案例，但对案例的原文与出处并没有作细致考量，以致对案例的准确性无法保证，对教师教学的广度与深度、学生学习的兴趣与意义也有一定阻碍。此外，在中国法律史的教学过程中，囿于史料的有限性及法制史学科的理论性，大多法制史课程对案例教学都不太重视，也甚少有教师在课堂上会以案例作为教学的"主线"或"对象"，即使有教师尝试引入案例来增添教学的趣味、拓宽学生的知识视野，但对如何选择案例，所选案例究竟真实与否，案例对教学的价值多大等问题并未予以深刻关注，案例选择具有随意性。与之形成鲜明对比的是，本教材极为关注案例的选择，所有被选的案例不仅与"马工程"《中国法制史》教材的相关理论内容高度契合，更是其事件发生时期具有代表性或者典型性的案例。第四，充分使用案例分析方法的"多元性"。案例分析法虽然是法学的经典分析方法，但传统法学所谓的"案例分析（case method）"是一种从"国家法规范"到"国家法规范"的分析法，强调的是国家对社会与公民的法律规制。本教材则"打破"了传统案例分析法的"局限"，通过"选案背景与教学目的"来对案件发生时的社会经济、政治、环境、文化等予以全面介绍；与此同时，在对案例进行分析的过程中，注重运用"社会科学"的方法，以培养学生法学与其他学科的跨学科思维。

为达到上述要求与目的，我们特意在结构编排上进行了精心设计。坚持以"马工程"《中国法制史》教材的知识体系为基础，尤其是其中的重点与难点知识。与此同时，我们还参照了《中国法制史研讨教学论纲》，最终将本书在结构上分为8章，每一章设【章前导读】对案例发生时代的历史法制背景进行简要介绍，对所选案例的重要性，以及不同案例之间的关系予以简单描述，以来帮助学生形成有关本章知识体系的总体性印象，了解本章知识的学习意义；精选了52个典型案例，每一个案例从"选案背景与教学目的""案例原文与出处"及"案情解读与评析"三个层面依次展开，注重案例选择的"原生性"与案例分析的"跨学科性"，让学生在学习具体案例之前，对案例发生的社会背景及教学目的有体系化把握，从而全面提升学生的学习效率与学习积极性。

湖南师范大学作为国家"双一流"建设高校，其法学院拥有教育部应用型、复合型卓越法律职业人才培养基地。近年来，法学院的中国法制史教学团队围绕"中国法制史"课程的教学理念与目标，相继主持了湖南省普通高校教学改革研究项目、湖南师范大学教学改革研究项目、湖南省研究生优质课程建设项目。其中，由团队成员主讲的"中国法制史"课程还获得了2019年湖南省普通高校教师课堂教学竞赛一等奖。凡此实践，不仅证明了团队教学的创新性成果，也为我们更加深入地展开教学创新提供了支持。

本书由湖南省法学会法治文化研究会会长兼湖南省法律史学专业委员会主任委员、湖南师范大学法学院法律史学科带头人博士生导师夏新华教授担任主编,湖南省内多所高校从事法制史一线教学的教师等共同编写,法律史专业研究生协作参与。我们期望,本书的编写,能为增进学生有关中国传统法的认识深度、改进教师有关中国传统法的教学方式与方法,构建教学相长的新型法学教学模式有所助益。我们将尽力客观呈现中国传统法的经验理性,让学生能够真切地感受中国传统法的博大精深,形成对中国传统法律文明的理论自信。

本书的编写出版,得到了湖南师范大学法学院领导的大力支持,湖南师范大学出版社为本书的最终付梓提供了诸多帮助,在此,均表示我们诚挚的谢意。

目　录

第一章
先秦时期的案例

【**章前导读**】早在先秦时期，中国就存在司法的具体实践。不过，由于历史资料的相对匮乏，至今我们还无法勾勒这个时期的法制全貌，对这个特定历史时段的立法、司法与行政的关系亦缺乏深入认识。本章所精心选择的八个案例，虽分属于不同的类型，却极具代表性。皋陶决狱，标志着中国司法进程的开启；夏启征伐有扈氏案与比干剖心案，分别体现了中国早期政治案件中的法制化元素，以及中国早期司法与政治的复杂关联；训匜铭案、珉之婚姻案、师旂鼎铭文案、晋邢侯与雍子争田案则分别体现了中国最早的司法盟誓、婚姻纠纷、军事司法、土地纠纷处理方式；邓析被杀案，诉说了中国第一位"律师"的法制命运。可以说，这些案例从不同层面展现了中国早期司法的内涵与特质。通过这些案例的分析，可以发现中国早期司法乃至法制的文化性与社会性特征。

一、皋陶决狱案——中国早期司法经验的代表性案例

（一）选案背景与教学目的

皋陶处在军事民主制向奴隶制大转折的时代。在这个时期，部落战争频仍，部落间交流与融合也在加快，在战争中崛起的华夏部落联盟率先向国家形态过渡。基于战争需要，部落权力开始向首领集中，在这个过程中，原始习惯也逐渐"变形"，亦即不再仅仅服从于部落首领指挥战争的需要，而且还被加入了军事首领的意志。在战争中，华夏部落借鉴苗民"五虐之刑"用于治理部落，此为夏商周三代奴隶制五刑的历史源头。

尧舜时期的大洪水和治水，让部落首领权力更加集中。舜借机任命了大批专职官员，其中包括禹负责治水，皋陶负责司法。禹在治水中形成的超高权威和集权思维，直接为夏朝世袭制度铺平了道路。

皋陶作为这一时期最重要的司法官员，他的判例为夏朝刑法奠定了基础。所谓夏刑之属三千，应该主要是这些判例的汇总。皋陶对法制的更为重要的贡献，是总结、整理已有的各类涉及刑事处罚的相关规范，还提出了一系列刑法原则，对中国后世司法文化产生了极其深远的影响。[①]

本案教学，不仅有利于增进学生对"马工程"教材上有关皋陶处理狱讼的经验的知识理解深度，还有助于学生厘清这些经验与当时司法活动的联系，以及这些经验对后世所具有的历史意义。

（二）案例原文与出处

帝曰："皋陶，惟兹臣庶，罔或干予正。汝作士，明于五刑，以弼五教。期于予治，刑期于无刑，民协于中，时乃功，懋哉。"皋陶曰："帝德罔愆，临下以简，御众以宽；罚弗及嗣，赏延于世。宥过无大，刑故无小；罪疑惟轻，功疑惟重；与其杀不辜，宁失不经；好生之德，洽于民心，兹用不犯于有司。"帝曰："俾予从欲以治，四方风动，惟乃之休。"

——《尚书·大禹谟》

---

① 参见《中国法制史》编写组编：《中国法制史》，高等教育出版社 2017 年版，第 19－20 页。

（三）案情解读与评析

这段舜帝与皋陶的对话，完整总结了当时的主要司法经验。司法的最终目标是"民协于中"，皋陶的说法是"好生之德，洽于民心"；达到这个目标的实际效果是"兹用不犯于有司"和"刑期于无刑"；司法的指导思想是"明于五刑，以弼五教"。这个思想把司法目标与司法过程联结起来，把司法与民心联结起来，后来明朝朱元璋直接将其拿来作为法制指导思想。当时及后世的部落首领和领主，同时兼任案件审判之事，所以，帝德也适用于法官。这些经验对于后世专职法官也具有参照价值。"罚弗及嗣，赏延于世"，这种赏罚经验源于对民心得失的深刻休察。"宥过无大，刑故无小"，对过失行为采取宽大态度，对故意犯法行为从严处理，这种经验在于集中司法资源打击极少数恶意犯，用更小治理成本获得最大治理效果。"罪疑惟轻，功疑惟重""与其杀不辜，宁失不经"，对于不能完全证实的行为，区分罪和功两类，不能证实的罪行从轻处罚，不能证实的功劳从重奖励，顺应民心，以求最大司法成效。

从舜帝和皋陶所总结的司法经验中，我们惊讶地看到，在那个刚刚开始摆脱蒙昧状态的大转折时代，先圣们已经开创出如此成熟的人文实践与理念。传说皋陶还使用一种叫獬豸的独角兽来决狱。獬豸类似羊，只有一只角，但很有灵性，有分辨曲直、确认罪犯的本领。皋陶判决有疑时，便将这种神异的动物放出来，如果那人有罪，獬豸就会顶触，无罪则否。这个传说叙说了中国司法鼻祖审理此案的过程，反映了当时司法活动还沿袭了一些史前巫术时代的做法，这些做法并非皋陶所总结的审判经验，更不值得后世效仿。

二、夏启征伐有扈氏案——中国传统禅让制过渡至世袭制的标志性案例

（一）选案背景与教学目的

距今五六千年的新石器时代后期，在黄河、长江流域，先后出现了三个大的相对稳定的部落联盟：华夏、东夷和苗蛮。三大部落联盟在发展扩张过程中发生了几次战争，最终融合形成以华夏部落为主体的大联盟。舜

禹时期产生了专门承担与行使公共权力职能的人员和机构,《礼记·明堂位》曰:"有虞氏官五十,夏后氏官百。"当时皋陶被任命为专职法官,基于规模宏大的治水工程的实践需要,联盟首领权力达到了顶点。传说夏禹涂山会盟时"执玉帛者万国""朝诸侯之君会稽之上,防风之君后至,而禹斩之",高度集权化的部落联盟为夏朝国家的前身。

部落联盟时代,联盟首领权力以禅让方式转移,联盟首领以各部落共同拥戴为条件,本身并无显著特权。但是,当公共管理与其他领域的分工已经不可摇动的时候,原来的禅让制就无法继续维持下去了,联盟首领和其他权力职位也就由此越来越趋向于由固定家族垄断,即世袭。公元前21世纪,禹的儿子启违背禅让制传统,改用世袭的王位继承形式,建立了中国历史上的第一个王朝——夏朝。① 夏启的篡位,从历史角度看,顺应了大势,推动了社会进步。

本案教学目的在于,通过个案了解"马工程"教材上有关夏朝法制建立背景的知识,增进对中国古代早期司法、法制与社会政治发展之间关系的理解深度。

(二)案例原文与出处

有扈氏不服,启伐之,大战於甘。将战,作甘誓,乃召六卿申之。启曰:"嗟!六事之人,予誓告汝:有扈氏威侮五行,怠弃三正,天用剿绝其命。今予维共行天之罚。左不攻于左,汝不恭命;右不攻于右,汝不恭命。御非其马之政,汝不恭命。用命,赏于祖;不用命,戮于社,予则孥戮汝。"遂灭有扈氏,天下咸朝。

——《史记·夏本纪》

(三)案情解读与评析

夏启征伐有扈氏案是中国传统禅让制过渡至世袭制的标志性案例,史载细节出入很大,但大致过程和结果相同。现以《史记·夏本纪》所载版本为准作一解读与评析。

部落联盟时代的禅让制,在性质上属于原始习惯,其支持力量是一般社会观念及其支配下的行为。因此,违背禅让习惯并不构成司法意义上的

---

① 参见《中国法制史》编写组编:《中国法制史》,高等教育出版社2017年版,第26页。

违法，只可能引起社会观念和行为上的反对，从而在事实上被否定。从《史记》所载"篡位"过程来看，当时社会观念已经发生深刻变化，多数人并不反对启的篡位行动（"天下属意焉"），部落联盟中关键政治群体的多数，甚至支持启的行动（"诸侯去益而朝启"）。

舜禹时期政治权力集中化和专门化是夏启成功篡位的根本原因，当时关键政治群体拥戴启的理由很简单：他是禹的儿子（"吾君帝禹之子也"）。由此，上一代的权威自然转移到其儿孙身上，这表明当时关于政治权力合法性的社会观念已经发生深刻变化，即从贤能转向简单的血统。这是不易被觉察的历史巨变，却足以改变最基本的社会规则。

政治权力合法性认知从贤能转变为血统，是如何发生的呢？是成功治水后大禹政治威望极高导致的吗？如果是，则尧和舜当年也威望极高，为什么他们的儿子没有被拥戴呢？《史记》明确记载："禹子启贤，天下属意焉。及禹崩，虽授益，益之佐禹日浅，天下未洽。"这段内容极为重要，为什么说启有贤能呢？启从贤能上说肯定不能与其父亲禹相提并论，但是，他却有其父比不上的贤能，即政治才能。禹的贤能主要体现在治水上，而治水是一项技术性才能，不是治国理政的才能。在政治没有脱离社会的部落时代，贤能的标准是社会性的，所以，尧和舜都是以道德高尚而被拥戴为首领，炎黄二帝其实也是因为有农业或技术上的大才能而被拥戴为首领的。到舜禹时期，开始出现专职官员，联盟首领和其属下官员一起，变成独立的职业群体，政治才能是其最重要的标准，原来的社会性贤能评价已经不能被新兴政治群体认可。按原来禅让习惯被选中的益，应该是传统的尧舜式的贤能人物，但政治才能不足，所以说"天下未洽"。概言之，政治分工确立后，政治才能成为贤能新准则，社会观念也随之发生变化，这是夏启篡位成功的历史背景。

夏启后来的政治和立法行动进一步证明他有高超的政治才能。史载："有扈氏不服，启伐之，大战於甘。将战，作甘誓，乃召六卿申之。"对比他父亲的做法：涂山会盟时，朝诸侯之君会稽之上，防风之君后至，而禹斩。政治才能的核心在于为人民立法，或者说是为人民确立新的生活方式。禹是严格执行部落朝会习惯，斩杀迟到者以立威；启是战前树立新法纪，一举击败挑战者而天下服。至少说，在政治才能上，启不输于禹。启以后的王位世袭制度，表面上默认政治才能绑定血统，实则受政治与社会分工分离规律的约束，由少数家族垄断政治事务，这些家族实际上也承担了政治人才培养的社会职能。

三、比干剖心案——中国早期法外特殊司法的典型案例

（一）选案背景和教学目的

夏启虽然建立权力世袭制度，取代了军事民主制时期的禅让制度，但夏商周三代王的权位并不像秦汉以降的君主那样稳固。《左传·哀公七年》曰："禹合诸侯于涂山，执玉帛者万国。"夏启、商汤、周武王之所以成功完成朝代更替，都离不开当时众邦国的支持。到西周初年，宗法分封之国有七十多个，加上后来所封，一说达到八百多个。这些诸侯，表面上是周王封授，实则是以地方拥戴周王为交换条件。因此，王的权力基础，既直接来自于王室血统，但归根结底来自于天下各方部落的拥戴，并非牢不可破。如果王的行为遭到天下多数诸侯反抗，其权位就可能被颠覆。

商纣就是因统治残暴而被自己侯国推翻的典型。据说他发明了很多残忍的法外刑罚，如炮烙、醢、脯等，[①] 并把这些刑罚加于大臣亲贵身上，令亲近和诸侯都心生畏惧和怨恨，加入到反对商纣的西周阵营。比干剖心案是导致商朝覆灭的转折点。比干被杀后，商纣彻底众叛亲离，周武王于是起兵讨伐之。

通过本案的学习，可增进对"马工程"教材上有关商朝灭亡与其法制之间关系的知识的理解深度，从而全面把握商朝法律的特点。

（二）案例原文与出处

纣愈淫乱不止。微子数谏不听，乃与大师、少师谋，遂去。比干曰："为人臣者，不得不以死争。"乃强谏纣。纣怒曰："吾闻圣人心有七窍。"剖比干，观其心。箕子惧，乃详狂为奴，纣又囚之。殷之大师、少师乃持其祭乐器奔周。周武王於是遂率诸侯伐纣。

——《史记·殷本记》

---

① 参见《中国法制史》编写组编：《中国法制史》，高等教育出版社 2017 年版，第 32 页。

（三）案情解读与评析

作为中国早期法外特殊司法的典型案例，有关该案的解读与评析，我们可从如下三个层面展开：

首先，比干案在什么意义上可以理解为一起司法案件？比干被杀的原因是"强谏"，商纣用剖心方式残忍诛杀自己的叔叔比干，属于法外用刑，并非执行国法。商代是一个神权观念流行的时代，商汤讨伐夏桀时，自诩"有殷受天命"，商王都渲染自己是上帝之子，并通过占卜假借天意来推行神判神罚。商纣也极信天命在己。据《史记》记载，在商朝政治集团内部，当时一部分人已经开始反思君权神授问题，文王在狱中作卦辞，虽为占卜之言，但内容却是人事。祖伊在商纣面前也认同商王之天命观，但仍然劝其勿自绝于天。但以商纣为代表的另一些政治精英，仍然坚信天命在己，可以任性妄为。从这种绝对的君权神授逻辑来看，商纣公开残忍诛杀比干，是正常的执法行为，更准确地说，是正当的神判、神罚。在这个意义上，比干案确实是一起司法案件。

其次，比干剖心案显示商纣的司法权没有法律上的边界，却有事实上的边界。在比干剖心之前，商纣还处理了另外几个大臣。据《史记》记载，以西伯昌、九侯、鄂侯为三公。九侯有好女，入之纣。九侯女不喜淫，纣怒，杀之，而醢九侯。鄂侯争之强，辨之疾，并脯鄂侯。西伯昌闻之，窃叹。崇侯虎知之，以告纣，纣囚西伯羑里。西伯昌、九侯和鄂侯，是商纣身边的重要官员，比干、箕子和微子是商纣的叔叔，都是商朝统治阶层顶级精英。不过，他们的性命在商纣面前如同草芥一般，此种不受约束的绝对司法权对商朝统治阶层造成了毁灭性的打击。武王第一次出兵伐纣，诸侯皆曰：纣可伐矣。武王曰：尔未知天命，乃复归。武王所谓天命，应该理解为商纣政治集团尚未完全分裂。直到比干被剖心，商纣亲近之人奔散，武王才放手起兵。

最后，鉴于纣亡的教训，西周"刑不上大夫"原则明确了周王的司法权边界。周代以来，商纣王成了暴君的代名词，可见西周从商纣灭亡事件中吸取的教训极深。周公提出以德配天、敬天保民的政治理念，人民首次以德的名义进入了统治者的政治逻辑。周公制礼，既建立血缘与政治合一的宗法政治制度，又确立维系统治阶层内部团结的"礼不下庶人""刑不上大夫"的司法原则。终周之世，虽未出现像商纣那样暴虐的周王，王室权力却不断衰微。

四、训匜铭案——中国早期司法盟誓的标志性案例

（一）选案背景与教学目的

夏商两代虽然确立了王位世袭制度，但国家体制尚不完善。如商代的兄终弟及规则时常导致政治不稳定，王与诸侯之间从属关系缺乏社会资源支持。西周初年的周公制礼，则近乎完美地解决了这些制度问题。

周公制礼是对西周立国初期一系列政治制度改革的总称，其核心是在原有血缘氏族组织基础上建立起血缘与政治高度一致、家国一体的宗法政治制度。在这个制度的顶端，周天子在政治上是天下共主，掌握最高权力；在血缘上，周天子又是姬姓宗族的大宗，对众小宗享有宗主权。周天子以下的诸侯卿大夫等，也都同时具有政治和血缘双重身份，享有双重权力。[①]同时，从周天子到士大夫，均实行"世卿世禄"制度，父死子继、世代相传。这样，西周社会就形成了一个严格区分大小宗，分别享受不同权力，承担不同义务的宗法政治等级身份体制。

周礼把宗法政治制度具体化为行为规则系统，总体包括吉礼、凶礼、宾礼、军礼、嘉礼。周代的刑与礼的规则系统关系紧密："礼之所去，刑之所取，失礼则入刑，相为表里。"所谓相为表里，是指以礼为本、以刑为末，礼是基础性规则，刑以礼为依归，刑法的目标是保障宗法政治制度和礼制得以实现。然而，相为表里的礼刑关系主要体现在司法中。凡是与礼制和宗法等级制度相冲突的，都必须让位于维护宗法等级制度的需要。所谓"礼不下庶人，刑不上大夫"，即集中反映了宗法等级原则对司法的支配性影响。

该案的学习，可以使学生增进对"马工程"教材中有关西周审判制度与诉讼制度的知识理解深度，继而全面认知西周法制在中国传统法制中的地位与影响。

---

① 参见《中国法制史》编写组编：《中国法制史》，高等教育出版社 2017 年版，第 37 页。

（二）案例原文与出处

惟三月既死霸，甲申，王在菜上宫。伯扬父廼成概曰："牧牛！覷（粗）乃苟湛，汝敢以乃师讼，汝上挺先誓。今汝亦既又御誓，尃、□、嗇、睦、訓造。亦兹五夫，亦既御乃誓，汝亦既从辞从誓。初可，我义鞭女千，幭剭汝。今我赦汝，义鞭汝千，黜幭剭汝。今大赦汝，鞭汝五百，罚汝三百孚。"伯扬父乃或使牧牛誓曰："自今余敢扰乃小大事。""乃师或以汝告，则致，乃鞭千，幭剭。"牧牛则誓，乃以告吏眖、吏曶于会，牧牛辞誓成，罚金，儆用作旅盉。

———据《殷周金文集成释文》16.10285 铭文整理

（三）案情解读与评析

铭文大意是，三月下旬甲申这一天，周王在丰京的上宫。伯扬父作出判决，说："牧牛！你之前的行为何其过分，竟敢与你的上司打官司，这违背了你先前的誓言。现在你必须再一次盟誓。现在尃、佫、嗇、親和儆五人均已到场，在这五人面前，你必须盟誓，遵从判决和誓言。本来处罚很重，要打你一千鞭，处你以幭剭刑。现在我赦了你，也要打你一千鞭，处你黜剭刑。现在我决定大赦你，打你五百鞭，罚铜三百孚。"伯扬父又让牧牛发誓说："从今以后，我大事小事绝对不敢骚扰上司。"伯扬父说："你上司再把你告到我这里来，就要鞭你一千下，并处幭剭刑。"牧牛于是盟誓。伯扬父把审判结果告诉了官吏眖、曶。牧牛遵照判词和盟誓，缴纳了罚铜，儆将这一判决记入计簿，因而制作了盉。

作为中国早期司法盟誓的标志性案件，该案例被儆作为"纪念"刻在盉上，说明这个判决对他很重要。在铭文中，周王被首先"推出"，虽然只是说"王在菜上宫"，不过，王在该铭文中具有极重要的象征意义：其暗示周王对本案有直接或间接的指令，而伯扬父是代表周王做出这个判决。有一种解读，认为伯扬父是在周王面前作出这个判决的，这种解读值得商榷。如果周王本人亲临审判现场，不至于一言不发，如果周王有所表态，作为胜诉方，不至于没有任何记载。更合理的解释是，周王被首先提及，意在加强伯扬父判决的权威，抬高铭文主人自己的地位，并非周王亲临审判。

铭文内容体现了当时司法活动的口头化特点。该案全部活动，包括判决和盟誓，都是以口头形式进行的。铭文所载判决的用语明显带有口语特点，与书面判词风格差异明显。铭文本身并非判决书，更不是所谓的"青铜法典"。铭文中也没有任何地方可以解读为存在判决文书或誓约文书。正因为没有书面判决书，胜诉方儆才用刻诸铜器的方式，把判决诉讼过程记录下来。

从铭文记载可以看到，西周诉讼中盟誓具有非常重要的作用。在157字的铭文中，"誓"字反复出现7次，而且，本案认定的基本违法事实也是违背盟誓。具体来说，"誓"字第一次出现是伯扬父在判决中指责牧牛违背自己的誓言，这是对牧牛认定的主要罪状；第二、三、四次是伯扬父告诉牧牛，只有自己当众再立盟誓，重获其长官和其他见证人信任，才能得到赦免；第六、七次是说牧牛按照伯扬父的指示重新立了誓，按规定缴了罚金，从而得到从宽处理。可以说，盟誓构成了当时诉讼活动发展的基本节点，也是判断违法事实的主要依据。

盟誓是书写技术发达之前的口头文化时代，使法律行为发生效力的最重要方式。《说文》曰："誓，约束也。"《礼记·曲礼》曰："约信曰誓。"国家发布或认可的誓具有法律上的约束和规范作用，法史学界公认的中国最早的法律文献《甘誓》即采取了盟誓的方式。此外，《尚书》还有《汤誓》《泰誓》《牧誓》《费誓》《秦誓》，以誓为名的篇章占《尚书》总篇章的十分之一。可以说，无论司法活动，还是立法活动，盟誓都在其中发挥关键性作用。

回到案情本身。本案被处罚人牧牛起诉其领主儆，铭文没有提到牧牛起诉的原因。从常理推测，下属起诉上司，应该有很重大理由，否则不敢公开与自己的领主作对。从审判者伯扬父的判决看，他对牧牛的最终处罚其实相当轻，从最严重的"鞭汝千，幭劓汝"，到"鞭汝千，黜劓汝"，再到"鞭汝五百，罚汝三百寽"。审判者这种连续降等的从轻处理，必定有其从轻的理由。据此可以推测，牧牛起诉领主的理由很可能是真实成立的。审判者从轻处罚牧牛，既可以减轻牧牛的愤怒，使其接受判决，又可平息其他人的负面舆论，获得众仆从最低限度的认可。领主儆虽然表面上赢了诉讼，但未必服众，所以他有足够动机把此案处理过程刻在铜器上，并把周王之名放在铭文之首，而该铜器是用败诉者交出的罚铜做成的，领主儆借此来彰显自己赢得诉讼的正义性。

面对制度价值与事实价值之间的冲突，西周审判者显然站在了制度价值一边。西周宗法封建制下的等级支配关系，是其法律制度的主干，西周司法以维护这种等级体制为根本目标。如果违背宗法制原则，即使起诉事实证据确凿，也不会得到审判者的直接支持。任何下对上、贱对贵的反抗，都被视为对整个统治秩序的挑战。本案中，牧牛起诉的事实是否真实并不是最重要的，最重要的是他起诉其领主的行为损害了宗法封建制度，最终的判决结果其实体现了审判者在制度价值基础上对两种价值的综合权衡。

五、氓之婚姻案——中国早期婚姻纠纷的典型性案例

（一）选案背景与教学目的

从母系氏族社会到父系氏族社会，女性的社会地位发生了历史性转折。夏商政治世袭时代，嫡庶分别的意义越来越重要，女性在婚姻家庭中的地位每况愈下。

西周宗法制度把宗族与政治结合起来，婚姻在这种政治宗族制度体系中居于基础地位。婚姻的目的既在于延续血脉、承祀祖先，也在于将两个不同姓的宗族在政治上联合起来，巩固宗族势力。宗法政治的核心是政治权力如何传承，为此，西周礼法确立了一夫一妻制，法定正妻只有一位，以保证嫡长子身份无争议，防止继承顺位紊乱。正妻之外，可以有媵妾，依礼制，媵妾数量有等级分别，唯一共通的是女性只能有一位丈夫。这种婚姻制度作为西周宗法制度的基础和组成部分，形成了完整的规则系统和优良的治理效能。

西周婚姻制度体现了宗法伦理与男尊女卑的观念。[1] 西周婚姻成立需要有父母之命，媒妁之言，并经繁琐隆重的"六礼"程序。婚姻禁止规则有"同姓不婚"和"居父母丧不婚"，离婚则有"七去"和"三不去"等规定。

本案的学习，可以增进对"马工程"教材中有关西周婚姻制度的知识理解深度，从而全面把握中国早期婚姻纠纷的形态，以及中国古代早期婚姻法制的特征。

---

[1] 参见《中国法制史》编写组：《中国法制史》，高等教育出版社2017年版，第47页。

（二）案例原文及出处

民之蚩蚩，抱布贸丝。匪来贸丝，来即我谋。送子涉淇，至于顿丘。匪我愆期，子无良媒。将子无怒，秋以为期。

乘彼垝垣，以望复关。不见复关，泣涕涟涟。既见复关，载笑载言。尔卜尔筮，体无咎言。以尔车来，以我贿迁。

桑之未落，其叶沃若。于嗟鸠兮，无食桑葚！于嗟女兮，无与士耽！士之耽兮，犹可说也。女之耽兮，不可说也。

桑之落矣，其黄而陨。自我徂尔，三岁食贫。淇水汤汤，渐车帷裳。女也不爽，士贰其行。士也罔极，二三其德。

三岁为妇，靡室劳矣。夙兴夜寐，靡有朝矣。言既遂矣，至于暴矣。兄弟不知，咥其笑矣。静言思之，躬自悼矣。

及尔偕老，老使我怨。淇则有岸，隰则有泮。总角之宴，言笑晏晏。信誓旦旦，不思其反。反是不思，亦已焉哉！

——《诗经·国风·卫风·氓》

（三）案情解读与评析

这首诗描述的不是一个正式诉讼案例，而是那个时代普遍存在的家庭纠纷。或者说，连一桩纠纷都算不上，因为连她的兄弟都不以为然，她所遭遇的打击和辛劳被遮蔽在"完整家庭"的表象之下。不过，还可以说，这首诗所描述的又的确是堪称史诗级的婚姻纠纷，其深嵌于生活底层，以女性深刻的内心冲突的形式存在，并给女性造成长达数千年的精神暗伤，因此，又被视为中国早期婚姻纠纷的典型性案例。

从西周宗法婚姻制度的法理逻辑来看，这首诗反映的是"淫妇为人所弃，而自叙其事，以道其悔恨之意也"，其行为和内心活动不符合宗法婚姻规则，其对宗法婚姻制度的抵制和怨恨也不被认可。

《礼记·昏义》曰："昏礼者，将合二姓之好，上以事宗庙，而下以继后世也，故君子重之。"我们通常所理解的宗法制度，虽然没有个人主义存在的余地，尤其女子更处于依附的地位，但还是有保护妻子利益的规定，如休妻有"三不去"的限制。该诗中的女子先是与情人私订终身，无父母之命，后来虽有卜筮，却无媒妁之言，六礼仪式也基本阙如，故不能得到两姓亲人的祝福，娘家兄弟即使得知其处境悲苦也宁愿袖手旁观。换句话说，违背礼法的两性结合，本身就不受礼法的保护，尤其是女方，这与今天同居关系不受婚姻法保护的情况类似。

西周婚姻制度为一夫一妻多妾制，妻妾在人格上从属于丈夫，须孝顺公婆，不得对其他妻妾妒忌，不得淫泆，不得多口舌，不得积蓄私财等，丈夫在家庭生活和夫妻关系上拥有绝对支配地位。该诗中的女子，先以非礼方式进入夫家，继而不服从丈夫管教，以守妇道为功，对丈夫感情多有谤词，抱怨家务繁重，口出恶语。该女子的行为，已经满足休妻的条件，其结局也是被休回娘家，"反是不思，亦已焉哉！"也就是说，这桩非礼婚姻，虽以非礼开始，却以依礼休妻告终，妻子除了内心怨望之外毫无获得法律救济的机会，宗法婚姻制也没有给她提供这样的机会。

正是从维护当时宗法婚姻制度的立场出发，后来儒家把这首诗定位为弃妇自悔之辞。欧阳修说："今考其诗，一篇始终皆是女责其男之语。"① 朱熹把该诗女主人公认作颇有心计的势利浅薄女子，丈夫初始虽因欲而迷，但最终觉悟，果断休妻，故不能以始乱终弃之词片面归责于丈夫。"夫既与之谋，而不遂往，又责无所以难其事，再为之约以坚其志，其计亦狡矣，以御蚩蚩之氓，宜其有作而不免于见弃。盖一失其身，人所贱恶，始虽以欲而迷，后必以时而悟，是以无往而不困耳！士君子立身一败，而万事瓦裂者，何以异此？可不戒哉！"② 从制度与个人关系的角度看，一方面，宗法婚姻制度相对个人的力量极其强大，女性屈身于制度罗网之下无力反抗；另一方面，该诗以艺术形式表达了弃妇的不平之鸣和愤懑情绪，显示再强大的制度也有其力量极限，难以泯灭人心和人性。从该诗反映的行为看，女子情窦初开，热烈追求爱情，其实是人之常情，对恋人有所用心，也属常见。即使没有朱熹所批评的"有所作"之心计，在完全遵循礼制而成的婚姻中，女性仍然会面临该诗所描述的问题和困境。在其依附地位不可撼动的情况下，宗法制婚姻中女性不得不忍气吞声，或以女德自欺。该诗中的女子，或因其个性，或因其才情，以诗歌形式表达心中的愤懑之情和对婚姻性别制度的反思，实为两千年封建婚姻制度下女性心声之代表，也为宗法制度重压下自由性情之艰难抒发。在后世婚姻制度实践及发展中，女

① 欧阳修：《诗本义》卷三《卫风·氓》。
② 朱熹：《诗集传》。

性利益逐渐受到更多关注和保护，这表明宗法婚姻制度也要以人心为价值基础，并依人心人性的历史变化而变迁。

六、师旂鼎铭文案——中国早期军事司法的代表性案例

（一）选案背景与教学目的

中国法律的起源有"兵刑合一""刑起于兵"的特点。上古时期，黄河流域和长江流域的华夏、东夷与苗蛮三大部落联盟之间长期混战，其中大规模的征战就有三次。《汉书·刑法志》曰："圣人因天秩而制五礼，因天讨而作五刑。大刑用甲兵，其次用斧钺；中刑用刀锯，其次用钻凿；薄刑用鞭扑。大者陈诸原野，小者致之市朝，其所繇来者上矣。"在秦汉及更早时期人们的观念里，征伐、刑罚和一般性责罚，只是层次不同，其内核则基本相同。

在部落战争中，军事首领凌驾于部落社会之上，几乎掌握着部落全部权力，包括裁断纠纷的权力。基于战争需要，可以合理推测，三皇五帝时期至少会存在临时性的军法。现存最早的军法文献是夏启的《甘誓》，其是启在紧急状态下发布的军令。按世袭君主的惯例，这应该也会成为夏朝常规的军法。有关军法实施的案例，极少见诸文献，"师旂鼎铭"给我们打开一扇了解西周军事司法的窗户。

通过本案，学生不仅可以了解西周军事司法的实际情况，明晰军事首领处理违抗军令者的一般策略，还可发现军法与其他普通法律在维护宗法政治制度上的目的相似性，继而对增进"马工程"教材中有关西周礼刑关系、刑事法律制度等知识的认识广度与深度。

（二）案例原文与出处

唯三月丁卯，师旂众仆不从王征于方雷，使厥友弘以告于伯懋父："在芳，伯懋父乃罚得、显、古三百锊。今弗克厥罚。"懋父令曰："宜播，且厥不从厥右征。今毋播，其又纳于师旂。"引以告中史书，旂对厥于尊彝。

——据《殷周金文集成》02809 铭文整理

（三）案情解读与评析

铭文大意是，这是三月的丁卯日，师旂因为他属下许多仆官不跟王去征方雷，于是派他的属僚弘把这件事告到伯懋父那里，又说"在芳地时，伯懋父曾罚得、显和古三百锊，现在还没有执行"。伯懋父命令说："依法应该放逐这些不从右军出征的人，现在免予放逐，全部重归师旂督率。"弘把这件事告知中史记载下来，师旂又把这段对答刻于尊彝上。

作为中国早期军事司法的代表性案例，本案案情并不复杂：师旂属下不跟从王征讨，其中三人此前曾因故被罚铜，还没来得及执行，又鼓动其他属下抗拒军令，依法应予放逐，执法官却免于放逐他们，命这些人重归师旂辖制。

关于该案，首先需要了解案件所涉各主体之间的法律关系背景。执法官伯懋父应该代表王行使执法权。师旂在"从王征"的时候是师旂，其他时间只是一位受封于某地（也许是旂地）的领主，他和王之间有直接的宗法制上的封建权利义务关系，"从王征"是其封建义务之一。师旂众仆又是与师旂存在封建性从属关系的小领主，其平时应该直接受师旂管辖，战时在师旂组织下"从王征"，并受王命统一辖制。其次，执法官伯懋父对此案的处理，显示了西周军法在实践上有很大灵活性，与军事形势的变化有内在关联。本案有两次处罚，第一次罚铜，实际并没有及时执行；第二次是更严重的抗命行为，应处放逐，但只命其回归师旂队伍。在没有进一步史料佐证的情况下，我们可以做合理假设，即此次战事并不激烈紧迫，第一次处罚较轻且怠于执行，第二次处罚几乎可以视作免予处罚，可能是因为王已经胜利班师，没必要再执行战时法令。整体来看，此案中的王师执法官对部分抗命属下的处理以安抚为主，以维护既有封建秩序为根本原则，最终让抗命者回之原来的隶属状态。最后，此案处理过程的灵活性显示了以王权为重心的西周宗法封建制度具有很强的联动性和柔韧性。在该制度结构中，王对诸侯的统治力是相对松散的，支撑王权的关键在于王自身的实力。如果周王实力强大，诸侯在面临属下挑战时就依赖王的支持，周王可以随时支援自己的诸侯，让其免于属下的挑战，封建上下级之间形成一体联动的互保关系，保证王法在天下的至上权威。如果周王势力衰微，诸侯对王的依赖性就会减弱，只能靠壮大自己势力来巩固统治，从而进一步加速周王权力式微。没有周王强大实力作为后盾，宗法礼乐制度和法律制度就无法继续实施下去，而后种情况便是东周宗法封建制解体的重要原因。

七、晋邢侯与雍子争田案——中国早期典型性土地纠纷案例

（一）选案背景与教学目的

公元前 21 世纪，夏朝政权得以建立，其标志是禹将其位传给启。按照学界通说，夏朝统治者在建立了中国历史上第一个具有政治学意义的奴隶制政权后，围绕着统治与被统治的方式这一主题，慢慢建构起了一套具有原始习惯法制度残留的奴隶制法制。

之所以夏朝要建立一套调解奴隶主与奴隶关系的法制，其根源在于夏朝社会内部阶级的二元性：作为统治阶级的奴隶主与作为被统治阶级的奴隶。奴隶对奴隶主的服从、奴隶主对奴隶的统治，需要的是一套先验的理论证明与可行的实践策略。从目前历史学界获得的有限资料来看，夏朝奴隶的来源主要是战俘与罪犯，这为基于传统血缘关系的治理方式带来了诸多困境。不久，以氏族公社为单位的地域划分治理法被创造出来。原始的土地公有制开始被井田制所替代。所谓井田制，是指经过精心整理的良田，按照正南北与正东西的方式被划分为十块整齐的方块田，那些被划分的方块田从远处看上去犹如一个汉字"井"。①

井田制给人民平均划分土地，保障个体与集体之间关系的和谐，消弭社会各阶级之间的贫富差异与不公，从形式上看，似乎是一种非常理想的土地制度。② 然而，需要注意的是，虽然土地是被分配给具体的个人，但由于当时土地已属于国王个人的财产。那么，给谁耕种、耕种后如何分配劳动所得等就变成了一个至关重要的问题，而公田与私田的区分便是当时统治者针对这些问题而提出的初步解决方案。进入西周后，井田制被完整地继承下来，但私田的重要性被进一步强调。春秋战国时期，随着生产力水平的提高，特别是铁制工具的广泛运用，私田种植热情获得了空前提升，以致部分公田无人耕种。基于"重私轻公"的客观事实，统治者们只能打

---

① 陈寒冰：《中国土地制度变迁研究》，湖北科学技术出版社 2014 年版，第 1 页。
② ［日］中村邦彦：《中国的故事》，李青、梁艳译，中国友谊出版公司 2016 年版，第 16 页。

破公田与私田之间的界限，统一按照耕田数额来征税。晋国就是最早施行按照耕田数额来征税的诸侯国之一。

公元前 645 年，秦穆公率军攻打晋国，秦晋两国军队在韩原交战，晋军惨败。为了转移兵败带来的国内矛盾，晋国开始进行土地改革，不仅把土地都无偿分给人民耕种，还承认土地私有。土地多寡，很快就变成了财富与地位的象征。围绕着土地争夺的事件屡见不鲜，晋邢侯与雍子的争田案就是在这样一个大的社会背景下发生的。

该案的教学，一是有利于加深学生对马克思主义意义上的社会生产力的发展与法的诞生、演进之间关系的理解；二是能提升学生有关中国古代早期法制史案例分析的能力，能熟练运用早期古代法制的具体刑名来剖析犯罪行为的性质；三是有助于增进学生对"马工程"教材上有关西周土地所有权知识的理解深度。

（二）案例原文与出处

晋邢侯与雍子争鄐田，久而无成。士景伯如楚，叔鱼摄理。韩宣子命断旧狱，罪在雍子。雍子纳其女于叔鱼，叔鱼蔽罪邢侯。邢侯怒，杀叔鱼与雍子于朝。宣子问其罪于叔向。叔向曰："三人同罪，施生戮死可也。雍子自知其罪而赂以买直，鲋也鬻狱，邢侯专杀，其罪一也。己恶而掠美为昏，贪以败官为墨，杀人不忌为贼。《夏书》曰：'昏、墨、贼，杀。'皋陶之刑也。请从之。"乃施邢侯而尸雍子与叔鱼于市。仲尼曰："叔向，古之遗直也。治国制刑，不隐于亲，三数叔鱼之恶，不为末减，曰义也夫，可谓直矣。平丘之会，数其贿也，以宽卫国，晋不为暴。归鲁季孙，称其诈也，以宽鲁国，晋不为虐。邢侯之狱，言其贪也，以正刑书，晋不为颇。三言而除三恶，加三利，杀亲益荣，犹义也夫！"

——《左传·昭公十四年》

（三）案情解读与评析

该案是中国典型性的土地纠纷案例。晋国邢侯与雍子就鄐地田产的归属问题产生了争执，由于晋国的司法官员士景伯前往楚国了，叔鱼便代替士景伯来审理邢侯与雍子的纠纷。韩宣子要求叔鱼审理在邢侯与雍子之间发生的这起陈年旧案，经审理后，认为主要过错在于雍子。雍子得知审理结果对自己不利后，便主动将自己的女儿献给叔鱼，叔鱼在得到雍子的女儿后立马改判刑侯有罪。刑侯不服气，心中怒气冲天，情急之下便在审判现场杀死了雍子与叔鱼。后来，韩宣子就刑侯到底要处以怎样的刑罚去请教叔鱼的胞兄叔向。叔向说："他们三人理应受到同等刑罚，还活着的人应该施以刑罚，死了的人只要戮尸就可以了。雍子知道自己有罪后，拿自己的女儿去贿赂，以求改判，刑侯擅自杀人，他们因此都要受到同样的刑罚。自己有罪，却掠取别人的美名就是昏，贪婪败坏是墨，杀人无所顾忌是贼。昏、墨、贼这三种行为，都应以死罪判处。"这种判处方式，早在皋陶之时便已有之。最后，刑侯被处死，其尸体与雍子、叔鱼的尸体同时被置于集市上示众。孔子认为叔向有古代流传下来的正直作风，其对亲人不包庇的处事风格是符合做事的基本义理的。

在该案中，叔向对刑侯、叔鱼、雍子各自的行为性质进行了清晰的界定，并借由传统习惯法来对他们应该承担的罪责予以了确定。不难看出，叔向在该案中成功解决了三个至关重要的问题：一是罪名的阐释。叔向依据《夏书》中有关"'昏、墨、贼，杀。'皋陶之刑也"的记载，相继作出了恶而掠美为昏，贪以败官为墨，杀人不忌为贼的阐释，为理解"昏、墨、贼，杀"的本质提供了依据。二是案件裁决的主体。在该案中，面对雍子、刑侯、叔鱼的违法行为，究竟谁有权来裁决似乎成了一个本体论问题。然而，叔向认为，只有国家机器，而非个人才有权对犯罪行为人的行为定性与处罚，其为理解早期国家便具有较为缜密的司法思维提供了证据。三是法律的渊源。叔向强调，其在该案中所援引的几种刑名，皆来源于夏朝皋陶在司法实践中所确立的规则。这一方面说明，皋陶是中国古代早期的司法官员，其司法审判的合理性受到了先验的认可；另一方面，叔向所在的春秋时期，其法律的主要渊源还不是国家成文法，而是来自于夏商时期的习惯与判例，其也在法理学层面呈现了中国早期法律渊源的多样性特征。

在中国早期传统社会语境里，土地是最为重要的生产与生活资料。从春秋时期开始，中国传统封建法制史内容里面有很大一部分都是有关土地纠纷及其相关法律制度的叙事。国家、集体与个人之间的法律关系，亦开始随着封建土地所有权制度的变迁而不断发生新的变化。然而，无论封建法制意义上的土地纠纷如何解决，其核心都离不开对君权的极力维护，而这也正是封建法制的特色所在。

八、邓析被杀案——中国较早的律师"好讼"被杀案

（一）选案背景与教学目的

早在夏商周时期，中国就有了成文法立法活动的记载，其间，以《吕刑》《汤刑》为代表。不过，当时的法律还只是奴隶主贵族用来维护自己权益、打击奴隶群体的武器。法律的内容是什么，法律有哪些表现形式，法律的意义与价值何在……诸如此类问题，并未能引起人们的广泛关注。进入春秋时期以后，一开始，各诸侯国还是沿袭西周的法律，直至春秋中叶，随着新技术的诞生，尤其是牛耕的推广与铁制农具的运用，极大地提高了生产力发展水平。按照马克思主义的观点，生产力水平的提高，必然会引起生产关系的变化，生产关系的变化又会进一步影响到社会结构的变迁，而伴随着春秋中后期生产力水平提升，最为明显的特征就是新兴地主阶级的出现。与传统地主阶层不同，新兴地主阶级关心的重点不再仅仅局限于经济收入，同时还关注自身的政治地位。在新兴地主阶级看来，只有制定与公布了能保护自身财产的成文法，才能保住自己的阶级利益。

在对财产保护成文立法的强烈渴求下，各诸侯国纷纷尝试着立法。以楚国、晋国、宋国等为代表，一系列有关民事与刑事的成文法开始被制定出来。然而，直到公元前536年，郑国执政子产"铸刑书于鼎，以为国之常法"，成文法才首次公布于众。邓析公布成文法后，虽引起了诸多贵族的强烈反对。邓析自己也因为公开鼓吹公布成文法、提倡庶民百姓用法律的武器来捍卫自己的权利而遭到了杀害。虽然邓析被杀害了，但公布成文法从此便成了常态。①

该案的主要教学目的有：一是让学生了解中国古代法的渊源的多样性及其发展过程，即从夏商至春秋，习惯是如何慢慢演变为成文法的；二是鼓励学生探究邓析法制思想的内在局限性以及邓析作为中国最早的律师，其职业使命与职业素养之间存在怎样的关系；三是通过对邓析被杀这一历史上著名个案的分析，引导学生思考特定历史时段"法治"与人治之间的

---

① 参见《中国法制史》编写组编：《中国法制史》，高等教育出版社2017年版，第57页。

联系，特别是中国传统"法治"的局限性问题，从而树立中国特色社会主义的法治自信。最终，增进学生对"马工程"教材上有关春秋时期法律制度的知识的理解深度。

（二）案例原文与出处

子产治郑，邓析务难之，与民之有狱者约：大狱一衣，小狱襦袴。民之献衣襦袴而学讼者，不可胜数。以非为是，以是为非，是非无度，而可与不可日变。所欲胜因胜，所欲罪因罪。郑国大乱，民口谨哗。子产患之，于是杀邓析而戮之，民心乃服，是非乃定，法律乃行。今世之人，多欲治其国，而莫之诛邓析之类，此所以欲治而愈乱也。

——《吕氏春秋·离谓》

（三）案情解读与评析

子产治理郑国，邓析喜欢刁难他。邓析和那些想打官司的人约定，如果想要学习重要案件的诉讼技巧，就要送他一件大衣；如果只是想学习一些一般案件的诉讼技巧，只要送一件短裤就可以了。邓析此言一出，来找其学习诉讼技巧的人数不胜数。邓析以是为非，以非为是，是非之间没有界限。想让谁获罪就让谁获罪，想让谁胜诉就让谁胜诉。结果，郑国大乱。子产对此忧心忡忡，于是就想方设法地杀死了邓析，并且将其尸体置于公共场合。子产认为，只有这样做，民心才能归顺，是非才能确定，法律才能施行。子产还认为，世上的人虽大都想治理好自己的国家，但不杀掉像邓析这样的人，治理好国家只能是笑谈。

邓析当时是郑国大夫，其所代表的是新兴地主基层的利益，亦即其不仅关注经济学意义上的个人收益，同时还关注政治学意义上的社会公平。当时，郑国执政子产开展了一系列旨在维护传统治理秩序的改革，其核心是保护贵族集团的特权。按照子产的观点，如果要保护贵族的特殊社会地位与权力，就必须要按照周礼的要求践行等级制。换言之，子产将法律治理等同于礼的治理。邓析对此表达出强烈反对，他强调要"一断于法"。他对子产所铸之刑书不屑一顾，于是自己编了一套更契合新兴地主阶层的法律规范，并将其刻在竹简上。邓析相信，只要将刻在竹简上的法律规范公之于众，庶民百姓就能知晓法律，新兴地主阶层必然会获得更高的社会认可。基于一般的常识视角，不难想象，如果邓析仅仅只实践了公布成文法的行为，或许春秋时期的法制史就不会那么波澜壮阔。问题的关键恰恰在于，在同时期的"法律人"当中，邓析是公认的法律研究专家，他多次聚众讲学，为民代理诉讼，继而引起了郑国国内的一股"诉讼热"，其让原本并不非常担心自己社会地位的贵族一下子感受到了严重威胁。他们会想，邓析这样做的目的究竟是什么？只是秉持公平正义之理念，帮人消除不公？又或许只是收些钱财，帮人消灾？是或者不是，都不重要。重要的是，邓析所引起的这股"诉讼热"会给这些贵族们的现实利益带来影响，其会逼迫着他们承认法律规范公开的必要性。公元前501年，驷歂杀了邓析，但保留了其所制定的竹刑。

　　作为中国早期律师"好讼"被杀案，其在中国法制史上的地位是不容忽视的：首先，邓析打破了自夏商以来"法律秘密主义"的传统，摧毁了贵族集团的法律特权，为法律公开主义、平等主义扫清了思想障碍；其次，邓析作为中国最早的律师，其所开启的法律教育虽然并未达致体系化、正统化，但还是为古代封建法律教育，尤其是魏晋南北朝时期"律博士"的创设及其实践活动提供了制度渊源；最后，邓析打破了传统宗法制的约束，促进了战国时期法家思想的诞生与发展，更为秦国建立封建主义的中央集权制度构筑了基底。因此，邓析被杀作为中国法制史的案例与实践，对后世法制进程的影响是巨大的。

第二章
秦汉时期的案例

【章前导读】秦汉时期，中国法的观念、内容与形式等均获得了快速发展。然而，受到频仍的战争的影响，无论是秦，还是汉，法的发展都并非一以贯之，其间掺杂了诸多非法律因素。由此，如何保证权力的政治性逻辑与法律的公平性逻辑之间的平衡，在坚持依法治理的同时，保证权力的至高无上，是秦汉法制的重要主题与任务。本章所选的六个案例中，李斯具五刑案、缇萦上书案、张汤贪污案分别体现了秦汉时期的死刑制度、废除肉刑制度、冤案错案制度；淮南王刘长谋反案、卫太子巫蛊案则分别体现了汉朝的谋反罪与巫术类犯罪的内容及特征；赵娥复仇案，则全面体现了秦汉时期的司法理念。对所有这些案例的分析，都是紧密围绕秦汉法制的主题与任务而展开的。

一、李斯具五刑案——中国早期最严厉的死刑适用案

（一）选案背景与教学目的

秦代是中国传统法律制度发展的重要转折时代。到春秋战国时期，西周所建立的礼制已经逐渐崩坏，所谓"礼崩乐坏"是也。为应对列国之间的激烈竞争，各国纷纷进行制度变革。其中，颁布成文法，通过有效力的、以刑罚为后盾的强制性法律规定重构社会秩序成为各个国家的选择。这一治国思路的转变被认为是法家思想的缘起，同时又为法家政治理念的推行提供了实践基础。

自子产铸刑书以来，法家式的制度实践不断推行，楚国有吴起变法、魏国有李悝变法、秦国有商鞅变法，等等。其中商鞅变法对整个中国法制史的影响最为重要。《史记·商君列传》载："（秦孝公）以卫鞅为左庶长，卒定变法之令。"以赏罚为工具、以耕战为目的，商鞅变法对秦国的制度进行了结构性改变。在经济上，商鞅废井田、开阡陌，鼓励农耕，转变户籍制度；在政治上，厉行君主专制，并推行二十等爵制，通过军功把整个国家的人都按爵分等，并根据爵等分配社会资源。统一六国之后，秦始皇又在文化上焚书坑儒，要求以吏为师、以法为教。

作为赏罚的重要一环，严刑酷法是商鞅变法的强力助推器。秦国的严刑酷法有三方面的源流：其一，对商周刑罚制度的继承，裘锡圭、胡厚宣等认为商代就已经有上古五刑的雏形，《尚书·吕刑》则记载了西周中后期的墨、劓、剕、宫、大辟等五种酷刑。其二，对秦国自身刑罚制度的继承，例如《史记·秦本纪》载："（秦文公）二十年，法初有三族之罪。"显然，作为典型酷刑的三族刑就来自秦国自身的创造。其三，法家以刑去刑理念下的创造。《商君书·勒令》称："行罚，重其轻者，轻其重者，轻者不至，重者不来，此谓以刑去刑，刑去事成。"为了达到以刑去刑的目的，商鞅制造了很多严酷的刑罚。尽管商鞅事败被诛，但是其变法成果被秦国历代君主包括秦始皇和秦二世继承。作为商鞅变法的主要表现形式，秦的刑罚在适用方面主要有以下三个特征：第一，极端的严酷性，包括族刑、死刑、肉刑、身份刑、财产刑和迁徙刑等；第二，适用的相对平等性，即任何人

犯罪都"一断于法",但是又给了部分人以刑罚适用上的特权;第三,严格的程序性,定罪量刑一般要遵循较为严格的法定程序。

李斯是秦始皇和秦二世时期的丞相,在他的主持下,秦朝制定了大量的法律。[①] 秦始皇三十七年,始皇帝嬴政崩于沙丘平台。皇子胡亥与李斯、赵高等篡改秦始皇的遗诏,另立胡亥为皇帝,即秦二世。秦二世时,社会动荡,反秦活动不断发生,政权不再如秦始皇时稳固。秦二世二年,丞相李斯被控谋反。经过司法审讯,李斯被认定有罪,具其五刑,并且被夷三族。

通过该案的学习,学生对"马工程"教材上有关秦朝立法活动、刑事法律制度、法制理念、司法制度等内容能有全面理解。具体言之:一是使学生能够理解秦代法律的严酷性,以及秦代最终走向灭亡的原因;二是使学生能够理解秦代法律适用的主要特征,秦代所建立的法律实施机制具有的刑无等级性和形式性,司法制度的程序色彩浓厚;三是使学生能够理解古代冤案的产生机制,明白古代法律制度的人治性及其内在缺陷。

(二) 案例原文与出处

于是二世乃使高案丞相狱,治罪,责斯与子由谋反状,皆收捕宗族宾客。赵高治斯,榜掠千余,不胜痛,自诬服。斯所以不死者,自负其辩,有功,实无反心,幸得上书自陈,幸二世之寤而赦之。李斯乃从狱中上书曰:"臣为丞相治民,三十余年矣。逮秦地之陿隘。先王之时秦地不过千里,兵数十万。臣尽薄材,谨奉法令,阴行谋臣,资之金玉,使游说诸侯,阴修甲兵,饰政教,官斗士,尊功臣,盛其爵禄,故终以胁韩弱魏,破燕、赵,夷齐、楚,卒兼六国,虏其王,立秦为天子。罪一矣。地不广,又北逐胡、貉,南定百越,以见秦之彊。罪二矣。尊大臣,盛其爵位,以固其亲。罪三矣。立社稷,修宗庙,以明主之贤。罪四矣。更剋画,平斗斛度量文章,布之天下,以树秦之名。罪五矣。治驰道,兴游观,以见主之得意。罪六矣。缓刑罚,薄赋敛,以遂主得众之心,万民戴主,死而不忘。罪七矣。若斯之为臣者,罪足以死固久矣。上幸尽其能力,乃得至今,原陛下察之!"书上,赵高使吏弃去不奏,曰:"囚安得上书!"

---

① 参见《中国法制史》编写组编:《中国法制史》,高等教育出版社 2017 年版,第 68 页。

赵高使其客十余辈诈为御史、谒者、侍中，更往覆讯斯。斯更以其实对，辄使人复榜之。后二世使人验斯，斯以为如前，终不敢更言，辞服。奏当上，二世喜曰："微赵君，几为丞相所卖。"及二世所使案三川之守至，则项梁已击杀之。使者来，会丞相下吏，赵高皆妄为反辞。

二世二年七月，具斯五刑，论腰斩咸阳市。斯出狱，与其中子俱执，顾谓其中子曰："吾欲与若复牵黄犬俱出上蔡东门逐狡兔，岂可得乎！"遂父子相哭，而夷三族。

——《史记·李斯列传》

（三）案情解读与评析

李斯具五刑案是中国早期最严厉的死刑适用案，它充分展现了秦代法制的特征。秦始皇三十七年，嬴政在巡游过程中崩于沙丘平台。此前，秦始皇遗诏传位于公子扶苏。遗诏到中车府令赵高手中后，赵高与胡亥、李斯等密谋矫诏另立公子胡亥为皇帝。李斯恐扶苏即位后将以蒙恬取代自己的丞相之位，故而参与到矫诏中。其后，胡亥即位为皇帝，是为秦二世，扶苏则被矫诏赐死。

秦二世即位后，李斯与赵高之间发生权力斗争。赵高设计使得李斯惹怒秦二世，并进谗言称李斯及其长子李由与起义军领袖陈胜等有勾结，且李斯的相权威胁到皇权。李斯虽然上书自辩且攻讦赵高，但是秦二世已有成见，故将李斯下狱，交由赵高审讯。然后，审判逐步展开。按照籾山明的整理，李斯具五刑案的司法程序包括拘执·束缚→案治→反辞→覆讯·验→奏当→具五刑·腰斩。

第一，进行事实审的部分，即确定李斯谋反是否真实可靠。在此之前，赵高向秦二世告发李斯谋反（秦代法律称劾），而秦二世已经暗中派人调查李由与陈胜勾结的情况，并将李斯关入囹圄（也即监狱）。李斯入狱后，赵高受命案治李斯，通过"责……状"的方式开启刑事审判程序，并搜捕了李斯的族人和门客。审讯过程中，赵高滥用刑讯，李斯不得已而自认有罪。其后，李斯的上书自辩虽然被赵高截获，但法律程序要求对李斯的供述进行复核。因此，赵高派遣自己的门客伪装成御史、谒者、侍中等进行假覆讯。一旦李斯翻供，这些人就对之进行刑讯，以至于李斯不敢再如实供述。最后，秦二世真的派人去覆讯后，李斯被之前的刑讯误导而不敢翻供，结果被认定有罪。

第二，法律审的部分，即对李斯的谋反进行量刑的过程。虽然不能直接确定法律审的主体，但按照秦汉司法实践，可能是先由中央司法官吏集议，并最终上奏秦二世决定。

梁启超曾用"法治主义"形容商鞅变法后的秦代法律制度。为贯彻法家"明主治吏不治民"的政治理念，秦代建立起以法律控制整个国家的政治治理模式。秦始皇曾在禅梁父时立石刻称秦代已经达到"皆有法式"的程度。法家认为，通过明文的刑法可以控制官吏。这样不仅能够实现对臣下权力的控制，而且能够建立起由皇帝主导的如臂使指的官僚体系。因此，秦代社会的方方面面，包括刑事诉讼体系，都有相关法律规定。李斯具五刑案反映出这种刑事诉讼体系所具有的形式性，即使是皇帝下诏办理的案件也需要经过严格的法律程序才能定罪量刑，例如赵高派门客进行假覆讯的原因大概就是因为作为刑事诉讼程序的覆讯的不可避免性。且据麓秦简《为狱等状四种》等记录，秦代已经建立起乞鞫等制度以防止冤假错案，这说明秦代法制已经到达很高程度，并且对后世影响深远。整个传统刑事诉讼程度很大程度上建立在秦制的基础上。尽管秦代制度影响深远，但是李斯具五刑案仍然反映出传统刑事诉讼与刑罚制度的内在缺陷，具体言之：

一是传统刑事诉讼制度并未阻绝冤狱。该案显然是一件冤狱，但刑事诉讼程序中防范冤假错案的制度并未发生功能。从某种意义上来说，赵高算是本案的当事人，即告发者，却成为审理者，这对于冤案的产生显然有重要作用。之所以出现这种情况，本质上与秦代仍然属于人治的政治模式有关。该案件属于诏狱性质，审判之前秦二世实际上已经有心证，即内心确认李斯有罪。因此，无论是授命赵高审判还是最后定罪，不过是秦二世使自身所欲合法化的途径。也正是因为人治要素的存在，中国古代冤假错案频发。

二是刑罚适用一般预防功能的过分使用。刑无等级是商鞅变法的重要理念。《商君书·赏刑》云："所谓壹刑者，刑无等级，自卿相、将军以至大夫、庶人，有不从王令，犯国禁，乱上制者，罪死不赦。"相较于"刑不上大夫"的西周礼制，这种理念显然是进步的，李斯具五刑就反映出其在秦代的落实，但是这种理念的根本目的在于将所有人都置于皇权控制之下。在秦代"以刑去刑"的理念下，刑无等级带有强烈的一般预防性，李斯最后被具五刑腰斩，且被夷三族，尽管具五刑的五刑究竟是哪些有所争议，但从中可见其残酷。日本学者富谷至曾经指出，中国古代存在死刑二重性问题，即死刑包括对身体的处刑和对生命的处刑。姑且以《汉书·刑法志》所载具五刑为例，其文称："令曰：'当三族者，皆先黥，劓，斩左右止，笞杀之，枭其首，菹其骨肉于市。其诽谤詈诅者，又先断舌。'故谓之具五刑。"按照这一解释，李斯先被笞杀，然后又被枭首，最后又被腰斩。当然，也有可能是以腰斩代替枭首。从中可见，刑罚不仅要结束李斯的生命，而且要对其身体进行处罚，即李斯被处死之后，还要被枭首或腰斩。对生命处刑的意义在于实现罪刑对应；对身体处罚的意义在于警示他人不得犯罪，也即实现一般预防。人被当作实现特定政治目的的手段，这是现代刑法理念所无法接受的。

尽管秦代法律制度存在诸多缺陷，但是秦代制度顺应了加强君主集权的政治诉求，符合君主制统治下建立官僚体系的制度需求。因此，可以很明显地发现，所谓"汉承秦制"并非空谈，张家山汉简《二年律令》中即有明显体现，而且其后历代很多法律制度都能找到秦制根源。因此，虽则西汉开始法律儒家化，但是这并未排除对秦代法律的承继。谭嗣同《仁学》所谓"二千年来之政，秦政也"的概括，实乃一语中的。

二、缇萦上书案——中国法制史上废除肉刑的标志性案例

（一）选案背景与教学目的

在法家以刑去刑的理念下，秦代建立了以严刑酷法为表征的法律制度。尽管采取重刑主义，但是秦代刑罚仍然试图建立起轻重分明的刑罚体系，以应对不同的犯罪情况，进而实现法家意义上的罪刑对应。汉朝建立之后，在刑罚制度上也承秦制，大量继承秦代的刑罚体系。总的来看，秦及汉初的刑罚体系主要由以下几部分组成：

一是死刑。秦汉的死刑主要包括腰斩、磔、弃市、枭首等。这些死刑执行方式合乎富谷至所谓"死刑二重性"的理论，既包括对生命的处刑，也包括对身体的处刑；不仅要结束犯罪者的生命，而且要对社会形成警示。

二是身份刑。商鞅变法的一个重要制度就是建立了以二十等爵为中心

的身份制度。但是在有爵者、无爵者之下，还有一部分具有刑徒身份的人。这部分人包括司寇、隶臣妾、鬼薪白粲、城旦舂等。此类称呼本质上是这些刑徒因为犯罪、出身等而具有的身份，且像二十等爵制一样，具有一定的排序性。由于其身份性，这些刑徒本质上是终身的，除非有出现法定情形不能实现身份升等。

三是肉刑。身份刑产生两种附带性需求：一是身份是秦制进行社会资源分配的主要标准，由此产生国家对其生活资料、劳动方式等各方面的重新分配；二是要通过特定的标识把刑徒跟一般人相区别，主要包括服饰和肉刑。秦汉时期，"刑"字常常指代肉刑，这也是用其"型"的内涵表达肉刑对人身体的改变的原因。当然，肉刑显然也是对犯罪者的严酷处罚，这主要包括黥、劓、宫、斩趾等。

四是财产刑。除了身份刑、肉刑等，秦汉还针对某些较轻的犯罪设计了财产刑，常见的是罚金和赎刑。秦汉时期的赎刑包括两种情况，一种是直接适用的财产刑，比如赎死、赎城旦舂、赎耐等；另一种是用爵位来对刑罚进行赎免。前者是典型的财产刑，与隋唐律中作为替代性刑罚的赎有明显区别。到汉惠帝时，用钱来赎才开始通过皇帝专门诏令的方式出现，但是仍然不属于财产刑。

五是其他类似刑罚的处罚措施。除了上述典型刑罚之外，秦及汉初还有一些不是太常见的类似刑罚的处罚措施。如迁刑、禁锢等。迁是将人从一个地方迁徙到另一个地方生活的处罚，在形式上与后世的流刑有相似性，但本质上并不相同。一方面，迁刑常常为满足特别需要而适用，如《史记·秦始皇本纪》载，平定嫪毐之乱后，"夺爵迁蜀四千余家，家房陵"；另一方面，迁刑会成为替代性的刑罚，如《史记·秦本纪》载："魏献安邑，秦出其人，募徙河东赐爵，赦罪人迁之。"禁锢则是剥夺某些人参与政治的权利等。

在上述刑罚体系下，秦代曾经塑造了一个普遍畏法、人人自危的社会。《史记·陈馀列传》载，蒯通说范阳令曾称："秦法重，足下为范阳令十年矣，杀人之父，孤人之子，断人之足，黥人之首，不可胜数。"贾谊亦称："秦王置天下于法令刑罚，德泽亡一有，而怨毒盈于世，下憎恶之如仇雠。"① 正是这种严苛的法律制度，使得秦代的政治统治极为苛暴。

---

① 《汉书·贾谊传》。

汉代继秦朝而来，充分吸取了秦亡的教训。西汉前期，多数统治者认同黄老之治，主张轻徭薄赋，与民休养生息，同时减轻苛法对百姓的约束。而且，儒家思想对西汉统治者的影响也逐渐体现出来。《史记·文帝本纪》载，文帝元年十二月即下诏称："朕闻法正则民悫，罪当则民从。且夫牧民而导之善者，吏也。其既不能导，又以不正之法罪之，是反害于民为暴者也。"这里体现出"不教而杀谓之虐"①的儒家思想，而且开启了文帝一朝的刑罚制度改革，这也是中古五刑（即以隋唐律为代表的笞、杖、徒、流、死等五种刑罚）形成的重要起始点。

从秦代刑罚体系到中古五刑的转变是逐步完成的，比如罚金、赎刑等财产刑和肉刑等逐渐从主刑体系中剥离出去。在汉文帝时代的刑罚改革中，废肉刑是最为重要的刑罚体系改革。同时，从前述刑罚体系中还可以发现一个非常重要的问题，即独立的劳役刑没有出现。尽管从事劳役是身份性刑罚的必要内容，但是有明确刑期的劳役刑并未独立成为主刑。一旦被处以身份刑，除非出现特别情况，否则就需要从事极为艰辛的劳动，这种刑罚与汉代与民休养生息、刑罚轻缓化的趋势明显相悖。当此之时，缇萦上书案恰逢其时。汉文帝改革肉刑顺应了历史潮流，为封建制五刑的确立奠定了基础。②

本案的教学，一是能使学生更好地掌握秦及汉初的刑罚体系，进而理解秦代暴政出现的法律根源；二是有助于学生更好地掌握汉初法律制度的变革，明了在汉承秦制下汉代并未完全继承秦代制度，至少还存在法律适用上的差异；三是使学生更好地掌握整个中国古代刑罚体系的发展，理解废除肉刑的重要意义以及汉文帝废肉刑对中古五刑形成的影响。最终，在此基础上，让学生对"马工程"教材上有关汉朝刑罚理念与实践有更全面的理解。

（二）案例原义与出处

即位十三年③，齐太仓令淳于公有罪当刑，诏狱逮系长安。淳于公无男，有五女，当行会逮，骂其女曰："生子不生男，缓急非有益！"其少女

---

① 《论语·尧曰》
② 参见《中国法制史》编写组编：《中国法制史》，高等教育出版社 2017 年版，第 98 页。
③ 指汉文帝。

缇萦，自伤悲泣，乃随其父至长安，上书曰："妾父为吏，齐中皆称其廉平，今坐法当刑。妾伤夫死者不可复生，刑者不可复属，虽后欲改过自新，其道亡繇也。妾愿没入为官婢，以赎父刑罪，使得自新。"书奏天子，天子怜悲其意，遂下令曰："制诏御史：盖闻有虞氏之时，画衣冠异章服以为戮，而民弗犯，何治之至也！今法有肉刑三，而奸不止，其咎安在？非乃朕德之薄，而教不明与？吾甚自愧。故夫训道不纯而愚民陷焉。《诗》曰：'恺弟君子，民之父母。'今人有过，教未施而刑已加焉，或欲改行为善，而道亡繇至，朕甚怜之。夫刑至断支①体，刻肌肤，终身不息，何其刑之痛而不德也！岂称为民父母之意哉！其除肉刑，有以易之；及令罪人各以轻重，不亡逃，有年而免。具为令。"

丞相张仓、御史大夫冯敬奏言："肉刑所以禁奸，所由来者久矣。陛下下明诏，怜万民之一有过被刑者终身不息，及罪人欲改行为善而道亡繇至，于盛德，臣等所不及也。臣谨议请定律曰：诸当完者，完为城旦舂；当黥者，髡钳为城旦舂；当劓者，笞三百；当斩左止者，笞五百；当斩右止，及杀人先自告，及吏坐受赇枉法，守县官财物而即盗之，已论命复有笞罪者，皆弃市。罪人狱已决，完为城旦舂，满三岁为鬼薪白粲。鬼薪白粲一岁，为隶臣妾。隶臣妾一岁，免为庶人。隶臣妾满二岁，为司寇。司寇一岁，及作如司寇二岁，皆免为庶人。其亡逃及有罪耐以上，不用此令。前令之刑城旦舂岁而非禁锢者，如完为城旦舂岁数以免。臣昧死请。"制曰："可。"是后，外有轻刑之名，内实杀人。斩右止者又当死。斩左止者笞五百，当劓者笞三百，率多死。

景帝元年，下诏曰："加笞与重罪无异，幸而不死，不可为人。其定律：笞五百曰三百，笞三百曰二百。"狱尚不全。至中六年，又下诏曰："加笞者，或至死而笞未毕，朕甚怜之。其减笞三百曰二百，笞二百曰一百。"又曰："笞者，所以教之也，其定箠令。"丞相刘舍、御史大夫卫绾请："笞者，箠长五尺，其本大一寸，其竹也，末薄半寸，皆平其节。当笞者，笞臀。毋得更人，毕一罪乃更人。"自是笞者得全，然酷吏犹以为威。死刑既重，而生刑又轻，民易犯之。

——《汉书·刑法志》

———————

① 支，通"肢"。

（三）案情解读与评析

汉文帝十三年，诸侯国齐国的太仓令淳于意有罪应该被处以肉刑，并被下诏带到长安执行。临走时，淳于意对自己的五个女儿悲愤地说道：生女不生男，关键时候无法发挥作用。他的小女儿缇萦为此非常悲伤，就跟着父亲到了长安。到达目的地后，缇萦向汉文帝上书称："我父亲做官时，齐国境内都称赞他廉洁奉公，现在却要被处以肉刑。死者不能复生，受肉刑的人也不会恢复肢体，就算想改过自新也无路可走了。我希望能够把自己充没为官奴婢，以赎免父亲的肉刑，使父亲还有机会改过自新。"汉文帝看到后十分感动，下诏指出：从实践来看，肉刑并未发挥应有的犯罪预防功能，这属于皇帝的失职；没有经过教化就直接实施肉刑，也使人失去了改过自新的机会；肉刑对人的残害是无法恢复的，有害于为政者的德性，因此要废除肉刑。针对汉文帝旨意，丞相张仓、御史大夫冯敬等提出用笞刑代替肉刑的刑罚改革，并且把原来的身份刑改为有期劳役刑。但是这次改革，一方面把斩右趾等轻刑改为了死刑，另一方面用来替代肉刑的笞刑数太多以至于经常打死人。到汉景帝时，对笞刑的数量做了削减，并且对执行方式和笞板的刑制做了规定。这大大缓解了笞刑对受刑者的伤害，但由于刑罚减轻，犯罪者的数量大大增加。

作为中国法制史上废除肉刑的标志性案例，缇萦上书案反映了中国古代比较常见的代亲受刑现象，体现出家族伦理对汉代法律实践的深刻影响。很有可能，汉文帝对家族主义的认同也影响到他对该案的看法。但从根本上来说，文帝进行的刑罚改革与汉代政治理念的发展有关。按照汉文帝在诏书中的说法，汉代对于君、民关系的认识已经与秦代有所不同，其所谓"民父母"带有一定的民本色彩。重新调整君主与臣民的关系，意味着不能对百姓采取与秦代一样的态度，而仅仅把百姓视为达成耕战事功的工具。在这种政治理念的变化之下，才有可能从百姓的角度出发推动刑罚的轻缓化。当然，这次刑罚改革的原因可能更加多元，比如对劳动力的需求等。

因为缇萦上书案引起的刑罚改革对整个中国古代刑罚制度的发展产生了深远影响。首先，刑罚轻缓化成为刑罚制度发展的主流方向，这也使得中国成为较早开始刑罚文明化历程的国家。相较于秦代刑罚，中古五刑显然要轻缓很多。事实上，不仅是肉刑的废除，其他刑罚也逐渐走向文明化。

例如，死刑的执行方式逐渐从秦汉的腰斩、磔、弃市、枭首等转变为隋唐的绞、斩两种。此后，不少朝代曾经基于政治考量产生过是否应该恢复肉刑的争论，但都因为种种原因最终没有恢复。不过，这种轻缓化的趋势并非是绝对的，宋代之后凌迟作为法定刑的出现事实上就是对这一趋势的反动。当然，尽管明清直接把凌迟写入律典中，但是仍然不敢直接将之列为五刑之一。可见汉文帝刑罚改革的深远影响。其次，文帝十三年进行的刑罚改革还存在很多缺陷，需要通过持续的改革才能满足多重目标。早在东汉时期，班固就提出文帝十三年的改革"外有轻刑之名，内实杀人"，也因此才有景帝的后续改革。但是这次改革仍然存在问题，即死刑与有期劳役刑之间没有很好地衔接，死刑太重而有期劳役刑太轻，没有居中刑罚，这就出现刑罚梯度衔接失当的问题，后世提出要重新规定肉刑的重要原因之一也是要解决这一问题。但由于肉刑不再被社会所接受，统治者不得不通过其他方式解决这一问题。魏晋南北朝时，增加流刑作为解决问题的方式成为制度实践：南朝梁曾经使用过流刑但似乎不具有普遍性；北魏开始将流刑作为衔接死刑与有期劳役刑的刑种，并规定在法律中；北齐和北周继承这一做法并有所发展。隋唐律最终创立经典的笞、杖、徒、流、死的五刑体系。刑罚制度的完善历经数百年才成功。

从缇萦上书案及其引发的刑罚制度改革中，中国传统法律的精神在一定程度上能够得以窥见。从秦代到汉代，刑罚理念在一定程度上发生了从治民到教民的转变，这些理念使得刑罚轻缓化成为必然趋势。但是，任何制度的变革都需要配套性的制度，往往牵一发而动全身，制度改革的成功需要漫长的实践，一般都得经过数百年的调试和探索，才会最终达到一个较为稳定的状态。

三、淮南王刘长谋反案——汉代早期谋反罪的代表性案例

（一）选案背景与教学目的

汉文帝时期，社会逐渐稳定下来。不过，政治上却出现一些动荡。汉初立国虽然延续了秦代的郡县制，但是仍然分封过诸侯王。汉初诸侯王对皇权的威慑，使得刘邦和吕后不断废诛异姓王，但基于家天下的理念，刘

邦通过白马之盟确立了"非刘姓王者，天下共击之"的分封制度。其后，分封刘姓宗室为王的制度仍然导致尾大不掉的情况，对权力的渴望使得很多诸侯王铤而走险。

汉高祖时，社会尚未完全从秦末动荡中缓过劲来。诸侯国内部尚不稳定，遑论直接冲击中央政权。经过汉惠帝与吕后的治理，汉文帝踵继，社会趋向稳定，经济逐渐繁荣，诸侯王开始有对抗中央的实力。从汉文帝开始，同姓诸侯王对中央的冲击屡见于史籍。汉文帝三年，济北王刘兴趁外患之机起兵谋反，后兵败自杀。其后，淮南王刘长也参与到谋反中。

自先秦乃至秦汉开始，郡县制与分封制之争不仅表现为理念之争，而且体现为现实的政治实践。春秋战国时期，君臣之间的斗争极为激烈。《韩非子·扬榷》称："黄帝有言曰：'上下一日百战。'下匿其私，用试其上；上操度量，以割其下。"君臣之间"一日百战"或可被视为韩非子从历史中获得的经验。结果，"春秋之中，弒君三十六，亡国五十二，诸侯奔走不得保其社稷者不可胜数"①。为解决相关问题，控制地方行政，郡县制自春秋时期开始出现。商鞅变法后，秦国大力推行郡县制，并为历代相沿所不改。

尽管秦国以郡县制、法制等一统天下，但是由于这种政治制度是对西周以来礼制和政治传统的背离，也一度受到攻击。《史记·秦始皇本纪》载，博士淳于越上谏秦始皇称："臣闻殷周之王千余岁，封子弟功臣，自为枝辅。今陛下有海内，而子弟为匹夫，卒有田常、六卿之臣，无辅拂，何以相救哉？事不师古而能长久者，非所闻也。"郡县制显然并未成为时人的共识。因其如此，汉初才会有分封制的思想基础。但是这种分封建制、拱卫中央的制度存在诸多弊病，一旦地方实力强大，就容易产生挑战中央、夺取最高权力的野心，不利于从根本上维护皇权。汉初的分封制也必然面临这一问题，并在文、景二朝时成为时政的焦点。汉景帝解决七王之乱后，对诸侯王进行了改制。到汉武帝时期，推恩令、左官律、附益阿党法等措施的出现才最终解决了分封制所导致的问题。

尽管分封制在汉初乃至西汉中期都对中央政府形成威胁，但是其背后反映的是家族主义观念在汉初的复兴。秦代法律对家族主义有一定的尊重，即尊重父权等。但其目的未必是从根本上认同家族主义，而更多的是认为

---

① 《史记·太史公自序》。

这种做法能够维护皇权。一旦威胁到皇权，则没有存在余地。因此，尽管淳于越谏诤秦始皇称"陛下有海内，而子弟为匹夫"，但结果却是焚书令的出现。汉代开始重新深入接纳家族主义的观念，并逐渐主流化。从政治治理模式上，以孝治天下的理念逐渐出现并盛行；从法律制度来看，家族主义逐渐影响到立法、司法等多个方面。

淮南王刘长案的出现和发展，即反映出汉代分封制所带来的政治问题，同时还能够看到汉朝刑事法律的罪名，随着社会的发展而不断发生的变化。① 本案的教学，一方面意在使学生了解到分封制存在的内在弊端，从而深刻体会大一统下国家从分封制到郡县制的必然发展趋势；另一方面，意在使学生了解家族主义对汉代司法实践的影响，进而使其体会汉承秦制的大背景下汉代法制已经与前代有所不同。最终，让学生对"马工程"教材上的汉代危害皇权类犯罪、汉朝刑事法律中的罪名，以及司法理念等知识有更加全面的理解。

（二）案例原文与出处

（汉文帝）② 六年，令男子但等七十人与棘蒲侯柴武太子奇谋，以輂车四十乘反谷口，令人使闽越、匈奴。事觉，治之，使使召淮南王。淮南王至长安。

"丞相臣张仓、典客臣冯敬、行御史大夫事宗正臣逸、廷尉臣贺、备盗贼中尉臣福昧死言：淮南王长废先帝法，不听天子诏，居处无度，为黄屋盖乘舆，出入拟于天子，擅为法令，不用汉法。及所置吏，以其郎中春为丞相，聚收汉诸侯人及有罪亡者，匿与居，为治家室，赐其财物爵禄田宅，爵或至关内侯，奉以二千石，所不当得，欲以有为。大夫但、士五开章等七十人与棘蒲侯太子奇谋反，欲以危宗庙社稷。使开章阴告长，与谋使闽越及匈奴发其兵。开章之淮南见长，长数与坐语饮食，为家室娶妇，以二千石俸奉之。开章使人告但，已言之王。春使使报但等。吏觉知，使长安尉奇等往捕开章。长匿不予，与故中尉蕑忌谋，杀以闭口。为棺椁衣衾，葬之肥陵邑，谩吏曰'不知安在'。又详聚土，树表其上，曰'开章死，埋此下'。及长身自贼杀无罪者一人；令吏论杀无罪者六人；为亡命弃市罪诈

---

① 参见《中国法制史》编写组编：《中国法制史》，高等教育出版社2017年版，第95页。
② 此为编写者添加。

捕命者以除罪；擅罪人，罪人无告劾，系治城旦舂以上十四人；赦免罪人，死罪十八人，城旦舂以下五十八人；赐人爵关内侯以下九十四人。前日长病，陛下忧苦之，使使者赐书、枣脯。长不欲受赐，不肯见拜使者。南海民处庐江界中者反，淮南吏卒击之。陛下以淮南民贫苦，遣使者赐长帛五千匹，以赐吏卒劳苦者。长不欲受赐，谩言曰'无劳苦者'。南海民王织上书献璧皇帝，忌擅燔其书，不以闻。吏请召治忌，长不遣，谩言曰'忌病'。春又请长，愿入见，长怒曰'女欲离我自附汉'。长当弃市，臣请论如法。"

制曰："朕不忍致法于王，其与列侯二千石议。"

"臣仓、臣敬、臣逸、臣福、臣贺昧死言：臣谨与列侯吏二千石臣婴等四十三人议，皆曰'长不奉法度，不听天子诏，乃阴聚徒党及谋反者，厚养亡命，欲以有为'。臣等议论如法。"

制曰："朕不忍致法于王，其赦长死罪，废勿王。"

"臣仓等昧死言：长有大死罪，陛下不忍致法，幸赦，废勿王。臣请处蜀郡严道邛邮，遣其子母从居，县为筑盖家室，皆廪食给薪菜盐豉炊食器席蓐。臣等昧死请，请布告天下。"

制曰："计食长给肉日五斤，酒二斗。令故美人才人得幸者十人从居。他可。"

尽诛所与谋者。于是乃遣淮南王，载以辎车，令县以次传。是时袁盎谏上曰："上素骄淮南王，弗为置严傅相，以故至此。且淮南王为人刚，今暴摧折之。臣恐卒逢雾露病死。陛下为有杀弟之名，奈何！"上曰："吾特苦之耳，今复之。"县传淮南王者皆不敢发车封。淮南王乃谓侍者曰："谁谓乃公勇者？吾安能勇！吾以骄故不闻吾过至此。人生一世间，安能邑邑如此！"乃不食死。至雍，雍令发封，以死闻。上哭甚悲，谓袁盎曰："吾不听公言，卒亡淮南王。"盎曰："不可奈何，愿陛下自宽。"上曰："为之奈何？"盎曰："独斩丞相、御史以谢天下乃可。"上即令丞相、御史逮考诸县传送淮南王不发封馈侍者，皆弃市。乃以列侯葬淮南王于雍，守冢三十户。

——《史记·淮南衡山列传》

（三）案情解读与评析

汉文帝六年，大夫但、士五开章等七十人与棘蒲侯太子奇密谋造反。开章等暗地里找到淮南王刘长，并与之密谋联合闽越和匈奴共同发兵以里应外合。但是事情很快被发现，刘长也被召入长安治罪。经过调查发现，刘长不仅参与到但等人的谋反中，而且还参与到很多违法犯罪的案件中。由于刘长是汉文帝的弟弟，如何对刘长进行定罪就变成一个非常棘手的问题。

丞相张仓等认为，按照法律，刘长应该被处以弃市刑。但是汉文帝不忍加刑自己的兄弟，因此下令让张仓等人会同列侯、二千石官等集议此案，以确定能否减轻处罚。经过集议，张仓等仍然认为刘长罪大恶极，必须要按法处死。此时，汉文帝直接否定了这个集议结果，下诏赦免刘长的死罪，但是废掉了他的王位。张仓等再次上书，要求将刘长迁徙到蜀郡严道县邛莱山的邮所（今四川省雅安县）生活。汉文帝对此表示认同，并对刘长的日常生活供给和随从人员作了规定。

经过朝臣的多次讨论和皇帝的不断回应，最终刘长的量刑得以确立。其后，刘长被通过专门的渠道押送到执行地。其间，袁盎上书给汉文帝提出，刘长的所作所为与汉文帝的娇宠有关，而刘长的性格刚毅，遭受到这种待遇恐怕命不久长，这会给汉文帝留下杀弟的骂名，这恐怕是用郑庄公诛灭共叔段之乱的故事作比。在押往蜀郡的过程中，沿途县的官吏不敢打开刘长的行车，结果刘长颇为自悔，最终绝食而死。知道此事之后，汉文帝颇为后悔，下令将沿途没有打开刘长行车并供给饮食的人统统处死，并以列侯的礼仪埋葬了刘长。

作为汉代早期谋反罪的代表性案例，在该案中，汉代司法制度的特征展现得相当明显。无论是司法程序，还是新的司法理念，都能从中得以发现。

一是秦汉司法的集议制度。在秦汉司法审判的过程中，集议很多时候都是判决的必经程序。透过岳麓秦简《为狱等状四种》、张家山汉简《奏谳书》等可以发现，秦汉的地方司法常常需要通过廷议的方式解决，即拥有审判权及参与权的官吏在特定的场所对相关案件进行讨论，发表不同意见，最终形成定罪依据。因此，在奏谳类文书中经常会发现"吏议""吏当"等表述方式，这些多是对廷议过程的简单记录。中央的司法审判也是如此，刘长案显然可以窥见一斑。再如，张家山汉简《奏谳书》案例二十一"杜泸女子甲通奸案"详细记录了中央最高司法机关廷尉府讨论该案的经过，从廷尉到廷史都发表了意见，并最终以廷史绦的意见为准达成一致，这种司法集议制度对后世影响深远。

二是从一断于法到法外用刑。在法家理念下，秦代建立起一断于法的基本理念。在变法前期，商鞅就分别对太子的师傅公子虔和公孙贾实施了劓刑和黥刑。当然，一断于法并不意味着适法平等，很多人还是拥有特权的。如睡虎地秦简《法律答问》载："内公孙毋爵者当赎刑，得比公士赎耐不得？得比焉。"该条法律规定没有爵位的宗室子弟可以像有爵位的普通人一样减轻刑罚。张家山汉简《二年律令·具律》中也有类似规定。但这种特权往往在法律中有明确规定。而从淮南王刘长案来看，法律在适用上显然不是一断于法，而是法外用刑。根据张家山汉简《二年律令·贼律》的规定，"以城邑亭障反，降诸侯，及守乘城亭障，诸侯人来攻盗，不坚守而弃去之若降之，及谋反者，皆要①斩"，也即普通人谋反应被处以腰斩，腰斩是比弃市更为严重的刑罚。张仓等人经过多次讨论则提出应该对刘长处以弃市刑，这应该是综合考虑刘长身份的裁判结果。但是汉文帝对法律的适用并不满意，而是要求再次廷议。通过廷议来反复商讨刘长的定罪，与后世八议存在某种程度上的相似。这种亲、贵需要通过反复的廷议来定罪的方式显然已经与"一断于法"有所差别。一断于法的形式法律观逐渐消解，等差有序的法律适用规则逐渐萌芽并成型，这其中暗含家族主义法律的特征。

三是皇帝司法权的有限性与终局性。法家所设计的法律制度从根本上是为了保障君主对权力的绝对掌握，法制本质上也是君主控制臣下的工具，但是君主仍然需要透过法制这种形式化的工具才能真正有效地掌控官僚体系。从中延伸出两个在一定程度上相悖的理念：一是法制的适用应该保持一定的稳定性，不能轻易破坏法律的明确规定；二是法律最终应该由君主掌握。从第一个命题中延伸出来的是对皇帝权力的有限约束，所以皇帝司法权力的运用也要经过法定程序。因此，即使汉文帝有心想对刘长从轻处罚，还是要经过廷议等程序来确定。甚至，某些情况下，臣下拥有不受皇帝控制的权力。比如汉文帝时期，申屠嘉就曾经试图处死文帝的宠臣邓通，只是后来文帝向申屠嘉求情才得以饶恕邓通。但是皇帝所具有的司法权仍然是最高的，超越司法程序和具体法律制度的。因此，虽然张仓等两次认定刘长应处以弃市，最终仍然要按照汉文帝的诏书从轻处罚。在汉武帝时，曾任廷尉的杜周被友人诟病审理案件时不按法律而只按武帝的意图审理案件，他说出了一句被后世援引甚多的话："三尺安出哉？前主所是著为律，

---

① 要，通"腰"。

后主所是疏为令，当时为是，何古之法乎！"① 言出法随可以说是对皇帝最高司法权的阐述，尽管这种观点并未被所有人认同。

四、卫太子巫蛊案——汉代治理巫术犯罪的代表性案例

（一）选案背景与教学目的

经过汉朝几代君臣与百姓的努力，到汉武帝时期，经济、社会得到极大发展，政治也趋向稳定。但是到汉武帝统治的后期，因为穷兵黩武、横征暴敛，国家各方面已经显露危机。例如《史记·万石君列传》载："元封四年中，关东流民二百万口，无名数者四十万，公卿议欲请徙流民于边以适之。"人民流离失所，社会动荡不安，甚至很多地方都爆发了农民起义。与此同时，统治阶层内部也不断发生矛盾和冲突。相当一部分学者（如田余庆等）认为，当时存在以汉武帝为首的集团和以太子刘据为首的集团之间关于国家统治策略的深刻矛盾。

汉武帝笃信神仙方术，耗费大量精力和财富寻找仙人和长生不老之物，这也增加了人民的负担。在当时科技发展水平下，人们的认识存在很大局限，这使得巫蛊之术还存在普遍的群众基础。事实上，任何民族的发展早期都无法摆脱巫术的影响，这是具有历史普遍性的。甚至在秦汉时期，巫官和祝官作为政权官僚体系的组成部门，还有专门的考核体系，并颁布了明确的法律规范。例如张家山汉简《二年律令·史律》中就有关于卜学童、祝学童等的培养和考核规范。人们迷信巫祝，相信它们会产生某些神秘力量，继而能够对现实生活产生影响。

英国学者詹姆斯·弗雷泽在其著名的人类学著作《金枝》中对巫术的原理进行了总结：其一，相似律，相似性的事物可能会产生相同的功能，或者说相同的原因可能会产生相同的后果；其二，接触律，不同事物之间只要发生接触，即使后来分开也会产生相互作用。② 秦汉时期，巫祝的原理很大程度上也并未超越这种原理性的描述，巫蛊被认为起作用的方式也往

---

① 《史记·酷吏列传·杜周列传》。
② ［英］弗雷泽：《金枝——巫术与宗教之研究》，李兰兰译，煤炭工业出版社 2016 年版，第15 页。

往与这两种理念有关系，即通过对某些人的身体脱落的部分（如头发、指甲等）或者与其相似的偶像等施加法术来试图影响人本身的精神或者健康。相信巫祝能为人所利用的时代，自然也相信这些做法能够被人利用为恶。由于这种方式可以摆脱时空的约束，曾经对神仙方术深信不疑的汉武帝，自然非常恐惧臣民通过巫祝的方式来加害自己。

与此同时，对权力的欲望也使得某些觊觎最高权力的人试图通过这种方式谋利。《汉书·济北王传》载："汉景帝十二年，宽坐与父式王后光、姬孝儿奸，悖人伦，又祠祭祝诅上，有司请诛。上遣大鸿胪利召王，王以刃自刭死。"甚至，汉武帝多次处置巫蛊案后仍然有人如此行事。如为了能够获得成为皇帝的机会，汉武帝的儿子广陵厉王刘胥曾经先后祝诅过汉昭帝刘弗陵、昌邑王刘贺、汉宣帝刘询等。虽然这些事情都以失败告终，但是充分反映出汉代人对类似事情的确信。普遍认同也使得这种行为成为法律规制的对象，甚至对皇帝的祝诅构成大逆罪。

针对祝诅等行为，汉文帝曾经一度进行宽恕。《史记·孝文本纪》载："今法有诽谤妖言之罪，是使众臣不敢尽情，而上无由闻过失也。将何以来远方之贤良？其除之。民或祝诅上以相约结而后相谩，吏以为大逆，其有他言，而吏又以为诽谤。此细民之愚无知抵死，朕甚不取。自今以来，有犯此者勿听治。"也即，汉文帝对于诽谤妖言、相约祝诅又互相揭发等行为给予免罪。但是这并不意味着之后类似行为就不再受处罚。对祝诅等行为的法律惩罚仍然存在，此后有很多人因之被定罪，其中相当一部分人被定为大逆罪。而这又与自秦代以来对皇权的特别保护存在密切联系，对祝诅的规制也就成为全面保障皇权的一种方式。

卫太子巫蛊案的产生有着深刻的政治与社会背景，从中可以看到中国古代最高权力斗争的无情与激烈，而且还能够发现中国传统法律制度与文化的一个核心特征，即围绕对皇权的保护展开。该案的学习，主要用意在于：一是让学生了解到传统法律对皇权的全面保护，皇权至上是中华法系的重要特征；二是让学生对于祝诅与大逆罪的发展有更深刻的认识，使其了解到十恶的发展源流；三是让学生了解到秦汉律对中国古代法律制度的深远影响，很多法律制度都能在秦汉律中找到源头，即便是"一准乎礼"的唐律也不例外。最后，形成对"马工程"教材上有关汉代立法理念与法制实践知识的深刻理解。

（二）案例原文与出处

武帝末，卫后宠衰，江充用事。充与太子及卫氏有隙，恐上晏驾后为太子所诛，会巫蛊事起，充因此为奸。是时，上春秋高，意多所恶，以为左右皆为蛊道祝诅，穷治其事。丞相公孙贺父子，阳石、诸邑公主，及皇后弟子长平侯卫伉皆坐诛。语在《公孙贺》《江充传》。

充典治巫蛊，既知上意，白言宫中有蛊气，入宫至省中，坏御座掘地。上使按道侯韩说、御史章赣、黄门苏文等助充。充遂至太子宫掘蛊，得桐木人。时上疾，辟暑甘泉宫，独皇后、太子在。太子召问少傅石德，德惧为师傅并诛，因谓太子曰："前丞相父子、两公主及卫氏皆坐此，今巫与使者掘地得征验，不知巫置之邪，将实有也？无以自明，可矫以节收捕充等系狱，穷治其奸诈。且上疾在甘泉，皇后及家吏请问皆不报，上存亡未可知，而奸臣如此，太子将不念秦扶苏事耶？"太子急，然德言。

征和二年七月壬午，乃使客为使者收捕充等。按道侯说疑使者有诈，不肯受诏，客格杀说。御史章赣被创突亡，自归甘泉。太子使舍人无且持节夜入未央宫殿长秋门，因长御倚华具白皇后，发中厩车载射士，出武库兵，发长乐宫卫，告令百官曰江充反。乃斩充以徇，炙胡巫上林中。遂部宾客为将率，与丞相刘屈氂等战。长安中扰乱，言太子反，以故众不附。太子兵败，亡，不得。

上怒甚，群下忧惧，不知所出。壶关三老茂上书曰："臣闻父者犹天，母者犹地，子犹万物也。故天平地安，阴阳和调，物乃茂成；父慈母爱室家之中，子乃孝顺。阴阳不和则万物夭伤，父子不和则室家丧亡。故父不父则子不子，君不君则臣不臣，虽有粟，吾岂得而食诸！昔者虞舜，孝之至也，而不中于瞽叟；孝己被谤，伯奇放流，骨肉至亲，父子相疑。何者？积毁之所生也。由是观之，子无不孝，而父有不察，今皇太子为汉适嗣，承万世之业，体祖宗之重，亲则皇帝之宗子也。江充，布衣之人，间阎之隶臣耳，陛下显而用之，衔至尊之命以迫蹴皇太子，造饰奸诈，群邪错谬，是以亲戚之路隔塞而不通。太子进则不得上见，退则困于乱臣，独冤结而亡告，不忍忿忿之心，起而杀充，恐惧逋逃，子盗父兵以救难自免耳，臣窃以为无邪心。《诗》曰：'营营青蝇，止于藩；恺悌君子，无信谗言；谗言罔极，交乱四国。'往者江充谗杀赵太子，天下莫不闻，其罪固宜。陛下不省察，深过太子，发盛怒，举大兵而求之，三公自将，智者不敢言，辩士不敢说，臣窃痛之。臣闻子胥尽忠而忘其号，比干尽仁而遗其身，忠臣竭诚不顾铁钺之诛以陈其愚，志在匡君安社稷也。《诗》云：'取彼谮人，投畀豺虎。'唯陛下宽心慰意，少察所亲，毋患太子之非，亟罢甲兵，无令太子久亡。臣不胜惓惓，出一旦之命，待罪建章阙下。"书奏，天子感寤。

太子之亡也，东至湖，臧匿泉鸠里。主人家贫，常卖屦以给太子。太子有故人在湖，闻其富赡，使人呼之而发觉。吏围捕太子，太子自度不得脱，即入室距户自经。山阳男子张富昌为卒，足蹋开户，新安令史李寿趋抱解太子，主人公遂格斗死，皇孙二人皆并遇害。上既伤太子，乃下诏曰："盖行疑赏，所以申信也。其封李寿为邘侯，张富昌为题侯。"

久之，巫蛊事多不信。上知太子惶恐无他意，而车千秋复讼太子冤，上遂擢千秋为丞相，而族灭江充家，焚苏文于横桥上，及泉鸠里加兵刃于太子者，初为北地太守，后族。上怜太子无辜，乃作思子宫，为归来望思之台于湖。天下闻而悲之。

——《汉书·武五子传·戾太子刘据传》

（三）案情解读与评析

尽管近年来辛德勇等学者对于江充是否曾经陷害过卫太子刘据有疑问，但是主流观点仍然认为，作为汉代治理巫术犯罪的代表性案例，该案的发生是因江充与刘据有嫌隙而陷害后者的结果。

武帝末年，卫皇后失宠，江充则成为宠臣。由于年老体衰、身体不豫，汉武帝经常怀疑身边有人对他行巫蛊而欲伤害他，因此先后惩治了丞相公孙贺父子、阳石、诸邑公主、皇后弟子长平侯卫伉等，江充在其中扮演重要角色。很久之前，江充与卫太子刘据产生过矛盾。武帝年老后，江充开始担忧刘据即位后可能会对自己不利，因此上奏汉武帝称宫中发现巫蛊之气。在搜证中，江充在刘据的太子宫中掘出用以祝诅的偶像"桐木人"。一般认为，这是江充埋入以陷害刘据的。在跟太子少傅石德商量后，刘据害怕这件事无法自辩而成为扶苏第二，于是起兵谋反。刘据抓住江充后，指责他离间自己跟武帝的父子亲情，并且亲自将之处死。刘据攻入丞相刘屈氂的府邸，刘屈氂逃走。京城中的人纷纷认为刘据谋反，没人敢依附他。刘屈氂下属丞相长史则跑到甘泉，获得汉武帝的明确授权以平定叛乱。刘据则声称汉武帝在甘泉有所不测，但是汉武帝很快赶回京城，并且以丞相为首调兵遣将以剿灭叛军。太子军与丞相军激战数日，最后以前者的失败告终。刘据跑到湖县。其后，壶关三老茂上书劝解汉武帝赦免刘据。汉武帝虽然有感于这份上书，但是刘据在被追捕的过程中自杀。后来，汉武帝有所悔悟，诛灭了江充的三族①。

在中国政治思想史的发展过程中，西周建构了以德配天的正当性理念。君主权力来源的正当性来自于自身的政治品格。但是西周中后期以后，这种观念逐渐为保障君主对权力的掌握所取代。经过春秋战国的君臣斗争乃至厮杀，法家的理论不仅对保障君权的政治目的予以深切认同，而且试图建构起以赏罚二柄为中心的制度体系来保障君权。在秦汉法律制度发展过程中，如何保障君权，维护君主对最高权力的掌握一直是立法乃至司法的重中之重。一方面，法律最大限度建构起君主对整个国家的政治、经济、文化、社会以及人、财、物的支配体系；另一方面，法律将危害君主权力、人身与尊严的行为视为最大威胁的犯罪，并处以严刑。《春秋公羊传·庄公三十二年》载："君亲无将，将而诛焉。"也即，任何对君主权力产生危害的人都要受到处罚，防止任何人觊觎最高权力。因此，汉武帝对自己儿子的祝诅与谋反无法容忍。而且，当得知起先刘屈氂将刘据谋反之事秘而不宣时，汉武帝直接用周公诛管蔡的故事作比喻，对刘屈氂的做法表示十分不满。

从现代刑法理念来说，行巫蛊以害人本质上属于迷信犯，不会被处罚。不过，古人的认识并未达到这种高度。当然，由于多次实践的失败，部分古人已经认识到巫蛊未必能够发挥作用，如广陵厉王刘胥在多次祝诅失败后的认知。但是，中国古代法律的定罪量刑很多时候并不要求主客观一致，即不要求既要主观存在恶意，而且客观上具备达到犯罪目的的可实现性。为了保障君权，古代人对于思想犯采取严惩，主张对"意恶功善"的行为进行处罚。也即，即使某些行为导致了好的后果，但如果这是基于恶意达成的，那么这就是应该受处罚的，遑论直接祝诅皇帝的人身安全。因此，尽管祝诅不可能灵验，但是一方面，古人并未完全认识到这点，仍然在一定程度上认同这种做法的有效性；另一方面，祝诅本身是带有恶意的，合乎中国古代进行主观定罪的法律观念。

基于这些原因，作为对皇帝充满恶意的祝诅，在汉代构成大逆罪。巫蛊也成为江充用来攻击卫太子刘据的重要工具。而正是因为对行巫蛊法律

---

① 三族有两说：其一，父母、兄弟、妻子；其二，父族、母族、妻族。

后果的恐惧，刘据才铤而走险直接发兵造反。事实上，由于巫蛊或者祝诅被认为能够超越时空发挥作用，政府很难控制这些力量，所以对巫蛊或祝诅的惩罚并不局限于针对皇帝的行为，如《后汉书·第五伦传》载："其巫祝有依托鬼神诈怖愚民，皆案论之……民初颇恐惧，或祝诅妄言，伦案之愈急，后遂断绝，百姓以安。"到唐律中，祝诅被列为十恶之一。《唐律疏议·名例律》十恶条载："五曰不道。谓杀一家非死罪三人，支解人，造畜蛊毒、厌魅。"疏议曰："安忍残贼，背违正道，故曰'不道'。"也即，祝诅被认为背离正道，因此所有的祝诅行为都要受到处罚。从汉代祝诅多发且规定为大逆罪，到隋唐律将之规定于十恶中，秦汉律对唐律的影响之深由此可见一斑。甚至有学者认为，隋唐律的十恶多半能在秦汉律中找到源头。

在中国法律史的发展过程中，西汉中期的标志性事件是春秋决狱的兴起。与汉承秦制不同，以春秋决狱为标志的法律儒家化一改对法家理念的依循，法律发展方向发生很大转变。所谓法律儒家化主要导致两个方面的变化，第一，君臣关系摆脱掉绝对的君尊臣卑，而走向对臣下的相对尊重；第二，家族关系成为法律所保障的核心之一，进而，家族伦理成为法律的基本精神。但是这些变化都是有限度的，即以维护君主的最高统治为基本前提。因此，尽管后世建立起以议、请、减、赎为体系的优待臣下的法律制度，但这都是以保障君主权力为前提的。以唐律中的十恶为例，在这十种最严重的犯罪中，谋反、谋叛、谋大逆、大不敬等四种属于维护皇权的罪名（当然，作为不道中的巫蛊显然也具有这种色彩，但是唐律中没有明确点明）。而且，这些罪名对皇帝的保护涉及方方面面，包括权力、人身、陵墓、宗庙、印象、饮食、车驾等。这种全方位的保护充分反映了中国古代法律的基本精神，也能从中透视出法家思想对中华法系的深刻影响。

五、张汤贪污案——汉代冤案错案的代表性案例

（一）选案背景与教学目的

经过西汉前期多位统治者的努力，到汉武帝时期，社会经济已经发展到很高的水平。《史记·平准书》称："今上①即位数岁，汉兴七十余年之

---

① 即汉武帝。

间，国家无事，非遇水旱之灾，民则人给家足，都鄙廪庾皆满，而府库余货财。京师之钱累巨万，贯朽而不可校。太仓之粟陈陈相因，充溢露积于外，至腐败不可食。众庶街巷有马，阡陌之间成群，而乘字牝者傧而不得聚会。"尽管可能有所夸张，但是从中仍然可见汉武帝前期经济发展的空前程度。

经济发展的同时，政治也趋向稳定。汉高祖和吕后近乎全部消灭异姓诸侯王；汉文帝时平定济北王刘兴居的叛乱，并判决了淮南王刘长的谋反等；汉景帝则平定七王之乱，进而将诸侯王的很多权力收归中央；汉武帝先后惩治了淮南王刘安、衡山王刘赐等的谋反案，并通过推恩令、左官之律、附益阿党之法、酎金律以及其他措施大大削弱诸侯王的势力。至此，来自诸侯王的威胁已经微乎其微。

中央政府还通过各种措施加强对各中央政府部门、地方政府的控制。对中央政府部门控制的强化，如设立中朝以弱化相权等。对地方政府控制的强化，如"惠帝三年，相国奏遣御史监三辅不法事，有：辞讼者，盗贼者，铸伪钱者，狱不直者，繇赋不平者，吏不廉者，吏苛刻者，逾侈及弩力十石以上者，非所当服者，凡九条"①。到汉武帝时，"元封五年初置部刺史，掌奉诏条察州，秩六百石，员十三人"②。由此，汉代确立了刺史制度。通过这些措施，汉代的中央集权大大强化。

与此同时，汉代的司法制度也出现集权化趋势。早在汉高祖七年，就制定了疑狱奏谳制度，其规定"自今以来，县道官狱疑者，各谳所属二千石官，二千石官以其罪名当报。所不能决者，皆移廷尉，廷尉亦当报之。廷尉所不能决，谨具为奏，傅所当比律令以闻"（《汉书·刑法志》）从县道官→二千石官→廷尉→皇帝的疑难案件奏报制度被建立起来，皇帝通过司法程序加强了对司法的控制。而且，《汉书·刑法志》载："（汉武帝）于是招进张汤、赵禹之属，条定法令，作见知故纵、监临部主之法，缓深故之罪，急纵出之诛。其后奸猾巧法，转相比况，禁罔浸密。"所谓见知故纵，是指明知他人犯罪而不举报；所谓监临部主是指官吏连坐。这意味着，如果司法官吏的审判出现出人于罪（也即有罪而判无罪），那么他们将受到严

---

① 《唐六典·御史台》。
② 《汉书·百官公卿表上》。

厉惩罚，这使得司法官吏宁愿陷人于罪而不敢轻易判决犯罪嫌疑人无罪或者轻罪，无数人因之成为阶下囚甚至被处死。如《史记·平准书》载："淮南、衡山、江都王谋反迹见，而公卿寻端治之，竟其党与，而坐死者数万人，长吏益惨急而法令明察。"司法进一步成为皇帝控制政治乃至社会的工具。不过，虽然汉代的司法体制对秦代多有继承，但是受儒家的影响更深。《史记·酷吏列传·张汤传》载："上方乡文学，汤决大狱，欲傅古义，乃请博士弟子治《尚书》《春秋》补廷尉史，亭疑法。"这种做法意味着春秋决狱在司法中逐渐占据一定地位，司法判决的弹性有所增强。尽管这种做法能够缓和法律的严酷性，如《汉书·元帝纪》载："宣帝所用多文法吏，以刑名绳下……尝侍燕从容言：'陛下持刑太深，宜用儒生。'"但是，这种做法还使得法官的权力得以扩张，不再受法律条文的严格约束。由此，汉代司法制度与秦代的差异越来越大。尽管汉代选择法官的时候仍以文法吏（具有国家法律相关知识的人）为主，但是也逐渐将儒家知识分子纳入其中，诸如兒宽①之类。当法官的司法权得以扩张，并且上奉皇帝的意图，那么冤假错案出现的概率就开始增加。

通过本案的学习，意在使学生对"马工程"教材上有关诉讼制度、审判制度的知识有更深入的理解，特别是法律儒家化在司法层面的影响及其内在缺陷，从而形成对中国古代冤案错案的体系化认识。

（二）案例原文与出处

河东人李文尝与汤有邻，已而为御史中丞，恚，数从中文书事有可以伤汤者，不能为地。汤有所爱史鲁谒居，知汤不平，使人上蜚变告文奸事，事下汤，汤治论杀文，而汤心知谒居为之。上问曰："言变事纵迹安起？"汤详惊曰："此殆文故人怨之。"谒居病卧同里主人，汤自往视疾，为谒居摩足。赵国以冶铸为业，王数讼铁官事，汤常排赵王。赵王求汤阴事。谒居尝案赵王，赵王怨之，并上书告："汤，大臣也，史谒居有病，汤至为摩足，疑与为大奸。"事下廷尉。谒居病死，事连其弟，弟系导官。汤亦治他囚导官，见谒居弟，欲阴为之，而详不省。谒居弟弗知，怨汤，使人上书告汤与谒居谋，共变告李文。事下减宣。宣尝与汤有邻，及得此事，穷竟

---

① 兒宽，西汉官员，字仲文，为人温和良善，凭借正直和智慧在社会上生活，善于作文，但勇猛威武不足，不善言辞。参见《汉书·兒宽传》。

其事，未奏也。会人有盗发孝文园瘗钱，丞相青翟朝，与汤约俱谢，至前，汤念独丞相以四时行园，当谢，汤无与也，不谢。丞相谢，上使御史案其事。汤欲致其文丞相见知，丞相患之。三长史皆害汤，欲陷之。

始长史朱买臣，会稽人也。读《春秋》。庄助使人言买臣，买臣以《楚辞》与助俱幸，侍中，为太中大夫，用事；而汤乃为小吏，跪伏使买臣等前。已而汤为廷尉，治淮南狱，排挤庄助，买臣固心望。及汤为御史大夫，买臣以会稽守为主爵都尉，列于九卿。数年，坐法废，守长史，见汤，汤坐床上，丞史遇买臣弗为礼。买臣楚士，深怨，常欲死之。王朝，齐人也。以术至右内史。边通，学长短，刚暴疆人也，官再至济南相。故皆居汤右，已而失官，守长史，诎体于汤。汤数行丞相事，知此三长史素贵，常凌折之。以故三长史合谋曰："始汤约与君谢，已而卖君；今欲劾君以宗庙事，此欲代君耳。吾知汤阴事。"使吏捕案汤左田信等，曰汤且欲奏请，信辄先知之，居物致富，与汤分之，及他奸事。事辞颇闻。上问汤曰："吾所为，贾人辄先知之，益居其物，是类有以吾谋告之者。"汤不谢。汤又详惊曰："固宜有。"减宣亦奏谒居等事。天子果以汤怀诈面欺，使使八辈簿责汤。汤具自道无此，不服。于是上使赵禹责汤。禹至，让汤曰："君何不知分也。君所治夷灭者几何人矣？今人言君皆有状，天子重致君狱，欲令君自为计，何多以对簿为？"汤乃为书谢曰："汤无尺寸功，起刀笔吏，陛下幸致为三公，无以塞责。然谋陷汤罪者，三长史也。"遂自杀。

汤死，家产直不过五百金，皆所得奉赐，无他业。昆弟诸子欲厚葬汤，汤母曰："汤为天子大臣，被汙恶言而死，何厚葬乎！"载以牛车，有棺无椁。天子闻之，曰："非此母不能生此子。"乃尽案诛三长史。丞相青翟自杀。出田信。上惜汤。稍迁其子安世。

——《史记·酷吏列传·张汤传》

（三）案情解读与评析

张汤与河东人李文曾经产生过矛盾。李文担任御史中丞后，多次上书指责张汤。知道张汤对此有怨后，张汤的下属鲁谒居暗中派人以流言告发李文想要谋反。结果，该案由张汤审理。张汤明知这件案子是鲁谒居指使的，但仍然判处李文死刑。汉武帝过问该案时，张汤称是李文的故人因为怨恨而告诉的。自此之后，张汤跟鲁谒居的关系更加亲密，甚至在探病时为其按摩脚。

赵王因为狱讼与张汤产生矛盾，而又曾经被鲁谒居审理过。知道两人的亲密关系后，赵王据此上书告发两人。该案到廷尉府审理。结果，尚未审判时，鲁谒居就死了，但是他的弟弟受到牵连。张汤审判其他案件的过程中遇到鲁谒居的弟弟，但是准备暗地里救护而没有马上行动。鲁谒居的弟弟认为张汤不准备救护自己，所以告发张汤与鲁谒居之前诬告李文之事。该案由减宣审理。减宣曾经与张汤有矛盾，于是想要深究。还未上奏之前，张汤又跟丞相青翟产生矛盾。朱买臣、王朝、边通等三长史也跟张汤有矛盾，想要陷害他。

三位长史都曾受到张汤的折辱，因此记恨在心。这三人抓捕了张汤的佐史田信。田信诬指称，上奏汉武帝提出政策前，张汤都会把情况泄露给自己，田信会根据他的奏请提前购买货物以囤积居奇，而且会将因之所获之利分给张汤。与此同时，减宣又向汉武帝告发张汤和鲁谒居诬告李文的事情。汉武帝据此认为张汤貌似忠良、实则奸诈，派了很多人去审讯张汤。张汤都予以否认。然后，汉武帝派了赵禹去审讯。结果，张汤自杀，但仍然提出自己是被陷害的。张汤死后，家产总数不过五百金，而且都是皇帝赏赐的。张汤之母不愿厚葬张汤，只是将之薄葬。汉武帝听说后十分感慨，惩治了三长史，让青翟自杀，并且将田信放逐。

作为汉代冤案错案的代表性案例，在该案中，张汤显然并未如田信所言泄露禁中密语，不过与李文被诬告有千丝万缕的联系，甚至可以说是直接参与者。因此，不能完全将之视为冤案，但称之为贪污案应该说张汤是受到冤枉的。《汉书·刑法志》载："汉武帝时奸吏因缘为市，所欲活则傅生议，所欲陷则予死比，议者咸冤伤之。"张汤案的出现，本质上也属于这种现象的产物，也即成为司法权力不受监督的受害者。尽管存在依法裁判的基本要求，但是在汉代的司法体制下，司法权力并未得到很好的监督。一方面，皇帝掌握最高行政权力，包括司法权力（在中国古代，司法是行政的一部分），只要合乎皇帝的意图，是否真正做到依法裁判并不那么重要。以张汤为例，他发迹的重要转折点是治陈皇后巫蛊案。《史记·酷吏列传·张汤传》曰："（张汤）治陈皇后蛊狱，深竟党与。"此后，他就深得汉武帝的信任。该传又载"（张汤）所治即上意所欲罪，予监史深祸者；即上意所欲释，与监史轻平者"。正是因为办案称了汉武帝的意，张汤才平步青云，甚至创造出腹诽这种入人于罪的做法。对于这种关系，侯旭东曾经用"宠—信"模式予以解释，即得皇帝之宠，就能得皇帝的信任，进而一切都能够被皇帝接受。也就是说，因为屈法以满足皇帝的意思，于是得到皇帝的信任，皇帝的信任又使得宠臣的屈法能够被宽容。这是一种导致司法不公、不断恶性循环的运作机制。而且，一旦不再得到皇帝的信任，原本不会受处罚的行为也就可能被严惩了；另一方面，对于法律文本的突破为这种司法不公创造了条件。在春秋决狱的理念下，透过儒家理念等重新阐释法律，继而使得出不一样的结论变得可能，甚至会直接突破法律的明确规定。这与法家"不别亲疏，不殊贵贱，一断于法"①的法律精神相背离。由此，司法官吏的自由裁量权得以扩张，也为屈法创造了条件。针对这种有害于法律稳定性的做法，魏晋南北朝时期，刘颂提出"法欲必奉，故令主者守文；理有穷塞，故使大臣释滞；事有时宜，故人主权断"②的司法理念。到隋唐时期，《唐律疏议·断狱律》明确提出："诸断罪皆须具引律、令、格、式正文，违者笞三十。"由此，相关问题才得到部分解决。

司法权力无法受到有效监督是张汤贪污案出现的时代背景，然而张汤本人正是这种体制的创造者，而且他还亲手造出很多冤案。在汉代司法体系中，依法裁判仍然是基本要求，这样才会出现张释之抗旨执法之类的案件。甚至，张汤也曾经做出类似的事情，如在审理淮南王刘安、衡山王刘赐谋反案的过程中他就明确表示反对汉武帝从轻处理的要求。但是，一旦好的司法体制遭到破坏，任何人都可能成为受害者，张汤也不例外。始作俑者，其无后乎？

六、赵娥复仇案——中国早期立法与司法认同复仇的代表性案例

（一）选案背景与教学目的

经过近四百年的发展，汉王朝逐渐走向穷途末路。尽管前有光武中兴，

---

① 《史记·太史公自序》。
② 《晋书·刑法志》。

但是刘汉政权并未达到永久稳定，事实上这与传统政治本身的特点有关，即缺乏有效的监督。到东汉末年，王朝的政治、经济、社会等各方面均呈现出较大动荡。

政治上，最高统治者极为昏庸，官僚阶层也是极端腐败。自汉和帝开始，皇帝大多年幼就登基，早期不得不倚重皇太后以及外戚掌握政权。小皇帝成年后，又不得不倚重宦官等夺取权力。这些激烈的权力斗争使得政治呈现出不稳定的状态：一方面，轮流上台的外戚和宦官把主要精力放到攫取私人利益上；另一方面，皇帝本人的主要精力也并不在治国安邦上，甚至一度出现汉灵帝以明码标价来卖官鬻爵的情况，曾经试图解决这些问题的士大夫阶层则惨遭党锢之祸。

无论政治的不稳定，还是官僚阶层的腐败，都成为社会不稳定的重要原因。政治运行的失控，世家豪族的兴起，使得土地兼并在当时大量出现，无立锥之地的农民或是依附于大地主成为宾客、徒附等私人奴隶，或是流离失所。而且，由于应对自然力量的能力有限，不断出现的自然灾害致使情况愈发严重。汉桓帝延熹六年，陈蕃上书称："当今之世，有三空之厄哉！田野空，朝廷空，仓库空，是谓三空。"① 由于粮食短缺，社会上甚至一度出现人与人相食的惨况，如《后汉书·孝桓帝纪》曰："汉桓帝元嘉元年，京师旱。任城、梁国饥，民相食。"再如《后汉书·孝献帝纪》曰："汉献帝兴平元年，是时谷一斛五十万，豆麦一斛二十万，人相食啖，白骨委积。"

在这些情况下，百姓不得不铤而走险，甚至拿起武器抗争，农民起义不断，最为有名的就是黄巾起义。尽管黄巾起义最终失败了，但是其极大地削弱了东汉中央政府的统治力，皇帝的权威大不如前，这也最终导致了军阀割据局面的出现。军阀割据催生了各军阀之间不断发生以争夺地盘和势力为目的的军事斗争，其加剧了百姓生活的痛苦。政治与社会的不稳定使得很多民间纠纷很难通过国家途径解决，复仇等自力救济的行为不断出现。三国时期，《魏律》中规定："贼斗杀人，以劾而亡，许依古义，听子弟得追杀之。"也即，如果有人杀人而官府不能惩罚的话，那么允许被杀者的亲属进行复仇，这大概也是自东汉末年社会动荡以来的常态。

---

① 《后汉书·陈蕃传》。

在思想文化方面，汉武帝独尊儒术，儒家思想对司法的影响也与日俱增。① 当代学者以"外儒内法"等概念来描述中国古代的政治实践，这种说法是十分有道理的。但是在思想文化领域，儒家的主导地位是法家所无法替代的。接受儒家观念的统治者，进而提出"以孝治天下"的统治策略。这种策略不得不在一定程度上认同儒家伦理对现实政治的约束力。儒家伦理的核心特点是家族主义，主张认同和维护家族价值，甚至不惜牺牲国家利益。尽管统治者认同这种伦理，但是其与维护政权稳定的价值在某些特殊情况下会出现冲突。因此，自汉代开始，思想领域中的忠、孝关系就变得紧张，究竟是忠先于孝，还是孝先于忠成为一个重要社会问题。这种冲突反映到法律领域就是特殊情况下是否应该守法，其中一个焦点问题就是复仇。在儒家伦理中，复仇是正当的，《礼记·曲礼上》曰："父之仇，弗与共戴天；兄弟之仇，不反兵；交游之仇，不同国。"复仇在司法实践中成为一个重要疑难，究竟是屈法以伸情，还是屈情以从法？司法实践不再严格按照法律规定来处理，而是随着情境的变化而灵活把握。赵娥复仇案的出现，不仅体现了儒家伦理在汉代社会的深入，同时还折射了诸多司法官吏面对这种案件时的矛盾心态。该案的阐发梳理，其一，意在让学生更深刻地了解中华法系的家族主义特征，并且明白这种影响渗透在立法与司法等多个层面；其二，意在使学生更深刻地了解中华法系中实质裁判的倾向，即所谓的情理法裁判的渊源与发展；其三，意在使学生更深刻地理解复仇类案件及其特征，并更深刻地体会围绕复仇类案件展开争论的原因。最终，让学生形成对"马工程"教材上有关汉代立法与司法特点的全面性认识。

（二）案例原文与出处

酒泉庞淯母者，赵氏之女也，字娥。父为同县人所杀，而娥兄弟三人，时俱病物故，仇乃喜而自贺，以为莫己报也。娥阴怀感愤，乃潜备刀兵，常帷车以候仇家。十余年不能得。后遇于都亭，刺杀之。因诣县自首。曰："父仇已报，请就刑戮。"（福）禄［福］长尹嘉义之，解印缓欲与俱亡。娥不肯去。曰："怨塞身死，妾之明分；结罪理狱，君之常理。何敢苟生，以枉公法！"后遇赦得免。州郡表其闾。太常张奂嘉叹，以束帛礼之。

——《后汉书·烈女传·赵娥传》

---

① 参见《中国法制史》编写组编：《中国法制史》，高等教育出版社2017年版，第108页。

（三）案情解读与评析

酒泉人庞淯的母亲名叫赵娥。早年间，赵娥的父亲被同县人杀死，赵娥的三个兄弟早死而无法复仇。仇人甚至为此庆贺，认为不会有人因之报复自己。赵娥非常愤怒，准备好武器，想要暗中杀掉仇家，但是过了十多年都没有机会。不过，赵娥最终在都亭遇到仇人，并杀掉了对方。复仇之后，赵娥到县廷中自首，并说："父亲的仇已经报了，现在请处死我吧！"县官非常感动，不忍加刑于赵娥，就准备放弃官位与赵娥一起逃跑。但是赵娥认为："报仇之后被加以国法，是赵娥的本分；判决案件、公正审理，是县官的责任。如果苟且偷生，就是背弃公正的法律。"后来，赵娥遇到赦免而没有被处罚，而且州郡对她进行了表彰。太常张奂感慨她的事迹，并且赠与她衣食和布帛。

汉代公羊学盛行，公羊学崇尚复仇，复仇在有汉一代十分兴盛。由于整个社会对复仇的认同，无论是立法还是司法都对之表现出很强的认同态度。《后汉书·张敏传》载："建初中，有人侮辱人父者，而其子杀之，肃宗贳其死刑而降宥之，自后因以为比。是时遂定其议，以为《轻侮法》。"汉章帝立法规定，伤害侮辱自己父母的人可以免刑，但因为实效并不好，后来被张敏谏止。在司法中，类似赵娥案的情况并不鲜见。例如《后汉书·郅恽传》载，郅恽为友复仇后自首，并且自己跑到监狱中，但县令不想审判郅恽，还对其以死相逼，要求郅恽从监狱中出去。与此同时，明文的法律规定却是"杀人者死"。

法理与情理之间的这种张力在整个中国古代都是存在的。从历史发展的角度出发，复仇是原始社会的普遍产物。日本学者穗积陈重在《复仇与法律》中提出，复仇的发展，经历了复仇产生—复仇限制—赔偿—刑罚等不同阶段，在这其中，对他人的侵害的防卫也发生从私力救济到私力公权化的变化。尽管这种判断未必合乎每个国家或民族的发展历程，但对于认识复仇制度的发展过程具有很强的启发性。随着法律制度的完善，国家为维护社会秩序的稳定，必然要对复仇进行限制，并通过合乎特定要求的刑罚来对秩序破坏者进行惩罚。这种复仇公权化的观念在先秦时期就已经成为正义观念的组成部分，具有不证自明性。故《荀子·正论》曰："杀人者死，伤人者刑，是百王之所同也，未有知其所由来者也。"

伴随着复仇的公权化，对复仇的限制也越来越多。在法家观念下，并不允许这种复仇行为的存在，其希望达成的目标是"民勇于公战，怯于私斗"①。然而，在儒家理念中，复仇具有先验的正当性。而且，儒家知识分子对复仇予以了伦理化"包装"，将复仇视为臣、子的伦理义务。邱濬称："复仇之意，乃生民秉彝之道，天地自然之理，事虽若变，然变而不失正，斯为常矣。"② 随着法律儒家化的推动，政治层面必然会对这种伦理诉求予以同情与理解，但是这很难直接规定为法律，否则将会带来社会的不稳定，政治认同与法律否定之间也会直接形成强烈矛盾。这种矛盾一直是中国古代司法实践中的疑难所在。例如在唐代武则天时期出现了著名的徐元庆复仇案，是否处死徐元庆成为法律疑难，其中陈子昂提出："以私义而害公法，仁者不为；以公法而徇私节，王道不设"，因此"宜正国之法，置之以刑，然后旌其闾墓"。陈子昂指出，私义与公法在复仇中存在冲突，两者都非常重要。为解决这种冲突，他想出应该处死徐元庆但同时又要表彰他的大义。面对这种不可调和的矛盾，似乎只有这种方式才能解决问题。其后，柳宗元在《驳复仇议》中提出，是否允许复仇应该根据复仇者所复之仇的性质决定。如果有人是基于非法理由被杀，那么他的亲属就有权复仇；如果有人是基于合法理由被杀，那么他的亲属就无权复仇。这种争论并未从根本上解决这一冲突，直到民国时期还发生过郑继成案、施剑翘案等复仇案件。

作为中国早期立法与司法认同复仇的代表性案例，赵娥案中法官是通过法外途径解决情理与法理的冲突的，但是这种案件多数还是需要通过正常的司法程序予以解决，司法官吏或者最高司法者如何审判，在很大程度上取决于他们自身所具有的观念。随着儒家理念的深入人心，严格按照法律规定处死复仇者的做法似乎是很少见的。根据霍存福的研究，中国古代对于复仇案件基本上采取的是减刑或者免于处罚的判决。这意味着，对这类案件进行裁判的根本依据不是法律而是儒家伦理。这反映出中国古代司法中以情、理、法作为裁判依据的特征，即法律并非进行司法裁判的唯一依据，情、理等也占据重要地位。

---

① 《史记·商君列传》。
② 《大学衍义补·慎刑宪》。

第三章
三国两晋南北朝时期的案例

【**章前导读**】三国两晋南北朝时期，虽然政权更迭频繁，社会动荡不定，但各封建政权为了自保，纷纷在法制方面进行了一系列大刀阔斧的改革。其间，诸多理念与制度对后世封建法制发展具有决定性影响。本章所选的五个案例中，张举烧猪验尸案、羊聃适用"八议"案和费羊皮卖女葬母案，分别呈现了魏晋南北朝时期的法医制度、"八议"制度与服制制度；而范坚阻止赦免邵广死罪案和张江陵骂母致死案，则分别体现了魏晋南北朝时期的法治主义与礼法结合理念。

一、张举烧猪验尸案——中国早期代表性法医案例

（一）选案背景与教学目的

在官与匪的争斗中，案件随时会发生。匪徒逃离现场，留给官府的只是一个结局，或者是作案的现场，或者是苦主的申诉，或者是无名尸体。匪徒留给官府的是一个谜，而是否能猜出其中的谜底则要靠破案者的功底。官府接到报案后，最重要的就是对案件进行调查，了解案情的来龙去脉，推断案情是否合理，然后才能据情判案。在了解案情的过程中，司法检验是最关键的一环。在中国历代案件处理中，都非常重视司法检验。我国法医学历史悠久、源远流长。据现存的文献记载，即可追溯到距今 2200 余年以前，是世界上开创法医学最早的国家。

《礼记·月令》有载："是月也……命理瞻伤、察创、视折、审断、决狱讼、必端平。"汉人蔡邕解释为"皮曰伤，内曰创，骨曰折，骨肉皆绝曰断"。上述的瞻、察、视、审是指检查方法，而伤、创、折、断则指损伤程度。可见，《礼记》所记述的时代（周朝），对创伤的性质和轻重程度已作了详细的观察和分类。

1975 年在湖北云梦出土的《云梦秦简》，载有《贼死》《经死》《穴盗》等案例，记述了现场勘查、法医检验的情况。譬如：在活体检验方面，秦律已有不同程度的损伤处以不同刑罚的规定。云梦秦简记载了两个活体检验的案例，一是外伤流产病人，一是麻风病人；并介绍了外伤流产和麻风病的诊断方法，以及流产胎儿的鉴定方法。在现场勘验方面，当时的一些案例详细记载了现场的方位、四至，停尸处与周围环境的关系，现场的血迹、足印、手印、膝印及工具痕迹，现场留下的物品及其他物证。在尸体检查方面，当时已注意到了损伤性状，衣服伤与肉体伤的关系，以及凶器的推定等。还特别注意缢死案例中绳索勒绞性质、走行特点、悬挂情况，还发现了缢死者有舌出、大小便失禁、解开绳索后的叹息声以及索沟性状、"不周项"的缢沟特征、椒郁色的生前沟特征。这些竹简内容，在案例方面给秦代的司法检验提供了依据。

历代法医学都有一定的发展。据《汉书·刑法志》记载，在公元前206年至公元25年的西汉时代，法律即已规定，司法人员进行审讯时要观察受审者的反应，量刑时对过失犯罪以及儿童、老人、孕妇和残废者都要从轻。

公元653年，唐朝制定了封建法典《唐律》，明确规定了"诸诈病及死伤受使检验不实者"，要受法律处分，对损伤分类、程度和确定致命伤也作了规定，从而促进了法医学发展。五代后晋时期，和凝、和蠓父子编著了《疑狱集》全书共四卷，记载了汉代以来的离奇疑案。宋代法律制度更加完善，明确规定检验官吏的职责，以及初检、复检、免检的范围，由官方制定了验尸格目，颁布验状及检验正背人形图，有力地促进了检验质量的提高和法医工作的发展。南宋初年，郑克于公元1133年，"因阅和凝《疑狱集》，嘉其用心，乃分类其事……"而撰写了《折狱龟鉴》。其中载道，"三国吴末，张举烧猪验尸，根据'活者口中有灰，杀者口中无灰'而区分生前与死后的烧死"，它至今仍不失为鉴定的重要依据。继《折狱龟鉴》之后，桂万荣在《疑狱集》和《折狱龟鉴》的基础上并从正史、野史、名人笔记中选了一些案例编辑而成《棠阴比事》，该书共分二卷，一百四十四条，详细介绍了封建社会执法、断狱、量刑等情况，其中有些案例与法医检验直接相关。

本案的学习，意在增进学生对"马工程"教材上有关魏晋时期立法概况、法律形式、法律内容等知识的理解深度，为全面掌握魏晋时期法制的总体性特征打好基础。

（二）案例原文与出处

张举，吴人也，为句章令。有妻杀夫，因放火烧舍，称火烧夫死。夫家疑之，诉于官。妻不服。举乃取猪二口，一杀之，一活之，而积薪烧之。活者口中有灰，杀者口中无灰。因验尸口，果无灰也。鞫之，服罪。

——《折狱龟鉴·卷六·证慝》

（三）案情解读与评析

《折狱龟鉴》是宋代法学家郑克撰著的一部法学著作，成书于南宋绍兴年间（1131—1162）。宋代是中国古代司法理论和实践快速发展的一个历史时期，当时政治上的中央集权和商品经济持续发展，再加上司法上的黑暗和混乱，导致社会矛盾进一步激化。在这样的时代背景下，郑克撰写了《折狱龟鉴》，体现了他希望改变司法混乱现状的愿望，既响应了统治者宽刑法的号召，又反映了时代的必然要求。

全书共八卷，分为释冤、惩恶、察奸、迹盗、议罪、严明等二十门，包含了侦查破案、法庭审讯、司法鉴定、痕迹物证、调解纠纷、辨诬雪冤、定罪量刑等方面的疑难案例，辑录了上自春秋、战国，下至北宋大观、政和年间有关平反冤案、巧妙断案的案例故事 270 余条 390 余事，并以按语的形式对其中大部分案例进行了分析和考辨。《折狱龟鉴》是中国现存最早的狱讼案例汇编，作为宋代侦查类文集的集大成者，其所反映的鞫情断狱思想突破了较为朴素的侦查方法，对后世产生了重大的影响。其中一些治狱思想也为后世所称道借鉴。《四库全书》评价其"所辑故实，务求广博"，"究悉物情，用广见闻而资触发，较和氏父子之书，较为赅备"。

"张举烧猪验尸案"大意如下：三国时期，吴国人张举在句章当县令，遇到了一起蹊跷的人命案。死者的弟弟向官府报案，说是自己的嫂嫂杀死了自己的哥哥后烧房灭迹，而妇人却坚决不承认，一口咬定丈夫死于火灾。接到报案后，张举带人到现场勘查了一番后，心里顿时有了底，他让人找来两头猪，一头杀死，一头活着，并一一做了记号，然后把这两头猪一起放到柴火堆里去烧。火熄后，张举分别扒开两头猪的嘴，仔细地察看，发现死猪口中没有灰，而原来的活猪口中则有很多灰。于是升堂提审那妇人，妇人以为尸体已随着房子烧了，张举并没有证据，并不肯承认，拼死抵赖。张举大声说："你丈夫不是被火烧死的，凡被活活烧死的人，烟熏火烤，呛得喘不过气来的时候，必然要大口呼吸，嘴里一定会有灰。而我在查验尸体时，发现你丈夫嘴里一点灰都没有，可想而知他是先死后才被火烧的，你快快从实招来。"在证据面前，妇人无话可说，只好承认杀死丈夫的事实。就这样，一起杀害丈夫的人命案就此结案，人们这才明白了张举烧猪的真正目的。

张举用烧猪的方法，验证于人的尸体，就是一种模拟试验。所谓模拟试验，就是用相同或相近的物体代替某物进行试验，从而把握某物的特性、用途。张举用猪来做模拟试验是十分聪明的。因为死者已死，无法再做试验，而活着的人又绝对不能去当这个试验品。人与猪在生理上有许多相同的情况，人被烧的状态与猪必定相类似，用猪做出来的试验是可信的。因为根据烧猪的结果，就能验证死者不是失火烧死的，而是死后被烧的。

张举运用的烧猪验证人尸的方法，充分体现了我国古代专业人员破案的智慧，它为古代法医史作出了杰出的贡献，由此被认为是中国历史上最早的法医案例。现在，医学上发明研究的新药，先在动物身上试验，其原理与烧猪验证是相通的。

二、羊聃适用"八议"案——"八议"制度适用的典型性案例

（一）选案背景与教学目的

传统中国社会是一个等级森严的社会，从等级社会中产生并为等级社会服务的儒家"礼治"思想对于刑事立法和刑事司法指导的结果，就是在刑事法律上确立了等级特权原则，包括议、请、减、赎、当等。本案涉及封建刑法中的八议制度，所谓"八议"是指对八类权贵人物，在他们犯罪以后在刑罚适用上给予特殊照顾。①"八议"不能适用普通诉讼审判程序，司法官员也无权直接审理管辖，必须奏请皇帝裁决，由皇帝根据其身份及具体情况减免刑罚的制度。

自《唐律疏义》确立议亲、议故、议贤、议能、议功、议贵、议勤、议宾的"八议"制度以来，一直到《大清律例》，"八议"之法便成为皇亲国戚、功贤故旧、贵族官僚等人逃避和减轻封建法律制裁的"护身符"。由此，封建贵族官僚的司法特权亦逐步法律化、制度化。然而，在中国古代权力之争的演变过程中，一直存在着皇权与文官集团的斗争。不过，从明代开始，君臣关系便不是以前那种互相牵制的关系了，大臣完全成为皇权的奴仆。"八议"之法也由此失去了它本来的色彩，一切均由皇帝"临时酌量特予加恩"，维护贵族官僚特权的"八议"之法也因此而不足为训。

该案的教学，一方面，旨在让学生了解"八议"制度的内容及其产生、

---

① 参见《中国法制史》编写组编：《中国法制史》，高等教育出版社 2017 年版，第 115 页。

发展直至衰亡的历史进程；另一方面，让学生掌握"八议"入律对封建刑法的影响，并在此基础上形成对"八议"制度的全面认识。最终，增进对"马工程"教材上有关"八议"制度，以及相关知识点的理解深度。

（二）案例原文与出处

聃字彭祖。少不经学，时论皆鄙其凡庸。先是，兖州有八伯之号，其后更有四伯。大鸿胪陈留江泉以能食为谷伯，豫章太守史畴以大肥为笨伯，散骑郎高平张嶷以狡妄为猾伯，而聃以狼戾为琐伯，盖拟古之四凶。

聃初辟元帝丞相府，累迁庐陵太守。刚克粗暴，恃国戚，纵恣尤甚，睚眦之嫌辄加刑杀。疑郡人简良等为贼，杀二百余人，诛及婴孩，所髡锁复百余。庾亮执之，归于京都。有司奏聃罪当死，以景献皇后是其祖姑，应八议。成帝诏曰："此事古今所无，何八议之有！犹未忍肆之市朝，其赐命狱所。"兄子贲尚公主，自表求解婚。诏曰："罪不相及，古今之令典也。聃虽极法，于贲何有！其特不听离婚。"

琅邪太妃山氏，聃之甥也，入殿叩头请命。王导又启："聃罪不容恕，宜极重法。山太妃忧戚成疾，陛下周极之恩，宜蒙生全之宥。"于是诏下曰："太妃惟此一舅，发言摧咽，乃至吐血，情虑深重。朕往丁荼毒，受太妃抚育之恩，同于慈亲。若不堪难忍之痛，以致顿弊，朕亦何颜以寄。今便原聃生命，以慰太妃渭阳之思。"于是除名。顷之，遇疾，恒见简良等为祟，旬日而死。

——《晋书·列传第十九·羊曼传》

（三）案情解读与评析

羊聃，字彭祖。从小不好学习，时人的议论都是对他平庸的鄙视。原先，兖州有号称"八伯"的八个人，以比之于东汉的"八俊"。此后又有所谓"四伯"：大鸿胪陈留江泉因为能吃被称为"谷伯"，豫章太守史畴因为太胖被称为"笨伯"，散骑郎高平张嶷因为狡妄被称为"猾伯"，而羊聃因为凶暴被称为"琐伯"。这大概是将他们比为上古的"四凶"（舜帝流放到四方的四个凶神：饕餮、穷奇、梼杌、混沌）。

羊聃当初被召进晋元帝司马睿丞相府，经多次升迁后，为庐陵太守。他刚克粗暴，依仗自己是国戚，更加纵情放肆，即便与人有一点小矛盾，也要用刑杀的方式予以报复。他怀疑郡人简良等为贼，杀二百多人，株连到了孩童，受剃发锁枷等刑罚的又有一百多人。征西大将军庾亮逮捕了羊聃，押送京师治罪。有关部门奏羊聃应当处以死罪，又因为景献皇后是他的祖姑母，应"八议"。晋成帝下诏说："这种事情从古至今均未发生过，凭什么用'八议'？但我尚不忍心杀他在市朝，就赐他在狱中自杀。"皇帝认为羊聃的罪行太重了，属于不能原谅的，但考虑到他的特殊身份，故以比较体面的方式将其赐死。羊聃的侄子羊贲娶了公主，羊贲自己上表请求解除婚姻。晋成帝下诏说："罪不相牵连是自古以来的习惯法。羊聃虽然犯了极刑，与羊贲有何关系！所以特命不准离婚。"

　　本来晋成帝拒绝对这样严重的罪行适用"八议"，事情到此就该结束了。不料皇帝的诏书下达后，当时的琅琊王太妃山氏是羊聃的外甥女，入殿叩头为羊聃求情，希望皇帝饶其不死。当时在朝中颇有影响的大臣王导也奏请皇帝："羊聃罪不容恕，应该处以极刑。但山太妃因此忧虑成疾，陛下不如法外施恩，给羊聃一条生路吧！"于是皇帝又下诏说："山太妃就这么一个舅舅，听说要处其死刑，为他痛哭甚至吐血，情虑深重。朕过去孤单遭祸，受太妃抚育之恩，如同亲生。如果她老人家不能忍受这种痛苦，以至于生病不起，朕还有何面目见她？因而赦羊聃一条活命，用来安慰太妃甥舅之思念。"最终，晋成帝还是宽恕了羊聃，将其削职为民。不久，羊聃生病，常常梦见简良等人鬼魂作祟，十天后死去。

　　"八议"一说，最早见于《周礼·秋官·小司寇》中的"八议之辟"。"以八辟丽邦法，附刑罚：一曰议亲之辟，二曰议故之辟，三曰议贤之辟，四曰议能之辟，五曰议功之辟，六曰议贵之辟，七曰议勤之辟，八曰议宾之辟。"八辟之法是周朝"刑不上大夫"的体现。秦汉时期，法律中没有直接规定沿用西周的八辟之法，但与这一制度相似的刑罚原则仍是存在的。例如秦律载："真臣邦君公有罪，致耐罪以上，令赎。"至曹魏《新律》，首次明确规定此制度。隋唐对该制度规范化，历代相沿不改，正如《唐六典》所说："八议自魏、晋、宋、齐、梁、陈、后魏、北齐、后周及隋，皆载于律。"但是，随着专制统治的加强，到明清时期，特别是到了清代，"八议"之法的应用范围也在不断缩小，乃至载而不用，徒有虚名了。清末修律时，制定《大清新刑律》，废除了这项制度。

所谓"八议",就是议亲（皇帝宗室亲戚）、议故（皇帝故旧）、议贤（朝廷认为有大德行的贤人君子）、议能（政治、军事等方面有大才能者）、议功（对国家有大功勋者）、议贵（有一定级别的官员）、议勤（为国家服务卓著有大勤劳者）、议宾（前朝皇帝及后裔）。"八议"之人的特权在《新律》中规定得比较模糊，"大罪必议，小罪必赦"，缺乏可操作性。隋唐则严格规定了"八议"之人的特权内容："八议之人犯死罪者，皆条所坐及应议之状，先奏请议，议定奏裁，流罪以下减一等，其犯十恶者不用此律。"即"八议"之人犯死罪，下级司法机关只能将所犯之罪和符合"八议"中哪一种情况奏报皇帝，由皇帝组织王公大臣集体决定，死罪按通例降为流刑；流罪以下不必议自然减刑一等；十恶除外。如果犯了十恶重罪，适用"八议"的人也不能免罪，有的只是改变处死方式。

"八议"入律，为官僚贵族犯罪欺凌百姓而不受惩罚提供了法律保障。从曹魏时期一直沿用到清朝末年，长达一千六百多年。如刘宋时，雍州刺史张邵掠民贪赃，依法当死，但左卫将军谢述为其求情："邵，先朝旧勋，宜蒙优待。"结果只是免官而已。南齐巴东王杀死僚佐，戴僧静为其辩解说："天子儿过误杀人，有何大罪。"尤其是梁朝法律在保护贵族特权方面更为突出，凡属皇室贵族犯罪，一律宽免，结果导致王侯子弟往往骄横违法。秣陵一位老人，在梁武帝外出时，曾经当面说："陛下为法，急于黎庶，缓于权贵，非长久之术。诚能反是，天下幸甚。"北朝法律也确认"八议"的刑法原则，凡属"八议"之列的官僚贵族，如果犯法则特加宽恕或者不予追究。到北齐时，由于社会矛盾激化，从国家利益出发，划定了"八议"适用的范围，凡属严重危害国家利益的犯罪，不在"八议"之列。

本案中羊聃所犯罪行严重，涉及两百多人生命，确属罪不容赦。所以虽然主管部门首先提出因为景献皇后是羊聃祖姑母，羊聃应在"八议"之列，但是晋成帝却认为其罪行太严重，不能宽恕，不能适用"八议"。后来又有羊聃的外甥女山太妃为其求情，而山太妃对皇帝有养育之恩，最终还是因羊聃的国戚身份适用了"八议"。作为"八议"制度适用的典型性案例，该案充分表明了封建法律维护贵族特权的本质。

三、费羊皮卖女葬母案——服制制度适用的典型性案例

(一)选案背景与教学目的

在传统中国社会,卑幼犯尊长加重处罚,尊长犯卑幼从轻或免于处罚的做法由来已久,至西晋,"峻礼教之防,准五服以制罪"[①] 的原则首次确立,并对隋、唐、宋、元、明清各朝法律制度产生深远影响。

服制是中国封建社会以丧服为标志,区分亲属的范围和等级的制度。按照父系血缘亲疏关系计算,从本人起,上至高祖有五代,下至玄孙也有五代,合起来共九代。凡此范围内的直系和旁系亲属,均属有服亲,称为"五服"。五服亲死了,要服丧。服丧期限的长短和丧服质地的粗细依亲疏关系而定,亲者服重,疏者服轻,由亲而疏,依次递减。共分五等:斩衰,服丧三年;齐衰,一年;大功,九个月;小功,五个月;缌麻,三个月。以上统称"丧服制"。服制不但确定继承与赡养等权利义务关系,同时也是亲属相犯时确定刑罚轻重的依据。"准五服以制罪",即对于发生在五服亲属间的侵害行为,依据亲疏远近关系来定罪关系越亲近,尊犯卑处罚越轻,卑犯尊处罚越重;关系越疏远,尊犯卑相对加重,卑犯尊相对减轻。如斩衰亲服制最高,尊长犯卑幼减免处罚,卑幼犯尊长加重处罚。缌麻亲服制最疏,尊长犯卑幼处罚相对从重,卑幼犯尊长处罚相对从轻。它体现了"父为子纲""夫为妻纲"的父权、夫权思想,强调下对上、卑对尊的义务,是法律制度儒家化的重要表现。此后,依五服制罪成为封建法律制度的重要内容。

法律儒家化从汉代起就已经开始了,汉律中关于家长对子女的惩处权、"亲亲得相首匿"等有关规定都是其体现。至两晋,这种传统的体现便是丧服制度得以在法典中确立。《晋书·刑法志》中所说的"峻礼教之防,准五服以制罪"的制度,实为《晋律》首创。[②] 可见,此时的家族伦理关系已正式规定为法律关系。此案涉及"亲属相犯"的处罚以及对于买卖人口的

---

① 房玄龄等撰:《晋书·刑法志》,中华书局 1974 年版,第 927 页。
② 参见《中国法制史》编写组编:《中国法制史》,高等教育出版社 2017 年版,第 119 页。

相关规定。费羊皮虽然是出卖良人，但是由于其是出卖自己的女儿，且是为了安葬其母亲，在众人讨论之后，认为其孝心可嘉，可减免刑罚。这是魏晋南北朝时期以"礼"入法的重要体现。

这种"礼法结合"的趋势，在唐律中得到了全面的肯定。《唐律疏义·贼盗》规定："诸谋杀期亲尊长、外祖父母、夫、夫之祖父母、父母者，皆斩。谋杀缌麻以上尊长者，流千里；已伤者，绞；已杀者，皆斩。"而尊长杀伤卑幼，比杀伤凡人的处罚要轻，"即尊长谋杀卑幼者，各依故杀罪减二等；已伤者，减一等；已杀者，依故杀法"。

从司法机构和司法程序角度分析，魏晋南北朝时期是司法体制由秦汉的初创向隋唐发展的过渡阶段，各王朝司法机关的名称和建置基本上承袭汉制，但又有重大发展。在魏晋南北朝阶段，中央审判机关廷尉逐步扩大为大理寺，皇帝在最高司法审判官员之外，先后赋予丞相、三公、尚书等司法审判权以制约廷尉。因而掌管司法审判的机构，在中央既有属于九卿的廷尉系统，又有属于尚书省的三公曹、都官尚书系统。且随着尚书官司法权力的不断增强，廷尉的司法权力被逐渐削弱。而尚书则逐渐向隋唐时期的刑部演变，这标志着司法体制逐渐走上司法行政与审判相互分离而又彼此牵制的道路，为隋唐中央司法机构的发展奠定了基础。正如本案中所记录的案件奏报，一改汉代的由廷尉向皇帝奏报案件的程序，而由尚书向皇帝奏报案情及审判结果。

从本案涉及的律文来看，主要是买卖人口的相关规定。魏晋南北朝时期，由于社会动荡，非法买卖奴隶十分猖獗。当时，无论是自卖还是掠卖均属非法，律文对掠卖的处刑也极重。由于史料有限，现有文献中关于魏晋南北朝时期非法买卖人口问题只可见零星记载。据《晋书·刑法志》记载："傍采汉律，定为魏法，制《新律》十八篇……《盗律》有劫略、恐猲、和卖买人，科有持质，皆非盗事，故分以为《劫略律》。"① 可见，《魏律》中便有了非法买卖人口的规定。《太平御览》卷651引《晋律》："吏犯不孝，谋杀其国王、侯、伯、子、男、官长，诬偷受财枉法，枉法，及掠

---

① 房玄龄等撰：《晋书·刑法志》，中华书局1974年版，第923页。

人、和卖、诱藏亡奴婢，虽遇赦，皆除名为民。"① 可见，掠人、和卖是同不孝、谋杀尊长相类似的犯罪，在封建刑名上看得极重。及至北魏，已有本案中的相关律文规定，但对于收买的人，此时的法律还没有明确规定，而本案之后，便有了处理此类问题的定式。

本案的教学，一方面，意在让学生熟悉"准五服以制罪"的原则，理解"法律儒家化"在两晋的体现；另一方面，让学生了解"以礼入法"在个案中的具体表现。最终，促使学生对"马工程"教材上有关"准五服以制罪"的知识点形成全面性认识。

（二）案例原文与出处

三年，尚书李平奏："冀州阜城民费羊皮母亡，家贫无以葬，卖七岁子与同城人张回为婢。回转卖与郎县民梁定之，而不言良状。案盗律'掠人、掠卖人、和卖人为奴婢者，死'。回故买羊皮女，谋以转卖。依律处绞刑。"

诏曰："律称和卖人者，谓两人诈取他财。今羊皮卖女，告回称良，张回利贱，知良公买。诚于律俱乖，而两各非诈。此女虽父卖为婢，体本是良。回转卖之日，应有迟疑，而决从真卖。于情不可。更推例以为永式。"

诏曰："羊皮卖女葬母，孝诚可嘉，便可特原。张回虽买之于父，不应转卖，可刑五岁。"

——《魏书·刑罚志》

（三）案情解读与评析

本案为北魏宣武帝永平年间发生的一起卖女葬母案。永平三年，冀州阜城之民费羊皮母亲过世，因家贫无钱安葬母亲，遂将七岁的女儿出卖给同城之人张回做奴婢。后张回又将羊皮之女转卖给了外地俞县的梁定之，但并未说明该女为良家子。

本案涉及的律文主要是买卖人口的相关规定。当时的法律规定："掠人、掠卖人为奴婢者，死。"但是同时规定了例外："卖子孙者一岁刑；卖五服内亲属，在尊长者死，期亲及妾与子妇流。"对于收买的人，当时的法律并没有明文规定，所以在如何适用法律上，出现了争论。而争论的焦点

---

① 李昉等撰：《太平御览》（第六册），上海古籍出版社 2008 年版，第 844 页。

在于在没有明文规定的情况下，是不是可以类推引用以及如何类推引用相关法律："掠人、掠卖人、和卖人为奴婢者，死"；"知人掠盗之物而故买者，以随从论"以及"群盗、强盗，无首从皆同"。

本案的案情比较简单，对费羊皮的处理并无太多异议，案件的争议集中在对买受人张回的处刑上。争论主要围绕以下四点：一是张回是否构成"掠人、掠卖人、和卖人为奴婢者，死"条的共犯；二是倘若不构成上条的共犯，张回是否应按照"知人掠盗之物，而故买者，以随从论"处罚；三是费羊皮卖女，可以按照亲属相犯而减轻处罚，那么张回作为从犯可否减轻处罚；四是张回转卖的行为是否构成加重情节。对此，朝臣们纷纷表达了不同的主张。

尚书李平上奏称：据魏律规定："掠人、掠卖人、和卖人为奴婢者，死。"张回明知费羊皮之女为良民而收买，后为牟利而将其转卖他人，依律应处以绞刑。

随后宣武帝认为李平所奏适用"掠人、掠卖人、和卖人为奴婢"的律文有所不妥："律称和卖人者，谓两人诈取他财。今羊皮卖女，告回称良，张回利贱，知良公买。诚于律俱乖，而两各非诈。此女虽父卖为婢，体本是良。回转卖之日，应有迟疑，而决从真卖。于情不可。"于是下诏：再加推究此案，定为典型案例，以作长久定式。

时任廷尉少卿的杨钧对此案评议道：仔细研究盗律"掠人、掠卖人为奴婢者，皆死"条，另有别条规定"卖子孙者，一岁刑"。虽然两条同属贩卖良人，而处刑却差异较大，一个处以死刑，一个处以一岁刑，是因为刑罚是根据不同的情形而定。又根据"群盗强盗"首犯从犯处刑相同的规定，类推出对掠人罪的首犯从犯也应相同处理。同时，律文还规定"知人掠盗之物，而故买者，以随从论"，因此张回构成从犯。法律规定服制亲属之间出卖的，应当减刑，那么也应当对收买者参照处以不同的刑罚，但对收买的人所处刑罚，不应当超过卖者。考虑到张回转卖的奴婢是从该奴婢之父手中购买的这一情节，且购买时费羊皮并未言明回赎形同真卖，因此张回转卖属于处分自己的财产，可以认定是有原因在先。因而对张回应予以减刑而处流刑比较妥当。

三公郎中崔鸿则认为：律文规定"卖子有一岁刑；卖五服内亲属，在尊长者死，期亲及妾与子妇流"，却对买者未做规定。但卖者既然有罪，买者也应当坐以刑罚。然而卖者或因天性难移，或因亲属关系的疏离，及尊卑等序的不同，所以处罚有所差别。但买者与被卖人无亲属关系，如果买者与卖者处以相同刑罚，则于理不通。因为律文规定"卖五服内亲属，在尊长者死"，此处并非掠卖，但是因此而收买的人，既然要处罚，却是一判徒刑，一判死刑，差别悬殊。明知这种出卖尊长的情况而收买的，自应当同样定罪，不能如杨钧所说的"买者的罪过不超过卖者"。而且买者于被买者无天性亲属之义，因而也没有差等减刑之理。此外律文还有规定"知人掠盗之物而故买者，以随从论"，依此律文，明知他人掠良人而收买，罪止于流刑。而亲属相卖，对卖者的处罚不同于掠人，那么对于买者而言，也应当不同。因此，如果对买者同样处以流刑，则处罚偏重，应当按律减轻，处五年徒刑。但如果该买者，明知买得良人，又转手真卖，且不说明被卖者的得来缘由。致使被卖人漂流，不知其所在，家人想要追赎，却无处寻找，从而永远沦为奴隶，无从良之日。其罪状，与掠卖人无异。因此对于收买他人亲属而转卖，且转卖时并不告知是否为良人，其处罚应当同"掠人"罪。从以上的分析可以看到，崔鸿细致地剖析了案情，将张回的行为拆分为两个犯罪行为，一是明知是良人而买入，一是明知所买为良人又将其卖出。对于买入的行为，考虑到费羊皮卖女属亲属相卖，对费羊皮的处罚不同于掠人，那么对张回的处罚也应减轻。但对于转卖的行为，从危害后果考虑，与掠卖人无异，因此应按掠卖人论罪仍处死刑。

太保高阳王雍却不认同上面两人的意见。对于杨钧的主张，他认为：冀州处理张回案件，引用了盗律，细究张回所犯之罪，本身并非共谋掠卖人，与盗罪相差很大。因此杨钧所主张的按"掠人、掠卖人、和卖人为奴婢者，死"条处刑，是在律文无明确规定的情况下，类推适用律条，这样的类推使得情罪与律文不相符，因此并不妥当。对于崔鸿的主张，王雍用举重以明轻的方式，通过对比"谋杀人"与"和卖人"两行为的危害后果——沉沦贱籍与身死，漂流在外与化为腐骨，一个活着一个死去，显然"谋杀人"的危害性大，来说明危害性比较大的"谋杀人"尚且有首从之分，危害性相对较小的"和卖人"却不分首从，显然是不合理的。同时，王雍也不赞同将张回按照"知人掠盗之物而故买者，以随从论"处理，他认为这一律文的立法原意是从根源上禁止暴力盗掠的行为，而张回是从亲属手中买入良人，显然与本条的立法原意不相符合。对于张回的行为，应按律文"诸共犯罪，皆以发意为首"处理，如果费羊皮不出卖女儿，那么张回也没有购买的意思，所以费羊皮为首犯，张回为从犯，所以买者之刑，应各随卖者的处罚。对于转卖行为是否构成加重情节，王雍认为，无论张回是否转卖，羊皮之女都是做奴婢，那么为何不转卖就可以原谅，转卖就难以饶恕？因此，王雍主张，对张回判处鞭刑一百较为合理。费羊皮卖女葬母，其孝心实在值得赞扬，判决非但没有表赏的意思，反而对他科以刑罚，恐怕不是使民风敦厚，以道德教化百姓的做法。所以请求免除费羊皮的刑罚，由国家给予他葬母的钱财。

最后，宣武帝听了上述议论，考虑费羊皮卖女葬母，其孝心符合德礼教化，因此通过特赦的方式免除其罪。对于张回的处罚，虽然其从他人亲属手中买入良人的行为可以饶恕，但其转卖的行为，具有一定的危害性，因此折中判处五年徒刑。

本案是服制制度适用的典型性案例，从"亲属相犯""准五服以制罪"的角度，可看出魏晋南北朝时期是法律儒家化的重要阶段，礼的原则与规范被逐步融入立法与司法当中。此外，本案作为载入正史的重要事件，先是由皇帝亲自下诏群臣众议推究此案，后有多位大臣评议、援引律条、申阐经义、辨析情理。于此当中，可以看到群臣朝议在案件处理及案件上升为成案过程中所发挥的作用，以及传统司法体制如何应对由"律所不载"而引发的疑难案件。

四、范坚阻止赦免邵广死罪案——中国早期法治主义理念适用的典型性案例

（一）选案背景与教学目的

范坚阻止赦免邵广死罪案发生在东晋司马衍统治时期，从《晋书》等

历史文献资料中可以了解到，本案发生于一个战乱年代。太宁三年（325）闰八月二十六日，司马衍五岁即皇帝位，由其母皇太后庾文君临朝听政。司徒王导录尚书事，与中书令庾亮共同参辅朝政。任命抚军将军、南顿王司马宗为骠骑将军，领军将军、汝南王司马祐为卫将军。

司马衍即位后不久，国家就陷入长期战乱。咸和二年（327）十月，庾亮征召历阳内史苏峻到中央任大司农，企图削夺其兵权，消除朝廷隐患。苏峻不仅没有服从，还联合豫州刺史祖约商量起兵讨伐庾亮。咸和二年十一月，苏峻、祖约起兵叛乱。次日，彭城王司马雄、章武王司马休叛乱，投奔了苏峻。由于兵强马壮，武器精良，叛军很快挥兵至建康城下。咸和三年（328）二月初一，苏峻等贼众乘胜挥戈接近帝宫，冲入太后的后宫，左右侍从都被掳夺。苏峻假诏大赦天下，又以祖约为侍中、太尉、尚书令，自任骠骑将军、录尚书事。苏峻威逼天子迁往石头城，并以仓屋为王宫，派管商、张健、弘徽侵犯晋陵，韩晃侵犯义兴。咸和三年九月二十五日，督护杨谦进攻据守石头城的苏峻，苏峻率轻骑出战，坠下马来，被斩首，于是其众溃散。咸和四年（329）二十五日，赵胤派遣甘苗到历阳征讨祖约，击败祖约，祖约投奔石勒，他的将领牵腾率众投降。

虽然两晋时期政权更迭频繁，长期战乱不断，但是立法方面却取得了重大突破，特别是在国家基本法典即"律""令"的制定和修订方面。早在司马昭执政时，即命贾充、羊祜、杜预、裴楷等人修编《晋律》，又称《泰始律》，共 20 篇 620 条。张斐、杜预分别为《晋律》作注本《律解》及《律本》。经晋武帝批准后，该注与律文具有同等法律效力，所以又与《晋律》统称"张杜律"。此外，规范司法和诉讼程序的"令"也比较多，在晋代的令典《晋令》中，有《捕亡令》《狱官令》《鞭杖令》等，规定了罪犯缉捕、监狱管理、刑罚执行、司法程序等方面的司法制度。

两晋时期的立法和司法十分注重亲情伦理，积极推动法律儒家化。晋律确立的"准五服以制罪""八议""存留养亲""官当""重罪十条"等制度，是法律儒家化的重要标志。在司马衍统治时期，大赦制度运用最为频繁，赦免多达 13 次。比如，咸和八年（333）正月初一，帝诏说："从前贼寇放纵暴虐，宫室被焚毁，元凶虽已剪除，但还来不及营建。有司屡次陈奏朝会地方狭窄，于是建造了这座宫殿，臣民竭力效忠，不久就落成。既已迁居，大宴群臣，九宾充盈朝廷，百官如龙凤灵物。因此知君子勤勉于礼，小人竭尽心力了。于是想捐除细密法网，共同享此德惠，赦免五年以下徒刑的罪人。"

本案的教学，旨在帮助学生了解东晋时期司法实践与当时的政治、社会、伦理、道德等方面的关系，特别是法律儒家化的背景下，审判过程如何合理适用、解释法律，如何正确处理情与法的关系以及审判官的法律思想对司法实践的作用等，使学生形成对"马工程"教材上有关魏晋时期司法制度知识点的体系化认知。

（二）案例原文与出处

坚字子常。博学善属文。永嘉中，避乱江东，拜佐著作郎、抚军参军。讨苏峻，赐爵都亭侯。累迁尚书右丞。时廷尉奏殿中帐吏邵广盗官幔三张，合布三十四，有司正刑弃市。广二子，宗年十三，云年十一，黄幡挝登闻鼓乞恩，辞求自没为奚官奴，以赎父命。尚书郎朱暎议以为天下之人父，无子者少，一事遂行，便成永制，惧死罪之刑，于此而弛。坚亦同暎议。时议者以广为钳徒，二儿没入，既足以惩，又使百姓知父子之道，圣朝有垂恩之仁。可特听减广死罪为五岁刑，宗等付奚官为奴，而不为永制。坚驳之曰："自淳朴浇散，刑辟仍作，刑之所以止刑，杀之所以止杀。虽时有赦过宥罪，议狱缓死，未有行小不忍而轻易典刑者也。且既许宗等，宥广以死，若复有宗比而不求赎父者，岂得不摈绝人伦，同之禽兽邪！案主者今奏云，惟特听宗等而不为永制。臣以为王者之作，动关盛衰，嚬笑之间，尚慎所加，况于国典，可以徒亏！今之所以宥广，正以宗等耳。人之爱父，谁不如宗？今既居然许宗之请，将来诉者，何独匪民！特听之意，未见其益；不以为例，交兴怨讟。此为施一恩于今，而开万怨于后也。"成帝从之，正广死刑。

——《晋书·范汪附叔坚传》

（三）案情解读与评析

范坚，字子常，知识渊博善于写作。永嘉年间，他到江东躲避战乱时，担任佐著作郎、抚军参军等职位。因讨伐苏峻有功，他被封为都亭侯。后来又多次升迁，位居尚书右丞。晋成帝咸康年间，廷尉奏报一个名叫邵广的殿中帐吏盗窃了三张官幔，折合三十匹布，主管官员判处了邵广弃市的刑罚。邵广有两个儿子，邵宗十三岁，邵云十一岁，他们手持黄色旗于皇宫前敲打登闻鼓恳请开恩，上书请求把自己贬为官奴，为父亲赎命。尚书郎朱暎上奏，认为普天之下的父母，没有孩子的很少。这件事如果应允他们的请求，赦免邵广的死罪，就会成为永久之制，恐怕以后对犯罪者适用死刑的刑罚制度就有被废除的危险。范坚也赞同朱暎的观点。当时参与合议的大多建议罚邵广为钳徒，两个孩子当奚官奴，如此既能彰显刑罚的威严，又能俾老百姓懂得父子伦常之道，同时也可以感受到朝廷有施恩于民的仁慈。因此他们建议破例减邵广的死罪为五年有期徒刑，让邵宗、邵云去做奴仆。但范坚却持反对意见，他反驳说："自从淳朴的社会风气丧失殆尽，于是刑罚兴起，刑罚的目的在于防范坏人犯罪，杀掉罪犯的目的是为了防范以后再有人犯死罪。虽然有时会赦免过错、宽恕罪行，或者对案件进行合议、复核而判定减缓死罪的情况，但从没有出于同情和不忍心而轻易改变刑罚的。"他认为皇帝必须谨慎对待每个案件，如果答应邵宗等人的请求，饶恕了邵广的死罪。假如哪天又有如邵宗这种情况，做子女的却不为其父亲赎命，那岂不是摈弃人伦道德，如同禽兽一般了么？现如今案件主审官员上奏说，只是在这个案子中准许邵宗等人的请求，并不把它作为一种永久的制度。我以为，君王每做一件事都关系到国家的兴衰，一言一笑，尚需十分谨慎，更何况是国家的法律制度，怎么能随意放松呢？他认为皇帝要考虑到此案对以后的影响，如今之所以宽恕邵广，正是因为邵宗等人的请求。其实，儿子的爱父之情，又有谁不像邵宗呢？倘若今天答应邵宗等人的请求，将来诉讼的人就会问，难道只限于官宦人家吗？你提出的破例做法，实在没有它的好处，即使下不为例，也会招致很多人的怨恨和毁谤。这也许就是今天施恩于一人，却会遭后来人的无穷怨恨。晋成帝采纳了范坚的建议，依法判处了邵广死刑。

在晋成帝时期，晋律是司法官断案的依据，但是晋律很多条文难以在司法当中被准确运用，司法官需要对法条进行解释，并把"礼"融入法中。

范坚阻止赦免邵广死罪一案，难点在于，如何在情与法之间进行抉择。

中国历来重视伦常孝悌，为了维护和弘扬这种精神，犯人的子女请求"代刑"的，往往会对犯人加以赦免或减轻。西汉时期缇萦救父案，缇萦希望进入官府为女婢，以抵赎父亲应该受到的刑罚，汉文帝最终让其父亲获得了改过自新的机会。类似的案例在古代还有很多，比如，汉明帝时诏徙边者，"父母、同产欲相代者，恣听之"①。明宪宗时，"代刑"甚至成为国家法律规定的制度，成为子孙的权利与义务。正因为如此，这种司法传统必然会影响到参与审理本案的多数人，基于时势的考虑，他们认为邵广一案在当时的时势下正是宣示圣朝以仁孝治天下的最好契机，应该给邵广留出一条生路。

从治国的立场来看，法家认为仁义道德并不足以止乱，无益于治。可见，范坚深受法家思想影响，他之所以坚决反对众人的意见，正是他对以情代法所导致的危害的理性认识。在他看来，如果过分地以情代法，对国家统治和社会稳定无疑是有百害而无一利的，他的这种观点也代表了当时的一种声音或观点。正如《晋书·刑法志》所云："一旦超出法律规定的范围，以权宜裁断，如果只是专对一件事情而实施时，可以满足人情，符合世俗的听闻，讨好人们的耳目。但是如果将此作为永久的法制，终年施行，常常只能获得一分好处却丧失十分益处。"因此，范坚的观点中隐含着封建国家以法治国的重要性，其对弘扬法治精神具有重要价值意义。因此，它被视为中国早期法治主义理念适用的典型性案例。

五、张江陵骂母致死案——中国早期礼法结合的代表性案例

(一) 选案背景与教学目的

刘宋时期，社会普遍重孝亲之道，重视家庭的雍熙和睦。孝武帝统治期间，朝廷提倡尊孔崇佛，恢复礼乐。孝建元年（454）十月十五日，孝武帝诏曰："仲尼体天降德，维周兴汉，经纬三极，冠冕百王。爰自前代，咸

① 《后汉书·明帝纪》。

加褒述。典司失人，用阙宗祀。先朝远存遗范，有诏缮立，世故妨道，事未克就。国难频深，忠勇奋厉，实凭圣义，大教所敦。永惟兼怀，无忘待旦。可开建庙制，同诸侯之礼。详择爽垲，厚给祭秩。"[1] 孝武帝注重施恩于民，《宋书·孝武帝本纪》记载了孝武帝曾多次施行大赦。比如，元嘉三十年（453）四月二十七日，刘骏即皇帝位，大赦天下。文武百官各赐爵一等，参加过征战的赐爵二等。贪赃受贿空谈的，一律剔除。年迈、鳏夫寡妇、孤儿、病残不能生存的，每人赐谷五斛。陈租旧债不再征收，被罚服长期劳役的尽量宽恕。孝建元年（454）正月初一，驾临南郊祭奠，改纪元，大赦天下。大明元年（457）春正月初一，改纪年，大赦天下。大明四年（460）正月十二日，皇上亲自耕田，大赦天下。大明三年以前被判正在服刑的，一律释放，大明三年以前的旧租旧债，一律免除。大明六年（462）正月五日，在明堂祭奠祖宗，大赦天下。频繁大赦天下，体现了孝武帝的司法人道主义和仁爱之心，尤其注重对老弱病残等弱势群体的恤刑哀矜。

孝武帝主张狱讼审慎，特别注重程序审慎问题，防止冤假错案。对凡是判处死刑的案件，郡太守必须亲自参加审讯，同时规定"若两千石不能决，乃度廷尉。神州统外，移之刺史，刺史有疑，亦归台狱。必令死者不怨，生者无恨"。大明七年（463）四月十九日，孝武帝下诏说："如果不是战场作战，不能再擅自杀人。如罪大恶极该当处死的，也应该遵循国家的法律条文先行上报，有关衙门要严加督察。再有违犯者以杀人罪论处。"这条诏令的颁布在当时是有十分重要的进步意义的。[2]

此外，据《宋书》记载，孝武帝对审理刑狱也十分关心，登位不久就亲临听讼。大明七年八月七日，诏曰："昔匹妇含怨，山焦北鄙；嫠妻哀恸，台倾东国。良以诚之所动，在微必著；感之所震，虽厚必崩。朕临察九野，志深待旦，弗能使烂然成章，各如其节。遂令炎精损河，阳偏不施，岁云不稔，咎实朕由。大官供膳，宜从贬撤。近道刑狱，当亲料省。其王畿内及神州所统，可遣尚书与所在共详；畿外诸州，委之刺史。并详省律

---

① 《宋书·孝武帝本纪》。
② 严耀中：《评宋孝武帝及其政策》，载于《上海师范大学学报（哲学社会科学版）》1987年第1期。

令，思存利民。其考谪贸袭，在大明七年以前，一切勿治；尤弊之家，开仓赈给。"大明七年冬十月十四日，皇上视察南豫州。诏曰："朕巡幸所经，先见百年者，及孤寡老疾，并赐粟帛。狱系刑罪，并亲听讼。其士庶或怨郁危滞，受抑吏司，或隐约洁立，负摈州里，皆听进朕前，面自陈诉。若忠信孝义，力田殖谷，一介之能，一艺之美，悉加旌赏。虽秋泽频降，而夏旱婴弊。可即开行仓，并加赈赐。"

张江陵骂母致死案发生于南朝孝武帝在位期间，从本案当时的社会背景来看，孝武帝在孝建、大明年间推行的各项改革措施，无疑对本案产生了重要影响。

该案的教学，有助于学生加深刘宋时期的审判实践和司法理念的理解，增进有关刘宋时期法律与社会发展关系的理解深度，形成对"马工程"教材中有关南北朝时期司法制度乃至法律制度的全面性认知。

（二）案例原文与出处

渊之，大明中为尚书比部郎。时安陆应城县民张江陵与妻吴共骂母黄令死，黄忿恨自经死，值赦。律文，子贼杀伤殴父母，枭首；骂詈，弃市；谋杀夫之父母，亦弃市。值赦，免刑补冶。江陵骂母，母以之自裁，重于伤殴。若同杀科，则疑重；用殴伤及骂科，则疑轻。制唯有打母，遇赦犹枭首，无骂母致死值赦之科。渊之议曰："夫题里逆心，而仁者不入，名且恶之，况乃人事。故殴伤咒诅，法所不原，詈之致尽，则理无可宥。罚有从轻，盖疑失善，求之文旨，非此之谓。江陵虽值赦恩，故合枭首。妇本以义，爱非天属，黄之所恨，情不在吴，原死补冶，有允正法。"诏如渊之议，吴免弃市。

——《宋书·孔季恭传》

（三）案情解读与评析

孔渊之，在刘宋孝武帝大明年间担任尚书比部郎。那时，在安陆郡应城县有一个叫张江陵的老百姓和妻子吴氏一起骂自己的母亲黄氏，并恶毒地叫她去死。黄氏非常悲愤，结果上吊自杀了。那时刚好碰上了大赦。法律条文规定：凡儿子杀死或打伤父母的，应该杀头；辱骂父母的，应该处以死刑；谋杀丈夫的父母，也应该处死刑。法律同时还规定，如果碰上了大赦的话，就可以免去原刑而重新量刑。张江陵辱骂自己的母亲，母亲因此而自杀，他的这种罪行要比打伤父母更为严重。事实上，如果适用杀人的律条进行处理，感到稍微重了一点；如果用伤人及骂人的律条来处理，又感到稍微轻了一点。因为当时的律条只有"殴打父母即使碰到大赦仍然应该杀头的"规定，却没有"毒骂父母使之死去而碰上大赦应如何处理"的规定。对此，孔渊之提出了本案审理的看法，他认为：心有逆心，仁慈不入，名声令人厌恶，更何况为人处世呢？因此，殴打毒骂父母的行为，是法律所不能原谅的。辱骂父母而使之自杀，从情理上来说也就更不能宽容了。虽然在处罚的律条里有从轻发落的规定，那是为了碰到难以判定的案件时不要错杀好人，但条文的意思讲的绝不是这种情况。因此，张江陵即便遇上了大赦，我认为还是应该判处杀头。至于那女子吴氏，她是嫁夫随夫，爱公婆原不是她天生的属性，再说她怨恨的也不是吴氏。因此，可以免除她的死刑而另外议处。我认为这样判处符合法律实施的公平公正原则。孝武帝下令按孔渊之所议去办，吴氏免于处死。

张江陵骂母致死案是一起普通老百姓涉嫌"不孝"而触罪的典型案例，案情并不复杂。从本案可以看出，刘宋时期十分注重伦理道德的"法律化"，而审判实践也体现了对封建伦理道德的极力维护。审理本案的主要困境在于法律不够完善，因为法律对于某些犯罪情形尚未作出明确规定，实际上需要主审法官在适用法律定罪量刑过程中，对于法条的含义进行解释，这一过程本身也会融入礼的因素。不可否认的是，张江陵夫妇辱骂母亲不是一个简单的不孝行为，因为他们的辱骂导致了其母自杀，事实出现了比伤害殴打更严重的后果。显然，如果适用有关杀害父母的规定，就会量刑过重；如果适用殴伤、詈骂父母的规定，又会显得量刑过轻。这是本案适用法律的困境之一。同时，当时的法律又规定，如果殴打父母，即使遇赦，仍然要枭首，但问题在于，法律并没有规定辱骂父母遇到恩赦如何处理。这是本案适用法律的困境之二。

在中国古代社会，犯了"十恶"罪刑的人是不得从轻处置的。在刘宋时期，司法审判受到儒家学说的影响，"百善孝为先"，"三千之罪莫大于不孝"，因而司法必然成为弘扬孝道的重要手段。在孔渊之看来，殴伤、詈骂这种情况是违背礼的规定的，是法律所不能宽宥的。而詈骂致使自杀，更是无法原谅的。处罚虽有从轻之说，但在他看来，只是为了碰到难以判断的案件时不要错杀好人，害怕违背善良本意，这是法律规定从轻的根本原因。本案在无明确法律依据的情形下，孔渊之以"礼"中的孝道阐述了法律的含义，坚持春秋经义中的最大原则"原心论罪"，认为张江陵虽然遇到恩赦，也应该处以枭首。而对于其妻而言，应本"义"从事，其对公婆的关爱之心并非人之天性，因此，其并没有悖逆不孝之道，所以可以免死罪。最终，孔渊之的建议被孝武帝采纳，对张江陵处以死刑，而吴氏则免除了弃市之刑。因此，该案可被称为中国早期礼法结合的代表性案例。

第四章
隋唐时期的案例

【章前导读】在中国法制发展史上，隋唐时期具有承前启后的作用。众所周知，隋朝统治者所面对的是刚刚结束的、长达 300 多年的大分裂、大割据局面，其需要借由包括法制在内的各种治理手段，让政权更具稳定性，《开皇律》就是在此背景下诞生的。然而，由于其过于强调重刑主义，让隋朝未能长久。唐朝在法制上，吸收了隋朝《开皇律》及其之前的中国传统法制成果，开启了中国封建法制的鼎盛时代，中华法系由此形成。本章选取的七个案例，其中隋文帝时群盗案与张蕴古泄露机密案，分别体现的是隋朝、唐朝时期的刑罚理念与实践；梁悦复仇杀人案、回纥使者不法案，则分别体现了封建法制成熟期法与礼、法与政治之间的矛盾；房强兄弟谋反连坐案，体现了唐律的指导思想；陆让赃污案，体现了中国早期监察制度的发展成熟；唐武宗灭佛案，体现了佛教对封建法制的现实影响。总之，本章所选的七个案例，关注的是隋唐时期法制改革与发展过程中的实践与问题，呈现的是隋唐时期中国法制发展成熟的现实主题。

一、隋文帝时群盗案——隋朝重刑主义的代表性案例

（一）选案背景与教学目的

作为东方法制的代表，中国传统法制的主体内容无疑是刑法。而传统刑法的目的之一在于打击盗贼，因为盗贼问题往往是关系到王朝能否长治久安的重要因素，故基本上历朝历代都会出台严厉的法律，以最大限度打击盗贼。盗和贼是两种不同但存在关联的行为。根据《荀子·修身》记载，"窃货曰盗"，"害良曰贼"。其中，盗主要是关于侵犯公私财产所有权的违法犯罪行为，贼主要是侵害人身安全的违法犯罪行为。简言之，盗主要侵犯财产安全，贼主要侵害人身安全。尽管两者侵害的具体对象不同，但都从根本上危及了国家稳定与封建统治。故中国古代历来有"王者之政，莫急于盗贼"之说，为巩固封建统治，打击与惩治盗贼便成了统治者施政的重要内容。

公元 581 年，北周大臣杨坚夺取政权，建立隋朝，是为隋文帝。隋建国之初，因长期战争，秩序混乱，盗贼肆意横行，他们劫掠民众财物，严重扰乱了社会治安，甚至威胁到了新生政权的稳定。在严峻的社会背景下，隋文帝决意整顿社会秩序，严惩盗贼。起初，隋文帝通过重赏的手段，发动民众对盗贼的举报，以打击盗贼行为，然而效果非但不明显，甚至还造成许多人被冤枉陷害。后来，隋文帝改变打击盗贼的策略，采取重刑来取代此前的重赏，不久又对不举报者实行连坐，弄得人人自危。

本案的教学，意在让学生了解惩治盗贼在封建王朝施政中的重要地位，认识到"王者之政，莫急于盗贼"的涵义。同时，本案还意在增进学生对"马工程"教材上有关隋朝刑事法律知识的理解深度。

（二）案例原文与出处

是时帝意每尚惨急，而奸回不止，京市白日，公行掣盗，人间强盗，亦往往而有。帝患之，问群臣断禁之法，杨素等未及言，帝曰："朕知之矣。"诏有能纠告者，没贼家产业，以赏纠人。时月之间，内外宁息。其后无赖之徒，候富人子弟出路者，而故遗物于其前，偶拾取则擒以送官，而取其赏。大抵被陷者甚众。帝知之，乃命盗一钱已上皆弃市。行旅皆晏起早宿，天下懔懔焉。此后又定制，行署取一钱已上，闻见不告言者，坐至

死。自此四人共盗一椟桷，三人同窃一瓜，事发即时行决。有数人劫执事而谓之曰："吾岂求财者邪？但为枉人来耳。而为我奏至尊，自古以来，体国立法，未有盗一钱而死也。而不为我以闻，吾更来，而属无类矣。"帝闻之，为停盗取一钱弃市之法。

——《隋书·刑法志》

（三）案情解读与评析

开皇十七年（597），隋文帝因为盗贼众多，严重威胁到了国家政权的稳定，而备感忧虑和焦急。于是，隋文帝召集群臣，商讨应对之策。杨素等众大臣还未来得及开口献策，隋文帝便顿时明白，说："朕知之矣。"便下达诏令，凡是有发现、知晓盗贼并检举上告的，就把盗贼的家产没收，奖赏给举报者。此举在实施之初，效果较佳，盗贼之患慢慢平息，社会也逐渐安宁。然不久后，一些无赖之徒，在富人子弟经常出入的地方，故意将财物丢在路前，等待他人拾捡，只要财物一经被捡起，便将捡财物的人擒送至官府，诬陷他们盗窃自家财物，并非法索要被诬陷者的家产作为告发的奖赏。当时，被诬陷受害的人非常多。

隋文帝知道真相后，从重赏的极端走向了重刑的极端，他意欲通过严刑峻法，以禁绝盗窃案件的发生。于是，又下达诏令"盗一钱以上皆弃世"，即凡是偷盗一钱以上财物的，都要在闹市将其处死并暴尸街头。该令一经下达，便搞得人心惶惶，外出从业者都"晏起早宿"，生怕稍有不慎，触犯此令，招致杀身之祸。然而，隋文帝认为要有效防治盗贼，这还远远不够。不久，又颁布诏令，规定私自从官署中拿取一钱以上财物，若有人听说或看见而不检举告发的，也要连同偷盗者连坐，判处死刑。该诏颁布后不久，有四个人共同盗窃了一个桶子，有三个人共同偷窃了一个瓜，事情败露，结果被"即时行决"。如此严峻的法令，遭到了许多官员的强烈反对。有几个官员将执事的宰相截住，对他说，我们不是为了求取钱财，只是为了受到冤枉的人。请你为我们奏报皇帝，"自古以来，体国立法，未有盗一钱而死也"。隋文帝听说后，又停废了"盗取一钱弃市之法"的诏令。

开皇元年（581），隋文帝任命裴政、杨素等名儒大臣制定新律。"上采魏晋刑典，下至齐梁，沿革轻重，取其折衷。"总结魏晋南北朝以来的立法经验，对法律制度进行改革。后又命苏威、牛弘等大臣对新律进行修订，最终形成了历史上著名的《开皇律》。《开皇律》继承了《北齐律》"法律明审，科条简要"的传统。全律共分为十二篇，分别为名例、卫禁、职制、户婚、厩库、擅兴、盗贼、斗讼、诈伪、杂律、捕亡、断狱。遗憾的是，《开皇律》现已遗失。隋朝对侵犯公私财产的处罚规定，根据《隋书·刑法志》的记载，开皇十六年（596），合川仓粟少七千石，不但判处主管官吏死刑，还"没其家为奴婢，鬻粟以填之"。同时，就此立法，以后"盗边粮一升以上皆死，家口没官"；"盗一钱以上皆弃市，闻见不告者，坐至死"。作为隋朝重刑主义的代表性案例，该案反映出隋朝刑法对盗贼处罚的严苛，是"刑乱国用重典"理念的体现。同时，隋朝刑罚的严苛直接还影响到了唐律的制定。具体言之：

首先，隋文帝对盗贼的惩治，实际上体现了隋朝刑罚的严苛。尽管隋朝在制定新律时，放弃继承后周的法制，转而采纳北齐的法制，隋朝的刑罚开始了从繁到简、从轻到重的转变。然而，在后周基础上建立的隋朝，不可能彻底摆脱后周法制的影响，尤其是面对日益严峻的盗贼问题时，严刑重罚成为统治者的必然选择。作为当时的最高统治者，隋文帝深知盗贼对国家政权稳定的危害，故才以极为严苛的法律对其进行打击，起初通过重赏告发者以打击盗窃者，然后又通过重刑打击盗窃者，对盗窃一钱的人都要判处死刑，甚至到后来更是使用连坐之法，对知情不报者也要判处死刑。尤其到隋炀帝时，更是加重了对盗贼的处罚力度，对天下盗贼，无论轻重，均可立即判处死刑，连上奏、复核等基本程序都被免除，这无疑反映了隋朝刑法对盗贼惩治的严苛。

其次，用重刑来惩治盗贼，可以说是"刑乱国用重典"理念的传承。这种理念源远流长，影响深远，其根本原因在于皇权的无限性和工具主义的法律观。统治者认为，对付盗贼应当加重惩罚，方能有效地遏制其活动。当加重惩罚的效果还不明显时，当进一步加重处罚的力度，直到统治者感觉打击盗贼的目的已经达到。然而，在这一过程中，为追求打击的实效性与提高刑罚的震慑力，打击的对象可能超出正当的范围，使众多的无辜者牵涉其中，知情不报的连坐制度，更是给社会造成一种不安与恐怖的氛围。

最后，隋朝刑罚的严苛直接影响到后来唐律的制定。尽管传统法家有尚刑的理念，主张"以刑去刑"，隋文帝更是以一钱之赃即弃市来惩治盗贼，但无论如何重刑，均未能有效防治盗贼问题，反而进一步激化了社会矛盾，这或许与其违背刑事处罚的基本原则，即"罪刑相当"原则有很大的关系。隋朝不仅未能在打击盗贼和维护社会秩序的过程中赢得平民百姓的拥护，反倒是陷入孤立之境，由此其政权也最终在"盗贼"的起义中土崩瓦解。目睹隋朝衰亡的唐初君主，得出"为君之道，必须先存百姓"的道理，强调以宽仁治天下，形成"德礼为政教之本，刑罚为政教之用"的理论，为唐律的制定提供了思想基础。

二、陆让赃污案——中国早期监察制度发展成熟的典型性案例

（一）选案背景与教学目的

公元 581 年，隋文帝登基伊始，便励精图治，着力于消除北周后期的积弊。此后，国力日渐强盛。公元 588 年，隋灭陈，统一了中国，结束了西晋末年以来 270 多年的分裂、对峙局面，为社会经济发展奠定了基础。

隋朝初期，官吏数量冗滥、质量低劣，官吏腐败现象盛行，其不仅从广大农民身上掠夺、搜刮大量财产，而且还以各种手段把公有财产据为己有，造成国家财政紧张、国库空虚。兵部尚书杨尚希曾上奏："窃见当今郡县，倍多于古，或地无百里，数县并置，或户不满千，二郡分领清干良才，百分无一，动须数万，如何可觅？所谓民少官多，十羊九牧。"① 由此可见，若不及时加以扭转，国家机器将无法正常运行，初建之皇权则必然面临重大威胁。在澄清吏治方面，隋文帝自不容贪污枉法行为之存在。他针对当时官吏中各种腐败现象，采取了"截流"和"杜源"两种手段，进行了全面的整顿和改革：一方面实行严厉的打击政策，禁止腐败之风继续蔓延，另一方面建立健全各种制度，杜绝吏治腐败的根源。隋文帝命柳盛持节巡省河北五十二州，奏免长史赃污不称者二百余人，州县肃然。隋文帝虽然尊崇儒教，但也对国家施行严刑峻法的统治，曾经使人以一些物品暗中贿赂官员，得到结果后重罚收受贿赂的官员。吏治之整肃，不仅上裕国库，下纾民困，隋文帝在位时之隆盛，此亦为要因。

①《隋书》卷四六《杨尚希传》

隋文帝初即位，即开始制定新律。① 开皇元年（581），隋文帝命高颎等人参考魏晋旧律，制定《开皇律》，修订刑律，使人民有法可守，又减省刑罚，死刑只设绞、斩二等，以示隋朝对民之宽大。开皇三年（583），隋文帝又命苏威、牛弘修改新律，删除苛酷条文。《开皇律》将原来的宫刑、车裂、枭首等残酷刑法予以废除，规定一概不用灭族刑；减去死罪八十一条，流罪一百五十四条，徒、杖等罪千余条，保留了律令五百条；另外，确立了"死、流、徒、杖、笞"的封建五刑制，基本上完成了自汉文帝刑制改革以来的刑罚制度改革历程。开皇十五年（公元595年）形成了死刑复奏制度，规定凡判处死刑的案件，必须经"三奏"才能处决。比如，《隋书·刑法志》载："（开皇）十五年制，死罪者三奏而决。"隋文帝还下诏："天下死罪，诸州不得便决，皆令大理复治。"此外，在中央实行"三省六部制"加"二台三院九寺"制，将地方的州、郡、县三级制改为州、县两级制，土地实行"均田制"，军事上实行"府兵制"，空前强化了监察与审计制度，以此巩固国家政权。

本案的教学，旨在让学生了解隋朝的伦理道德在社会生活中的重要地位和作用，认识隋朝司法实践过程中礼法冲突的表现形式及实质，把握当时的伦理道德对传统司法实践的影响，形成对"马工程"教材上有关隋朝行政法律、司法制度等知识的全面性认知。

（二）案例原文与出处

陆让母者，上党冯氏女也。性仁爱，有母仪，让即其孽子也。仁寿中，为番州刺史，数有聚敛，赃货狼籍，为司马所奏。上遣使按之皆验，于是囚诣长发，亲临问。让称冤，上复令治书侍御史抚按之，状不易前。乃命公卿百僚议之，咸曰"让罪当死"。诏可其奏。让将就刑，冯氏蓬头垢面诣朝堂数让曰："无汗马之劳，致位刺史，不能尽诚奉国，以答鸿恩，而反违犯宪章，赃货狼籍。若言司马诬汝，百姓百官不应亦皆诬汝。若言至尊不怜愍汝，何故治书覆汝？岂诚臣？岂孝子？不诚不孝，何以为人！"于是流涕呜咽，亲持盂粥劝让令食。既而上表求哀，词情甚切，上愍然为之改容。献皇后甚奇其意，致请于上。治书侍御史柳彧进曰："冯氏母德之至，有感

---

① 参见《中国法制史》编写组编：《中国法制史》，高等教育出版社2017年版，第137页。

行路。如或杀之，何以为劝？"上于是集京城士庶于朱雀门，遣舍人宣诏曰："冯氏以嫡母之德，足为世范，慈爱之道，义感人神，特宜矜免，用奖风俗。让可减死，除名为民。"复下诏曰："冯氏体备仁慈，凤闲礼度。孽让非其所生，往犯宪章，宜从极法。躬自诣阙，为之请命，匍匐顿颡。朕哀其义，特免死辜。使天下妇人皆如冯者，岂不闺门雍睦，风俗和平！朕每嘉叹不能已。宜摽扬优赏，用章有德。可赐物五百段。"集诸命妇，与冯相识，以宠异之。

——《隋书·卷八十·陆让母传》

（三）案情解读与评析

上党郡冯家女子，生性仁爱，有母仪，为陆让庶母。隋朝文帝仁寿年间，陆计仟番州（今广州）刺史。在任期间，贪污聚敛，肆无忌惮，可以说是脏污狼藉。番州司马掌握了陆让的贪污情况后，向文帝进行举报弹劾。文帝接到举报后，派人到番州查验。经过调查，司马所举报的皆为事实，于是文帝下令将陆让逮捕，押送到长安。到长安后，文帝亲自对陆让进行审问。但陆让不承认调查结果，称自己是被司马冤枉的，拒不认罪。文帝见状，就命治书侍御史重新审理此案。经过细致的重审，以前验证的犯罪情节没有什么问题，皆被肯定，"状不易前"。由此，文帝又命公卿们对这个案件进行讨论。经过讨论，大家都认为陆让的贪污行为应该判死刑。文帝下诏，表示同意大家的建议，判处陆让死刑。临刑那天，冯氏蓬头垢面来到朝堂，当中数落、痛斥陆让，说："你没有立过汗马功劳，就做到刺史的高官位置，而你不仅不能尽忠报国以答谢主上鸿恩，却违反国家法令，贪赃聚财。如果说是州司马诬陷你，百姓、百官也不会人人都诬陷你。如果说是皇上不怜悯你，为什么又让治书侍御史复按此案？你这不忠不孝之子，有什么面目再做人呀！"过了一会，冯氏又痛哭流涕，并端着粥碗，劝陆让吃，母子依别之情令人动容。接着，冯氏又转向文帝，哀求文帝宽恕陆让，词情悲切，哀婉动人。文帝见状，深受打动，恻隐之心萌发。旁边独孤皇后也被冯氏的真情感动，帮着为陆让求情。治书侍御史柳彧又进言说："冯氏的母德如此高尚，连过路人都被感动，如果杀了陆让，我们真是太无情，一点功德都不会有了！"于是文帝召集京城的士庶官员来到朱雀门，由舍人宣读诏书："冯氏善待庶子的品德，足以成为世人的典范，她的慈爱之道，义感人神。应当嘉奖勉励，以净化风俗。陆让可以免去死罪，予以除去官名，贬为庶民。"又下诏褒奖冯氏，赏赐五百段布帛，还召集那些有身份的妇女与冯氏认识，以示对她的特殊恩宠。

作为中国早期监察制度发展成熟的典型性案例，从中可以洞察到一个事实，即陆让贪污严重而且被复核属实，依照《开皇律》理应获罪，之所以赦免其罪，并非因为他的罪行可以原谅，而是其母亲的德行感动了皇帝，并认为其德行值得广为推崇。中国传统法律的儒家化不仅强调以礼入法，而且把礼融入司法过程，对案件审判产生重要作用。中国历史上有厚德的母亲多得数不胜数，古时有芒卯之妻，把最好的东西都留给继子，当继子们犯错遭到处罚，她日夜担忧，奔波疏通。最终，她感动了魏安厘王，继子被赦免。此外，"孟母三迁"和"断机教子"的故事一直都是伟大母亲教子的典范，她们不仅以最无私的母爱养大孩子，还以自己的德行教化孩子为人之道，使他们成为品德高尚、万世传颂之人。传统伦理道德历来重视家庭伦理关系的和谐有序，强调个人在家庭、社会等人伦关系中应尽的道德义务。《尚书》关于"父义、母慈、兄友、弟恭、子孝"的"五教"，为维护人伦关系确定了基本准则。正是基于维护封建伦理道德的需要，皇帝往往会在司法过程中对礼法进行权衡，也许要杀一个陆让这样的贪官非常容易，但是能有这样一位贤德慈爱的后母并不容易，更不能伤了这样一位母亲的心。对于隋朝当时的国家治理来说，与其杀贪官，倒不如借此案宣扬这样一位后母的仁德慈爱之心，给当时的社会树立一个榜样。

由此可见，隋朝十分重视运用礼法调节社会关系，礼治、德治在实际的社会治理过程中发挥着不可忽视的作用。隋文帝通过赦免陆让之罪，并借此机会弘扬其母为仁慈贤德之楷模，既展现出当朝皇帝柔情体恤的一面，又营造了善良朴实之风气，同时也在百姓百官心目中树立了仁爱的光环。当然，所有这一切都是建立在监察制度发展成熟的基础之上。此外，这种做法也可能与当时的政治局面有关，因为陆让案的爆发时间已经接近隋文帝的执政晚年。在之前的执政生涯中，政局不稳，虽对于吏治和贪腐的整治已经十分严厉，但长期的高压治理却使得官员人人自危、风声鹤唳，严重阻碍了社会的发展。

三、张蕴古泄露机密案——中国古代死刑复奏改革的典型性案例

（一）选案背景与教学目的

唐太宗在位期间，中央政务管理体制延续隋朝的三省六部制，特设政事堂，利于合议问政，三省互相牵制。地方上沿袭了隋代的郡县两级制，分全国为十个监区（道）。李世民积极纳谏，扩大谏官权力，鼓励群臣批评他的决策。其中，魏征进谏200多次，在朝堂上直陈李世民的过失，多次使李世民非常尴尬。然而，晚年的李世民纳谏的气度虽不如之前，偶尔也会因此发生误杀大臣，但是总体上还是保有纳言的风范。

张蕴古是隋末唐初人，老家是相州洹水（今河南安阳一带），年幼时十分聪慧，博览群书，文笔非常好，尤其是记忆力超群，看过的碑文能过目不忘，棋局被打乱也能轻松复盘。此外，他具有敏锐的洞察力，对朝廷政治的得失有独到的见解。张蕴古做官之后，先是跟随庐江王李瑗到幽州（今北京）历练，任亲王府从六品上的记室参军，负责处理机要文书。因工作表现十分出色，贞观二年（628）被调到中书省任职。唐朝前期，在中书省负责起草皇帝诏令。据说，张蕴古在中书省期间，曾向唐太宗参了一道名为《大宝箴》的奏疏。由于这个折子文辞非常好，讲道理更是深入透彻、入木三分。因此，唐太宗看了之后满心欢喜，立马赏赐两匹绸缎，并将张蕴古提拔为大理丞，负责分管涉及尚书省六部官员和徒刑以上案件的审理。

贞观五年（631）八月，河内人李好德因"得心疾，妄为妖言"被抓。李好德的案子经层层上报，最后到了唐太宗那里。唐太宗下令大理寺将李好德关进监狱，并要求严加审判。而负责审判此案的，正是张蕴古。据《贞观政要·刑法第三十一》载，张蕴古竟然跑到监狱里，将唐太宗赦免的决定提前告诉了李好德，还公然在狱中陪李好德下棋解闷。这些情况被治书侍御史权万纪发现后，便立即向唐太宗报告，唐太宗大怒，当即下令对张蕴古予以斩首。事后，唐太宗后悔不已，为了避免再犯错误，下诏要实行死刑复奏制度。

死刑复奏制度确立于北魏时期，隋朝文帝开皇十五年（595）出台"三复奏"，但隋文帝立法不守法，常常滥杀朝臣，"三复奏"实际上形同虚设。到了唐朝太宗时期，张蕴古被错杀一案发生之后，中国古代死刑复奏制度

才算真正定型。为保证执法官员切实执行死刑复奏制度，《唐律疏议·断狱》还规定："诸死罪囚，不待覆奏报下而决者，流二千里。"如果不等朝廷的最终核准就处决人犯，执法官员将被处以"流放两千里"的刑罚。即便是死刑判决已经被皇帝批准，也要等皇帝的诏书到达三天后方能执行。如果提前执行，执行人员将被判处徒刑一年。唐朝"五复奏"制度的建立，让死刑的执行决定从而更加慎重，使一些错案可以得到及时纠正。

该案的教学，旨在让学生了解中国古代死刑复奏制度产生的深刻背景以及该制度背后所体现的"慎刑、恤刑"和"少杀、慎杀"思想，认识到死刑复奏制度是一种集体的、多次的决定制度，体现的不单单是个人的权力意志，并使学生最终形成对"马工程"教材上有关唐朝审判制度内容的全面了解。

（二）案例原文与出处

初，太宗以古者断狱，必讯于三槐九棘之官，乃诏大辟罪，中书、门下五品已上及尚书等议之。其后河内人李好德，风疾瞀乱，有妖妄之言，诏按其事。大理丞张蕴古奏，好德癫病有征，法不当坐。治书侍御史权万纪，劾蕴古贯相州，好德之兄厚德，为其刺史，情在阿纵，奏事不实。太宗曰："吾常禁囚于狱内，蕴古与之弈棋，今复阿纵好德，是乱吾法也。"遂斩于东市。既而悔之。又交州都督卢祖尚，以忤旨斩于朝堂，帝亦追悔。下制，凡决死刑，虽令即杀，仍三覆奏。寻谓侍臣曰："人命至重，一死不可再生。昔世充杀郑颋，既而悔之，追止不及。今春府史取财不多，朕怒杀之，后亦寻悔，皆由思不审也。比来决囚，虽三覆奏，须臾之间，三奏便讫，都未得思，三奏何益？自今已后，宜二日中五覆奏，下诸州三覆奏。又古者行刑，君为彻乐减膳。朕今庭无常设之乐，莫知何彻，然对食即不啖酒肉。自今已后，宜二日中五覆奏，下诸州三覆奏。"

——《旧唐书·刑法志》

（三）案情解读与评析

贞观初年，唐太宗认为，古代断案一般都要询问三公九卿之官，于是下令，凡是死罪，要经过中书省、门下省中五品以上的官员和尚书省六部首长共同审议。不久，有个叫李好德的河内人，因患癫痫病神志不清，发表了一些怪诞不经、危害封建政权的邪说，对此，唐太宗下诏要依法查办此事。大理丞张蕴古上奏说："李好德癫痫病有证据，依法不应该治罪。"

御史中臣权万纪向唐太宗揭发："李好德的哥哥李厚德是相州刺史，而相州是张蕴古的老家，张蕴古为了讨好家乡父母官，徇私舞弊，谎称李好德是精神病，这属于官官相护，蔑视王法。"唐太宗说："我曾经把李好德关在监狱内，张蕴占竟然和他卜棋，现在又来劝我放了李好德，这是扰乱我的法令啊。"唐太宗觉得自己被张蕴古戏耍，于是恼羞成怒，喝令左右，将张蕴古拉到长安街市上斩首示众。然而，唐太宗很快就后悔自己太冲动。另外，交州都督卢祖尚，也是因为违抗旨意被杀死在朝堂，唐太宗也非常后悔。正因为如此，唐太宗下诏："从今以后，处决死刑犯，即使皇帝下令斩立决，也必须反复上奏请示三次，得到最终核准后才能执行。"接着对侍臣说："人命关天，一个人死不能复生。当年王世充杀死郑颋，马上就后悔了，派人去阻止，但没来得及。今年春天，官吏贪财不多，我愤怒后下令斩首，不久后也后悔，都是因为当时没考虑周全。近年来处决凶犯，虽然实行三次复奏，但是很快第三次复奏就完了，都没有经过慎重考虑，三次复奏又有何益？从今以后，决囚前二日奏报二次，决囚之日，奏报三次，共五次复奏。"

从本案来看，李好德患了癫痫病，因"妖妄之言"而涉嫌"造妖书妖言罪"。"造妖书妖言罪"出现的历史比较早，据考证，汉代就已经有了诽谤与妖言罪，其是指妖言者借神鬼之名，蛊惑群众，以实现自己的各种目的和利益。唐朝时，该罪的界定和刑罚又有所变化，根据唐律的规定，凡是口出妖妄之言并且涉及国家、君主的，应当处以绞刑。但唐律同时规定，对于八十岁以上、十岁以下及身体带有笃疾之人，应当由大臣上请皇帝予以减免处罚。由于癫痫病属于笃疾一类，李好德依唐律可以得到赦免。

本案讨论的焦点在于，如何有效规制皇帝司法权的任意性与个人专断。唐太宗错杀张蕴古一案，实际上暴露出了唐朝司法制度的缺陷。皇帝司法权力失去有效制约，必然会导致滥杀无辜。可以说，"张蕴古案"的发生，归根到底是君主集权的结果。如果当时唐太宗身边的官员能够站出来为张蕴古案说情，杀头的悲剧也许就可以避免发生。而从本案来看，张蕴古所犯之罪本不当死，只是因为唐太宗一时盛怒，将他处以死刑。因此，将皇帝独断制改为集体多次决定制，就可以制约皇帝手里的死刑决定权。建立复奏制度，体现了唐初统治者"慎刑、恤刑"和"少杀、慎杀"的思想。所以，我们可以认为，该案是中国古代死刑复奏改革的典型性案例。

法国思想家孟德斯鸠曾言："法是真正理性的产物。"唐太宗通过对张蕴古、卢祖尚等案件的反思，建立起死刑复奏制，并从制度设计上进行了完善，为限制死刑的适用奠定了基础。有关该制度的具体记载可见于唐《狱官令》，其曰："诸决大辟罪，在京者，行决之司五复奏；在外者，刑部三复奏。在京者，决前一日二复奏，决日三复奏。在外者，初日一复奏，后日再复奏。纵临时有敕不许复奏，亦准此复奏。若犯恶逆以上及部曲奴婢杀主者，唯一复奏。"因此，"五复奏"制度的出现，是在原隋朝"三复奏"制度基础上的创新与发展，体现了唐朝对死刑更加谨慎的态度，也是唐初"慎刑"思想的重要体现。

四、梁悦复仇杀人案——封建法制成熟期礼法矛盾的典型性案例

(一) 选案背景与教学目的

唐宪宗于元和六年（811）二月二十八日，任命陕虢观察使张弘靖为检校礼部尚书、河中府尹和晋、绛、慈等州节度使，任命右丞卫次公为陕府长史、陕虢观察使，任命韩愈为尚书职方员外郎。

在梁悦复仇杀人案发的当年，唐朝因旱灾而歉收，民生问题成为唐宪宗关心的头等大事。浙西道的苏州、润州、常州遭受旱灾，朝廷发放了两万石稻米用于救济灾民。为解决京城郊区州县的贫困问题，朝廷拿出普通义仓的粟米二十四万石借给贫民。元和六年六月，由于国库收入锐减，导致难以供养日益庞大的官僚队伍。唐宪宗励精图治，改革弊政，精简各个官署品级以外的人员总共一千七百六十九人。元和六年十月，宪宗颁发诏书："国君统治百姓，要把他们当作儿子一样爱护，当作伤残一样痛惜。如果有时雨水错失季节，五谷没有收成，就一定要免除杂务，爱惜财物，珍重劳力，以求得天下安宁、产业兴旺。"

唐朝复仇案件较多，武则天当政时期发生的徐元庆复仇案，是一个叫赵师韫的人在地方上当县尉时杀了徐元庆的父亲徐爽，后来升官当了御史，徐元庆可谓告状没钱、上访无门，讨不到一个说法。后来，徐元庆到县衙"招待所"当服务生，利用赵师韫到"招待所"的机会把他给杀了。此案曾经轰动一时，引起了朝廷的反复讨论。最后武则天听从陈子昂的建议，杀

了徐元庆，但又对徐元庆进行了褒奖。贞观年间，夏县女子卫无忌，其父早年被同乡卫长则所杀，无忌时年六岁无法复仇，待长大后在一次聚会上用砖砸死了仇人，然后自首。唐太宗嘉其孝烈，特令免罪，还命公车将卫无忌迁居雍州，赐给田宅，让地方官解决嫁人问题。

唐宪宗元和六年，富平人梁悦年仅12岁，手刃杀父仇人后投案，引发朝廷激烈讨论。其中，韩愈的名篇《复仇状》曰："伏以子复父仇，见于《春秋》，见于《礼记》，又见《周官》，又见诸子史，不可胜数，未有非而罪之者也。最宜详于律，而律无其条，非阙文也，盖以为不许复仇，则伤孝子之心，而乖先王之训；许复仇，则人将倚法专杀，无以禁止其端矣。夫律虽本于圣人，然执而行之者，有司也，经之所明者，制有司者也。丁宁其义于经，而深设其文于律者，其意将使法吏一断于法，而经术之士得引经而议也。"关于此案如何处理？经过群臣讨论、反复思考，宪宗决定予以宽宥。最终宪宗下敕书定性："复仇杀人，固有彝典。以其伸冤请罪，视死如归，自诣公门，发于天性。志在徇节，本无求生，宁失不经，特从减死之法。宜决一百，配流循州。"

本案的教学，旨在帮助学生掌握唐代统治者在审判复仇案件过程中的基本主张和司法理念，增进学生对"马工程"教材上有关唐朝刑事法律制度知识的理解深度。

（二）案例原文与出处

六年九月，富平县人梁悦，为父杀仇人秦果，投县请罪。敕："复仇杀人，固有彝典。以其伸冤请罪，视死如归，自诣公门，发于天性。志在徇节，本无求生之心，宁失不经，特从减死之法。宜决一百，配流循州。复仇，据礼经则义不同天，征法令则杀人者死，礼法二事，皆教之端，有此异同，必资论辩，宜令都省集议闻奏者。"

——《旧唐书·刑法志》

（三）案情解读和评析

梁悦替父报仇杀人案在当时引起轩然大波。如何判罪，朝野议论纷纷，就连唐宪宗也不好定夺。当时的职方员外郎韩愈特上奏《复仇状》，在此奏折中，韩愈专门论述了关于复仇杀人案件的司法理念与原则。他从儒家经典《春秋》《礼记》《周官》及诸子经史中有关亲子复仇的记载里"未有非而罪之者"的情况出发，认为对于复仇行为，法律中没有明文规定，不是制定法律的人的疏漏，而是立法者有意避开了这个难题。他解释说道，因为如果法律不许复仇，则伤害孝子之心，违反先王之道；如果允许复仇则会频繁出现擅杀行为，社会将失去既有的稳定秩序。因此，先贤们在儒家经典中阐述了赞同的意见，而法律则有意回避，这样的目的在于，遇有复仇杀人的案件，了解儒家经典的人会从儒家理论出发，提出自己的观点；而司法官员则会坚持依法处理杀人案件。在出现矛盾时，双方会发生争论，通过辩论、权衡则会得出一个相对公正的解决办法，处理的方法就自然明了。最后，韩愈提出的解决方案是"宜定制曰：凡有复父仇者，应该事先将其事报告尚书省，尚书省讨论后奏于皇上，由皇上根据情况作出决定，如此经、律才能得以平衡"。这样把法与礼统一起来，根据礼法两不失的原则和具体案情处理复仇问题。经过群臣的讨论，宪宗采纳了韩愈等人的意见，决定对梁悦加以宽免。

从本案来说，基本案情是梁悦为报父仇，将秦果杀害，杀害后主动投案自首。按照唐律的规定，故意杀人者，应处死刑。但当时的法律对为父报仇这种情形并没有作出明确的规定。正是因为法无明文规定，实践中便会出现很多争端与适用的不确定情形，到底是严格依法治罪还是依礼给予宽宥也就必然存在争议。在我国古代，更是有血亲复仇、同态复仇这种被法律允许的私力救济方式，复仇者没有治罪一说。随着社会的逐渐发展，各朝代的统治者最开始在一定程度上对复仇制度予以肯定与支持，后来则对其逐渐予以规范与限制，这一态度反映了儒家孝义思想与中国国家司法主义之间的矛盾。复仇制度在国家司法主义的挤压下活动的空间大大萎缩，但复仇制度对百姓来说还是一定程度上根存于心。[①] 而唐朝正好也是处于这样一个过渡时期，按照礼法，人们基于原始社会血亲家族本位观念，杀父之仇不共戴天。唐朝的法治可谓通达应时，体现了"刑礼道迭相为用"的综合法治思想。在此案发生的特定历史背景下，法与礼的博弈，最终"礼"占了上风，梁悦因其遵循孝道而免于死刑。因此，该案可以被视为封建法制成熟期礼法矛盾的典型性案例。

---

① 张玉光：《儒家孝义思想对传统中国国家司法主义的影响——以"复仇"制度为论域的思考》，载《西南政法大学学报》，2004 年第 5 期。

五、房强兄弟谋反连坐案——体现唐律"一准乎礼"指导思想的代表性案例

（一）选案背景与教学目的

本案在中国法制史上有较大的影响，是体现唐律"一准乎礼""用刑中平"指导思想的代表性案例。唐朝法律最重要的特点首先是"一准乎礼"，其次是"用刑中平"。唐太宗非常善于总结历史经验，他曾讲过"以铜为鉴，可以正衣冠；以史为鉴，可以知兴替；以人为鉴，可以明得失"。他从隋朝迅速而亡的事实中认识到"水能载舟，亦能覆舟"。对百姓，不能滥刑，用刑应该宽缓。在这样的思想指导下，中国法制在唐朝发生了巨大变化，上述对"十恶"之首"谋反"的处罚即说明了这点，跟以往朝代相比，缩小了株连范围，降低了惩罚力度。本案在当时并非大案，但却引起了司法上的一次不小的改革。由本案引出的刑罚改革，使中国法制由野蛮向文明迈出了一大步。从秦汉的谋反者夷三族，到隋唐之际实行父子兄弟从死，再到贞观时期的仅父子从死，不包括兄弟，反映出一种历史的进步，体现了司法制度从野蛮向文明的进步。宋朝就完全沿用了唐律这方面的内容。

不过，明、清两朝则比唐、宋严厉了许多："凡谋反及大逆，但共谋者，不分首从，皆凌迟处死。祖父、父、孙、兄弟及同居之人，不分异姓及兄弟之子，不限籍之同异，年十六以上，不论笃疾、废疾，皆斩。"这是明清加强中央集权的重要措施，也同明太祖朱元璋"重其重者，轻其轻者"的刑罚指导思想及清朝的异族统治有关。贞观中有关律条的修订和后来的重新争论，在司法史上都有重要意义。唐朝"用刑中平"的特点，成为历代法制的楷模，传承于世，也影响了周边四邻。

本案的教学，有助于让学生熟悉唐朝的连坐制度，了解唐代"一准乎礼""用刑中平"的法制特征，从而增进对"马工程"教材上有关唐朝立法原则、法律原则等知识的理解深度。

（二）案例原文与出处

又旧条疏，兄弟分后，荫不相及，连坐俱死，祖孙配没。会有同州人房强，弟任统军于岷州，以谋反伏诛，强当从坐。太宗尝录囚徒，悯其将死，为之动容。顾谓侍臣曰："刑典仍用，盖风化未洽之咎。愚人何罪，而肆重刑乎？更彰朕之不德也。用刑之道，当审事理之轻重，然后加之以刑

罚。何有不察其本而一概加诛，非所以恤刑重人命也。然则反逆有二：一为兴师动众，一为恶言犯法。轻重有差，而连坐皆死，岂朕情之所安哉？"更令百僚详议。于是玄龄等复定议曰："案礼，孙为王父尸。案令，祖有荫孙之义。然则祖孙亲重而兄弟属轻，应重反流，合轻翻死，据礼论情，深为未惬。今定律，祖孙与兄弟缘坐，俱配没。其以恶言犯法不能为害者，情状稍轻，兄弟免死，配流为允。"从之。自是比古死刑，殆除其半。

——《旧唐书·刑法志》

（三）案情解读与评析

房强是唐太宗贞观年间同州人。他的弟弟在岷州任统军，任职期间，参与谋反，犯了十恶之罪，应受判死刑。不但如此，按照当时的法律，凡犯有反逆之罪的人，其父子兄弟都应该被连坐处死。房强作为谋反者的哥哥，当然按法应在连坐范围之内。太宗得知此案后，感到房强本身没有参与谋反，如果就这样无辜被处死，不太合适，怜其处境，就对大臣说："如今我们仍然需要刑典，那是因为教化还没有广泛实施。可这不是老百姓的过错，如果因此而让他们受到严厉刑罚，这是君主的不德。用刑之道，应该视情节的轻重，再加以刑罚，怎么能不察其原本而一概加诛呢？这不是慎刑重人命的表现。犯反逆之罪的，情况也不相同，有的是兴师动众，有的是口出恶言，二者的轻重是不同的，但法律规定都要连坐处死，这使我心中很是不安。"说到这，太宗就令百官重新审议房强连坐案。

百官集议后，房玄龄等提出了对兄弟连坐法的修改意见："按照旧法，兄弟不住在一起，互相不能照应，而一方犯谋反罪的则连坐都处死刑；祖孙之间，住在一起的，互相照应，则只处以流刑。不论根据礼还是缘于情，都不合适。今应定律，祖孙与兄弟连坐的都应该处以流刑，而不是死刑。"太宗完全同意这个观点，于是对唐律进行了修改。从此，旧律条规定的谋反者兄弟连坐皆死，改为兄弟连坐配役（没入官府服劳役），修订后的该律条内容为："诸谋反及大逆者，皆斩；父子年十六以上皆绞，十五以下及母女、妻妾、祖孙、兄弟、姊妹及部曲、资财、田宅并没官；男夫年八十及笃疾、妇人年六十及废疾者，并免。"这样，除犯罪者的父、子连坐从死外，兄弟与祖孙一样，都改为没官配役。

后来，在这个问题上出现过争论。贞观十六年（642）十二月，刑部提出：反逆连坐兄弟没官的惩罚太轻，请恢复为原来规定的从死之法，并奏请八座详议（八座指尚书令、仆射及吏户礼兵刑工六部尚书）。太宗便命八座与群臣讨论此议。右仆射高士廉、礼部尚书候群集、兵部尚书李绩等人同意刑部的意见，主张从重；户部尚书唐俭、礼部尚书江下王李道宗、工部尚书杜楚客等主张仍从轻法不改。而群臣以秦汉魏晋对谋反者皆夷三族，都主张按刑部的意见改从重；唯独给事中崔仁师反驳道："周礼主张，用刑应当平恕，父子兄弟罪不相及，怎能以夷三族的亡秦酷法代替本朝合于周礼的现行之法呢？再说现行律条已经规定了犯反逆罪之罪者父子连坐皆死，这足以警告欲谋反者了。如果父子之情都不能相顾，又怎能爱惜兄弟呢？"太宗认为崔仁师的话说得很有道理，就采纳了从轻派的意见，兄弟反逆连坐仍为没官，不改从死。

作为能够体现唐律"一准乎礼"指导思想的代表性案例，该案案情其实很简单，所涉及的唐律仅是关于谋反条的规定。《唐律·盗贼·谋反大逆》规定："诸谋反及大逆者，皆斩；父子年十六以上皆绞，十五以下及母女、妻妾、祖孙、兄弟、姊妹及部曲、资财、田宅并没官，男夫年八十及笃疾、妇人年六十及废疾者并免；伯叔父、兄弟之子皆流三千里，不限籍之同异。""即虽谋反，词理不能动众，威力不足率人者，亦皆斩；父子、母女、妻并流三千里，资财不在没限。其谋大逆者，绞。"这样的规定正是房强案件发生后经过讨论修改后的内容，对同居及不同居的亲属的连坐方法，比此前的处罚大大减轻了，连坐处死刑的只是父子二层，而对于兄弟、祖父母、姊妹等只给予没官为奴的处罚。而且对有重疾的还给予宽免的待遇。

当然，这是封建社会的规定，和我们现在的法律原则——罪刑相适应的原则是不能相提并论的。现代刑法不累及无辜，而封建法制则按亲缘远近给以不同程度的处罚，这是很不公平的，仍然体现了"以刑止刑""以暴去暴"的思想。

六、回纥使者不法案——封建法制成熟期法律与政治矛盾的典型性案例

（一）选案背景与教学目的

安史之乱，唐中央向回纥借兵平乱，并许以利益。后在大历年间，回

纥使者入京进贡马匹，其间居住于鸿胪寺。回纥自恃助唐王朝平定叛乱有功，在京期间多次擅自出鸿胪寺，在长安城中不遵唐律、蛮横违法。唐律对于"化外人"犯罪的法律适用有明确的规定，之后的《大明律》《大清律例》皆沿袭了该规定。

《唐律疏议·名例》曰："诸化外人相犯，各依本俗法；异类相犯者，以法律论。"① 唐代在制定这样一条有关法律适用的规则时，充分考虑到了对不同民族的人文关怀，"化外人，谓蕃夷之国，别立君长者"。这显然是对本条适用的主体资格要求，即要求是"蕃夷"，再有"各有风俗，制法不同"。《唐律疏议》制定时期，正是唐朝发展近极盛时期，长安、洛阳等地居住、经商的外国人逐渐增多，在本国范围内的外国人如何适用法律的问题逐渐出现。"其有同类相犯者，须问本国之制，依其俗法断之。异类相犯者，若高丽之与百济相犯之类，皆以国家法律论定刑名。"同类相犯，即原被告属于同一国家，由主审官员查明其本国法，再进行适用。如果属于不同国家的，则直接援引唐律予以判决。

除此之外，皇帝的最高司法权对于这样一条法律的适用也起着重要的导向作用。唐律"越度缘边关塞"条出现了"其化外人……得罪……仍奏听敕"② 的规定，亦即针对化外人案件的审理，皇帝有更大的裁量权。由此，在审理化外人案件时，皇帝或者是中央政府不仅会有司法考量，还有政治考量，以避免给国家的外交带来困局。如此一来，不免会出现案件事实公正无法保障，本国民众利益容易被忽略的情况。

回纥使者不法案正是在这样的背景下发生的。该案的学习，一方面，意在让学生了解唐律的法律适用原则，把握唐律中的人文关怀；另一方面，则是让学生对"马工程"教材中有关唐律主要内容的相关知识有更深入的了解。

（二）案例原文及出处

大历七年，春，正月，甲辰，回纥使者擅出鸿胪寺，掠人子女；所司禁之，殴击所司，以三百骑犯金光、朱雀门。是日，宫门皆闭，上遣中使刘清谭谕之，乃止。

秋，七月，癸巳，回纥又擅出鸿胪寺，逐长安令邵说至含光门街，夺

① 岳纯之点校：《唐律疏议》，上海古籍出版社 2018 年版，第 107 页。
② 岳纯之点校：《唐律疏议》，上海古籍出版社 2013 年版，第 144 页。

其马；说乘它马而去，弗敢争。

大历九年九月，壬寅，回纥擅出鸿胪寺，白昼杀人，有司擒之；上释不问。

大历十年九月，戊申，回纥白昼刺市人肠出，有司执之，投万年狱；其酋长赤心驰入县狱，斫伤狱吏，劫囚而去。上亦不问。

——《资治通鉴》

（三）案情解读与评析

唐代宗大历年间，大量的回纥人进入京师，并居住在鸿胪寺。大历七年（772）正月，回纥使者擅自从鸿胪寺出来，劫掠长安寻常百姓家女子，当相关政府官员阻止回纥人的行为并将该女子从回纥人手中救回时，却遭到回纥人的殴打，不仅如此，回纥人还派了三百骑兵侵犯皇城金光门与朱雀门。第二天，皇宫各门紧闭，代宗皇帝派遣中使刘清谭前去抚慰回纥人，这才平息。大历七年七月，回纥人再次擅自从鸿胪寺中出来，在坊市中间强夺财物，追逐长安县令邵说至含光门大街，抢夺其马匹，邵说不敢与其发生冲突，只能借乘其他人的马回去，官府也不敢就此诘问回纥人。大历九年九月，又有回纥人擅自出鸿胪寺，在白天杀人，官府将其抓获后，上奏给皇帝，皇帝却将其释放，不再问罪。大历十年（775）九月，回纥人再次白昼行凶，刺伤坊市中人，伤情严重至"肠出"，官府将其捉拿后关押在万年县监狱中，还未经审理判决，其酋长赤心听闻后，骑马闯入万年县监狱，将狱吏砍伤，劫走回纥囚犯。代宗皇帝对此的处理方式依旧如前次，仍然不问回纥人所犯。关于该案，可从如下几个方面来分析：

一是鸿胪寺的职责。鸿胪寺在本案中出现多次，且都与回纥使者有关。据《唐六典》记载："鸿胪卿之职，掌宾客及凶仪之事……凡四方夷狄君长朝见者，辨其等位，以宾待之。"[1] 鸿胪寺的职责是负责接待外邦宾客，且这样的外邦宾客皆有其等级，即"四方夷狄君长"，地位低下的人员，并不足以成为鸿胪寺接引的对象。回纥使者作为外邦宾客，在长安由鸿胪寺负责接待，其间虽出现多次"擅出鸿胪寺"的情况，盖因回纥使者的身份特殊，皇帝均未对其采取刑事制裁。

二是该案涉及的几条唐律。回纥使者在犯案过程中，涉及的罪行主要

---

[1]　李林甫等撰，陆仲夫点校：《唐六典》，中华书局1992年版，第505页。

有劫囚、强盗、斗殴杀人、闯宫、略人等。这些行为在唐律中都是极其严重的犯罪行为。首先是劫囚，"诸劫囚者，流三千里；伤人及劫死囚者，绞；杀人者，皆斩"①。回纥人酋长赤心闯入万年县监狱，砍伤狱吏，并将人犯带走，已经构成了劫囚的犯罪行为。按照唐律的规定，劫囚并且伤人，应当处以绞刑。其次是强盗，"诸强盗（谓以威若力而取财。先盗后强，先强后盗）等。若与人药酒及食，使狂乱取财，亦是……不得财徒二年，一尺徒三年，二匹加一等，十匹及伤人者绞，杀人者斩"②。回纥人在含光门大街抢夺长安县令邵说所乘马匹，已经触犯唐律所规定的强盗罪，其计赃论罪中，一尺处徒刑三年，十匹就应当处以绞刑，其处罚相当严厉。再次是斗殴杀人，"诸斗殴杀人者，绞；以刃及故杀者，斩。虽因斗而用兵刃杀者，与故杀同。不因斗，故殴伤人者，加斗殴伤罪一等；虽因斗。但绝时而杀伤者，从故杀法"③。回纥使者两次在市坊之间白昼杀人，显然已经触犯了唐律对于"斗故杀用兵刃"的规定，应当判处死刑。复次，是关于闯宫的犯罪，"诸阑入宫门，徒二年（阑入宫城门，亦同。余条应坐者，亦准此）"④。回纥使者以骑兵侵犯朱雀门、金光门等，依照唐律应当处以徒刑两年。最后是关于略人的行为，"诸略人、略卖人（不和为略，十岁以下，虽和亦同略法）为奴婢者，绞；为部曲者，流三千里，为妻妾、子孙者，徒三年（因而杀伤人者，同强盗法）"⑤。回纥使者在大街上窃略女子，明显触及唐律中略人略卖人一条，至少应当判处徒刑三年。

三是皇帝为何不理。皇帝对于此案采取的多为"释之不问"，其原因主要在于中唐时期的整个国家背景。一方面，从当时的外部环境来看，北方契丹、回纥等少数民族政权逐步强大，南下与唐争夺生存空间。西部由于调集精锐东进平定安史叛乱，放弃安西、北庭等对吐蕃具有威胁的战略之地，致使吐蕃势力进一步扩大，最终，唐王朝难以有效遏制吐蕃东进对唐王朝的威胁。居住于鸿胪寺的回纥使者，大都在回纥政权体系中享有一定的地位，甚至可能是重要人员。另一方面，从内部环境来看，当时安史之乱虽被平定，但中央的权威却被逐渐削弱。不仅如此，当时税收及田制的

---

① 岳纯之点校：《唐律疏议》，上海古籍出版社2018年版，第279页。
② 岳纯之点校：《唐律疏议》，上海古籍出版社2018年版，第304页。
③ 岳纯之点校：《唐律疏议》，上海古籍出版社2018年版，第333页。
④ 岳纯之点校：《唐律疏议》，上海古籍出版社2018年版，第120页。
⑤ 岳纯之点校：《唐律疏议》，上海古籍出版社2018年版，第315页。

崩坏，极大地削弱了中央的实力。职是之故，代宗皇帝需要平衡各方的利益诉求，保持国家稳定而又不开罪于回纥人，避免因回纥人聚兵南下而带来的秩序混乱。结果，只好选择了对回纥使者所犯案件"不问"的态度。

四是回纥使者在唐王朝交往中的作用。回纥使者的作用贯穿于回纥和唐王朝关系的各个领域，一般而言，回纥使者的"角色"包括以下几端：朝贡使者、朝见使者、和亲使者、与贸易有关的使者、告哀的使者、求请的使者、献捷的使者等。不同的使者行使不同的职务，在本案中，回纥人酋长赤心充任使者，并作为和贸易相关的使者与唐王朝进行贸易。当然，作为使者，其"角色"的本质在于沟通回纥和唐王朝的关系，其作用主要有以下几个方面：首先是使者作为回纥可汗的代表，在一定程度上反映了回纥对唐王朝的态度。安史之乱之后，回纥人鉴于唐王朝实力衰退，并自恃助唐朝官军平定叛乱有功而日益骄横，使得唐王朝在一定程度上对于使者的要求尽力满足，进而对其违法行为，也有意地予以忽略；其次是作为双方贸易的沟通者，居住在鸿胪寺中的回纥使者，其与唐朝进行马匹交易且往来频繁，居留时间久，虽在一定程度上起到了沟通双方贸易的作用，但回纥使者带来出售的马匹却是低劣马匹，对此唐朝政府仍然接受交易，这显然是基于政治上的考量。回纥使者的频繁往来，为长安城带来了不安定的因素。回纥使者往往队伍庞大，但由于其身份特殊，唐王朝都会对其友好接待，这在一定程度上增加了唐王朝的负担。有鉴于此，贞元三年，唐王朝对来使人数进行了限制，"每使来不过二百人，而马不过千匹"。与此同时，大量回纥使者滞留在长安，严重影响到长安的治安状况。回纥使者由于草原习性，惯于处事蛮横，故而常出鸿胪寺闹事，甚至白日伤人、强闯宫门。不过，基于周边关系考虑，唐朝皇帝对此只能采取忍让和宽容的态度。总之，该案作为封建法制成熟期法律与政治矛盾的典型性案例，留给我们的思考不仅局限于案件本身，还包括法律与政治之间的关系。

七、唐武宗灭佛案——佛教对封建法制影响的典型性案例

（一）选案背景与教学目的

佛教自东汉传入中国，旋即传播开来。此后历经魏晋南北朝，无论是在北朝或是南朝，佛教均取得了快速发展。在北朝，大量佛教石窟的修建，

诉说了其发展的"故事";而"南朝四百八十寺"则是以"数目字"的方式呈现了佛教的繁盛。不过,需要注意的是,彼时佛教的发展与世俗皇权的支持是分不开的:一方面,这一时期的中国多战乱,人心浮动,统治者需要一种精神力量来安定民众;另一方面,由于北朝多数为少数民族政权,需要一种强制力以外的力量控制社会,而佛教强调的"修今生、赎来世"的理念正好契合了此种需求。至隋唐时期,世俗统治者也多次对佛教的发展给予了支持。即便在李唐时期强调"佛道并重",然佛教仍获得了较快发展。

唐代作为中国封建社会的鼎盛时期,佛教的发展伴随着经济发展也相继进入一个新的高度。在唐代,有两个重大历史事件影响了佛教的发展:一是唐朝由盛转衰的安史之乱,另一是唐武宗灭佛。唐武宗灭佛案就是在打击佛教占有土地,收缴寺院财富,敦促僧众还俗的背景下发生的。唐武宗的灭佛政策,影响到了整个唐王朝境内的佛教发展。

本案的学习,意在让学生了解中国国家与宗教的关系,引导学生发现唐律中有关宗教管理规范的不足之处,继而形成对"马工程"教材上有关《唐律疏议》内容及影响的知识的深入理解。

(二) 案例原文及出处

八月,制:朕闻三代已前,未尝言佛,汉魏之后,像教浸兴。是由季时,传此异俗,因缘染习,蔓衍滋多。以至于蠹耗国风而渐不觉。诱惑人意,而众益迷。洎于九州山原,两京关,僧徒日广,佛寺日崇。劳人力于土木之功,夺人利于金宝之饰,遗君亲于师资之际,违配偶于戒律之间。坏法害人,无逾此道。且一夫不田,有受其饥者;一妇不蚕,有受其寒者。今天下僧尼,不可胜数,皆待农而食,待蚕而衣。寺宇招提,莫知纪极,皆云构藻饰,僭拟宫居。晋、宋、齐、梁,物力凋瘵,风俗浇诈,莫不由是而致也。况我高祖、太宗,以武定祸乱,以文理华夏,执此二柄,足以经邦,岂可以区区西方之教,与我抗衡哉!贞观、开元,亦尝厘革,划除不尽,流衍转滋。朕博览前言,旁求舆议,弊之可革,断在不疑。而中外诚臣,协予至意,条疏至当,宜在必行。惩千古之蠹源,成百王之典法,济人利众,予何让焉。其天下所拆寺四千六百余所,还俗僧尼二十六万五百人,收充两税户,拆招提、兰若四万余所,收膏腴上田数千万顷,收奴婢为两税户十五万人。隶僧尼属主客,显明外国之教。勒大秦穆护、祆三千余人还俗，不杂中华之风。于戏！前古未行，似将有待；及今尽去，岂谓无时。驱游惰不业之徒，已逾十万；废丹臒无用之室，何啻亿千。自此清净训人，慕无为之理；简易齐政，成一俗之功。将使六合黔黎，同归皇化。尚以革弊之始，日用不知，下制明廷，宜体予意。

——《旧唐书·武宗本纪》

（三）案情解读与评析

唐武宗灭佛大多发生在会昌年间，尤其以会昌五年采取的措施最为严厉。当时佛教的发展已经相当繁盛，僧尼人数一度高达二十六万，寺院接近五万之数，佛教已经成为一股重要的社会力量。不仅如此，这只是已经出家的人员。此外，民间还有数量可观的信徒，加之寺院占有着大量社会财富，其都给正需要财力支持平叛潞泽的武宗带来了最为合适的灭佛理由。从会昌四年开始，唐武宗首先是对寺院人数开始限制、收缴寺院财富，接着迫使大量的宗教人员还俗。在此期间，唐武宗曾多次提到佛教是外国之教，与其本人所崇信的道教不同，因而需要限制。该案可视为佛教对封建法制影响的典型性案例，有关它的分析，可从如下几端展开：

一是唐代法律形式。《唐六典》曰："凡文法之名有四：一曰律，二曰令，三曰格，四曰式。"[1] "凡律以正刑定罪，令以设范立制，格以禁违正邪，式以轨物程式。"[2] 不过，随着唐朝经济、政治与社会的发展，律令格式难以全面满足国家治理需要，皇帝的敕令逐渐被当作法令适用。在唐武宗灭佛案中，皇帝颁布的敕令起到了最主要的规范作用。据《百岩寺重建法堂记》记载，"明敕既降，莫不遵行，官吏颁选，敢不从命"。[3] 究其原因，源于唐律对宗教管理的法令并不完善，皇帝有必要对佛教的发展予以限制，而其颁布的敕令正好为灭佛行动提供了法律依据。

二是世俗皇权与宗教权力。佛教在武宗时期已经发展为一股重要的社会力量，足以引起政府的重视。值得注意的是，中国宗教的发展与西欧宗教的发展轨迹全然不同，其核心在于，古代中国始终将宗教作为社会控制的工具，且其从不愿意将皇权或世俗政权与宗教分享。即便在某一特殊时期，宗教获得了一定的发展，但在接下来的过程中，宗教也会受到各种世

---

① 李林甫等撰，陆仲夫点校：《唐六典》，中华书局1992年版，第180页。
② 李林甫等撰，陆仲夫点校：《唐六典》，中华书局1992年版，第185页。
③ 《金石续编》卷十一，同治刻本，第八册。

俗权力的限制。宗教可能会影响世俗权力，却绝不会超越世俗权力。唐武宗虽然崇信道教，"偏信道教，憎嫉佛法，不喜见僧，不欲闻三宝"①，但道教的发展并没有超出唐政府对其控制的范围。然而，佛教的发展却与之截然不同。

三是中唐土地与税收。中唐时期的土地兼并严重，地主、贵族、寺院掌握了大量的土地，使以农业经济为主的国家财政开始捉襟见肘。从解决税收和财政危机的角度来看待唐武宗灭佛案，发现其无法离开中唐、近晚唐时期的特定社会背景。地主、贵族、藩镇掌握了大量的土地和财富，使得国家可靠的税收来源逐渐减少，从土地破局，显然寺院是最容易解决的。一旦触动地主、贵族、藩镇这一群体的利益，难以避免地会对唐朝自肃代之际便维持的势力均衡局面造成影响。因此，唐武宗只有选择从寺院"破局"，由此也确实取得了一定的成效。

四是唐武宗灭佛采取的主要措施及原因。逼迫大量的僧人和尼姑还俗、大规模地剥夺寺院财产与收回寺院土地，凡此措施，使得会昌年间的税户得到一定的增加，国有田亩也得以缓解。史料记载："天下所拆寺四千六百余所，还俗僧尼二十六万余人，收充两税户，拆招提、兰若四万余所，收膏腴上田数千万顷，收奴婢为两税户十五万人。"②"会昌禁佛是唯一由全国统一王朝领导的自上而下的禁佛运动，对佛教打击最为严厉，在历史上造成的影响也最大。"③ 灭佛的根本原因，最重要的还是经济问题。安史之乱以后，佛教虽取得了一定的发展，但是与政府之间在经济上的冲突却不时出现。唐朝中后期，反对佛教的人士普遍认为，僧尼是为了逃避税收才出家的。信仰佛教，只会进一步加重政府的财政支出。武宗甚至认为，穷吾天下，佛也。当然，政治也是灭佛的一个不可忽略的因素，唐武宗灭佛正是看到了佛教对其皇权的影响，并认为"岂可以区区西方之教，与我抗衡哉"。此外，对道教的笃信，也是另一个不可忽略的灭佛的因素。

---

① 圆仁撰，顾承甫、何泉达点校：《入唐求法巡礼行记》，上海古籍出版社 1986 年版，第 176 页。

② 王溥：《唐会要》，卷四十七，中华书局 1955 年版，第 841 页。

③ 张箭：《三武一宗灭佛研究》，四川大学博士论文，2002 年，第 1 页。

第五章
辽宋金夏元时期的案例

【章前导读】辽宋金夏元时期在中国古代法制文明发展过程中具有不可忽略的地位，公元10世纪初到14世纪中叶，四个少数民族政权的建立，开创了少数民族法制与中华法制融合的历史新进程。与此同时，宋朝法制为适用社会发展，在民事、刑事及行政法制等方面做出的改革，也对后世法制产生了重要影响。本章所选的八个案例，关涉辽宋金夏元时期法制发展的不同侧面：阿云之狱案，关注的是封建主义党派斗争对法制的影响；抵当不交业案，呈现的是封建商品经济鼎盛时期的典当法制化；痛治传习事魔等人案，凸显的是封建专制主义对"妖教"的刑事打击；遗嘱与亲生女案，展现了中国古代商品经济萌芽时期的遗嘱继承制度；天德等四人谋反同罪异论案、刑讯致死案、杀死盗奸寝妇奸夫案、西夏天庆年间典粮文契案例则或是关注不同少数民族的法制特征，或是关注国家法制对少数民族法制的影响。总的来说，这些案例基本可反映该时期立法对司法的影响，以及司法的时代性与民族性特征。

一、阿云之狱案——封建主义党派斗争对法制影响的典型性案件

（一）选案背景与教学目的

关于婚姻关系的成立和解除，早在西周时期就已经有了比较详细的规定，在西周时期婚姻关系的成立必须符合以下条件：（1）要符合法定婚龄；（2）要有父母之命；（3）要有媒妁之言；（4）要经过法定的程序，即所谓纳采、问名、纳吉、纳征、请期、亲迎"六礼"。对婚姻男女双方当事人的限制包括以下几个方面：（1）同姓不得为婚；（2）不同的等级之间不得为婚；（3）居父母丧期之内，不得为婚。这些规定为后世的法律全部继承，并略有完善。在唐宋的法律之中除全盘采纳上述的规定外，另对婚姻关系的成立还作出了要有"婚书"或者私约的规定，婚姻缔结双方的法定年龄条件，历代也稍有差异。可以说，关于婚姻的法律规定和礼俗从西周一直延续到明清以至近代。在今天中国的农村大部分地区或山区，久远的法律规定已经成为民间习俗的一部分，还显示着勃勃的生命活力，其影响还将长期存在。本案中，婚姻关系的成立与否直接关系着阿云的罪名适用，而罪名的性质则关系到阿云的身家性命。这场争论长达十七年之久的案子，虽主要缘于当时的政派斗争，但它对婚姻法律在社会上的深入起到了一定的推动作用。它也促使其后的司法官吏充分地认识到，当案件的犯罪行为人和受害者之间存在着特殊的身份关系时，对他们身份关系的仔细认定是多么的重要。

关于自首减刑，在中国也有着悠久的历史渊源。《尚书·康诰》："既道极厥辜，时乃不可杀。"就是说如果犯罪行为人主动交代了全部的犯罪事实，即使犯了很严重的罪，也不能把他杀掉。明代丘睿认为："此后世律文自首者免罪之条所自出也。"即认为自首减罪的规定最早导源于此。到秦汉时期，自首制度逐步建立。《睡虎地秦墓竹简》中的《法律答问》有这样的记载："隶臣妾系城旦舂，去亡，已奔，未论而自出，当笞五十，备系曰。"可见秦代的法律对自首的罪犯适用减刑，但不能完全免罪。汉代以后，自

首不仅有减刑的规定，还可以免除全部的处罚。如《汉书·淮南衡山王传》载：武帝"元狩元年冬，有司求捕与淮南王谋反者，得陈喜于孝家，史劾孝首匿喜。孝以为陈喜雅数与王计反，恐其发之，闻律先自告除其罪。孝先自告反，告除其罪"。其后，自首制度经过魏晋南北朝的发展，到隋唐以后被系统入律，并为以后的历代王朝所继承。本案中，阿云的情况符合自首制度早期的规定，即只要在审讯之初，就坦白交代自己的全部犯罪事实，可以适用自首的量刑规定。但自汉唐以来，自首主要强调是罪行在"未发"前提下的自首，或者在官府捕拿的过程中，自己到官府投案的情形。本案的长久争论，使司法官吏在司法实践中，酌情考虑犯罪行为人的认罪态度，从而采取略有从轻的判决。

案情本身并不复杂的阿云之狱案之所以在中国历史上有如此大的影响，最主要的是该案所处的特殊的历史环境。本案发生在王安石变法前后，当时党派斗争异常激烈，因此对这件案子审理意见的争论就带有浓厚的党派斗争的色彩。就案子本身来说，它主要涉及两个问题，一是宋律中的"违律嫁娶"，二是自首及自首减等量刑。阿云之狱所引起的旷日持久的争论，将封建政权内部的党派斗争影响的深刻性凸现出来。

本案的教学，旨在使学生体会封建社会皇权、政治集团等对司法的巨大影响，增进学生对"马工程"教材上有关宋朝民事法律制度，以及宋朝法律与政治关系等知识的理解深度。

（二）案例原文与出处

熙宁元年八月，诏："谋杀已伤，按问欲举，自首，从谋杀减二等论。"初，登州奏有妇阿云，母服中聘于韦，恶韦丑陋，谋杀不死。按问欲举，自首。审刑院、大理寺论死，用违律为婚奏裁，敕贷其死。知登州许遵奏，引律"因杀伤而自首，得免所因之罪，仍从故杀伤法"，以谋为所因，当用按问欲举条减二等。刑部定如审刑、大理。时遵方召判大理，御史台劾遵，而遵不伏，请下两制议。乃令翰林学士司马光、王安石同议，二人议不同，遂各为奏。光议是刑部，安石议是遵，诏从安石所议。而御史中丞滕甫犹请再选官定议，御史钱顗请罢遵大理，诏送翰林学士吕公著、韩维、知制诰钱公辅重定。公著等议如安石，制曰"可"。于是法官齐恢、王师元、蔡冠卿等皆论奏公著等所议为不当。又诏安石与法官集议，反覆论难。

明年二月庚子，诏："今后谋杀人自首，并奏听敕裁。"是月，除安石参知政事，于是奏以为："律意，因犯杀伤而自首，得免所因之罪，仍从故杀伤法；若已杀，从故杀法，则为首者必死，不须奏裁；为从者自有编敕奏裁之文，不须复立新制。"与唐介等数争议帝前，卒从安石议。复诏："自今并以去年七月诏书从事。"判刑部刘述等又请中书、枢密院合议，中丞吕诲、御史刘琦、钱顗皆请如述奏，下之二府。帝以为律文甚明，不须合议。而曾公亮等皆以博尽同异、厌塞言者为无伤，乃以众议付枢密院。文彦博以为："杀伤者，欲杀而伤也，即已杀者不可首。"吕公弼以为："杀伤于律不可首。请自今已杀伤依律，其从而加功自首，即奏裁。"陈升之、韩绛议与安石略同。会富弼入相，帝令弼议，而以疾病，久之弗议，至是乃决，而弼在告，不预也。

（元丰）八年，光为相，复申前议改焉。乃诏："强盗按问欲举自首者，不用减等。"

————《宋史·刑法志》

（三）案情解读与评析

作为封建主义党派斗争对法制影响的典型性案件，此案发生在北宋神宗熙宁元年（1068）。登州有一个女子，名叫阿云，在她母亲去世不久之后，被许聘给一户韦姓人家，而且已经履行了纳采的程序。可是，阿云知道她的未婚夫长得十分丑陋后，心里很不情愿。一天，她趁未婚夫熟睡的时候，拿了一把刀子想把他杀了。可是，这阿云是个手无缚鸡之力的弱小女子，用刀朝她未婚夫砍了十几下，也未能把他杀死，只砍掉了一个手指头。他未婚夫这才迷迷糊糊地醒了过来，阿云吓得赶紧逃之夭夭。她的未婚夫还不知道是谁干的，就到衙门里报了案。

衙役们四处寻找凶手，一直没有线索，怀疑是阿云所为，就把她抓来问讯，还没有对她用刑，她就一五一十地把事情的来龙去脉照实作了交代。当时，许遵任登州知州，他认为阿云纳采的时候，她母亲的丧服还没有解除，因此阿云应当按照常人的身份论罪。这个案子送到大理寺以后，大理寺按照"谋杀已伤"的罪名，判处阿云绞刑。但许遵不同意大理寺的判决，他说："阿云在衙门里接受审问的时候，刚一开始讯问，她就马上全部交代了作案的事实。因此，应当承认她有自首的事实，属于'按问欲举'，要减二等论罪处罚。"宋神宗就把这个案子交到刑部处理，刑部的官员认为许遵的理由十分荒唐，大理寺的判决是合法的。不过，宋神宗觉得阿云值得同情，就特地下诏，允许她纳钱赎罪。

此案过后不久，许遵就由登州知州升任大理寺卿。这时，御史台的官员上奏弹劾许遵说："许遵在上次阿云案件中议法不当，做大理寺卿不合适。"许遵很不服气，他说："上次刑部维持了大理寺的判决，是根本不对的，阿云的情况是完全符合宽免罪行的条件的。要是维持大理寺原来的判决的话，就会堵塞以后犯人自首的道路，而且也失去了历来'罪疑惟轻'的故训。"神宗于是又命令翰林学士司马光、王安石共同议论一下，拿个意见。可是二人意见不一致，司马光支持刑部，王安石则支持许遵。当时，神宗非常器重王安石，就采纳了他的意见。宋神宗还在这年的七月下诏说："如果谋杀已伤，按问欲举自首者，从谋杀减二等论。"可是朝廷的许多大臣都不服，认为许遵的争辩完全是背离法律的本意，强烈要求重新组织官员再议，并罢免许遵的大理寺卿职务。于是，神宗再次下诏，选翰林学士许公著、韩维，知制诰钱公辅三人重新审定，他们三人都和王安石的意见一致，神宗就下旨说："以王安石的意见为准。"这样，原来大理寺、审刑院和刑部审理阿云案的官员都因为检法失当而落罪。

但是，朝廷的纷争并没有停息。司法官员齐恢、王师元、蔡冠卿等又向宋神宗上奏，坚持认为许公著等人的意见不适当。神宗就让王安石和王师元等一大批反对的人反复论辩，但王师元等人始终坚持自己的意见。神宗也搞得没有办法了，就采取了一个折中的方案，在熙宁二年（1069）二月庚子下诏说："从今以后，如果有谋杀而伤人的，倘若自首，或者按问欲举的，就上奏到朝廷，由朝廷敕裁。"但刑部的刘述、丁讽认为这封诏书的内容不完备，不能发表，把它退还给了中书省。这时，王安石已经升任参知政事（相当于宰相），他也上奏说这封诏书没有必要发表。神宗按照王安石的主张在这年的二月甲寅重新下诏说："以后碰到这类案子还是按去年七月的诏书意见处理。将前一封诏书收回。"刘述等人始终反对，要求把前一封诏书交到中书省和枢秘院合议。神宗认为"律文甚明，不须合议"，但在众臣的强烈要求之下，把它交到了枢秘院审议。当时枢秘院的文彦博和吕公弼都不同意王安石的意见，宰相富弼也劝王安石不要固执己见，王安石不听，此案久拖不决。这年八月，神宗再次下诏令这类案子按照今年二月甲寅的诏书办理，并将刘述等人贬职。司马光上奏力争，神宗不理。王安石一派暂居上风。

到了元丰八年（1085），宋哲宗继神宗位，司马光再度为相，就又把这件案子拿出来议论。该年十一月，哲宗下诏说："强盗按问欲举自首者，不用减等。"于是，这件公案的处理意见又扭转过来了。此时距离熙宁元年已有十七个年头了。

该案中，阿云和韦姓男子的订婚是否有效，关系到阿云的罪名成立问题而罪名的不同和量刑当然直接相关。《宋刑统·户婚律·居丧嫁娶》条规定："诸父母及夫丧而嫁娶者，徒三年；妾减三等。各离之。知而共为婚姻者，各减五等；不知者，不坐。"议曰："父母之丧，终身忧戚，三年从吉，自为达礼。夫为妇天，尚无再醮。若居父母及夫之丧，谓在二十七月内，若男身娶妻，而妻女出嫁者，各徒三年。""妾减三等，若男夫居丧娶妾，妻女作妾嫁人，妾既许以卜姓为之，其情理贱也，礼数既别，得罪故轻。'各离之'，谓服内嫁，娶妻妾并离之。"不仅如此，该条在最后的疏议中进一步说明道："其父母丧内，为嫁娶人媒合，从'不应为重'，杖八十。夫丧从轻，合笞四十。"可见，子女在为父母服丧期间娶妻或者出嫁是法律所禁止的，而且其婚姻关系的成立也是无效的，这同样适用于妇女在为丈夫服丧期间的再嫁。而且从"为嫁娶人媒合，从'不应为重'，杖八十"的规定来看，即使是撮合服丧期间的男女的婚姻也为法律所不允许。

结合本案阿云的情况来说，由于她在和韦姓家庭成立"预备婚姻关系"的时候，还在为她母亲服丧，根据宋代所继承的唐律"举轻以明重"的原则推断，既然撮合有丧服的男女为婚姻为法律所禁止，就更不用说已进入婚姻成立的部分程序了。因此，阿云谋杀韦姓男子罪名只能是谋杀普通人，而不能算作是妻谋杀夫，而适用"恶逆"的罪名。所以，许遵的这个意见是符合法律规定的。我们也可以看出，大理寺和刑部开始在和许遵的争论中，对此点也是没有什么异议的。

关于自首减刑，在中国古代的法律中很早就有表现，宋律在因袭唐律的基础上有所发展。《宋刑统·名例律·犯罪已发未发自首》条规定："诸犯罪未发而自首者，原其罪。其轻罪虽发，因首重罪者，免其重罪。即因问所劾之事而别言余罪者，亦如之。即遣人代首，若于法得相容隐者，为首及相告言者，各听如罪人身自首法。"结合疏和议的相关解释，可以归纳出自首减刑的几种主要情形：（1）犯罪行为还没有被官府发觉或受害人尚未告发，犯罪行为人主动到官府自首的，可以减免其罪行；（2）犯罪行为人所犯的轻罪已经被发现，但犯罪行为人主动交代其未发的重罪的，那么其重罪将得到减免；（3）如果有容隐犯罪者行为权利的亲属或部曲、奴婢代为自首的，即使官府已经开始追查，也适用自首刑的规定；（4）被官府捉后，主动承认官府劾问以外的罪行的，也属于自首减刑的范围。除上述情形外，还有因各种细节的不同而不同程度适用自首减刑的情况，在此不一一陈述。就本案所说的"按问欲举"来说，它是指将犯罪行为人捉拿以后，罪犯主动交代自己的罪行，显然，它不符合任何一种自首减刑的情况。正如当时有大臣所说的那样，如果阿云的所谓"按问欲举"适用自首减刑的话，那么在共同犯罪中即使是主犯如果他先被抓住或者先被审同并交代罪行的话，他将因为减刑而不会被当作主犯处罚，这就既不合理也不合法，甚至还有些荒唐，因为谁先被审问谁才有适用自首减刑的机会。因此，许遵认为阿云应该适用自首减刑的理由是于法不符的。所以，该案发生十七年后，宋哲宗的处理意见才是合理合法的。

二、抵当不交业案——封建商品经济鼎盛时期典当法制化的代表性案例

（一）选案背景与教学目的

宋朝建立之初，统治者为巩固国家统一，加强中央集权，促进经济发展而采取了"不立田制""不抑兼并"的土地政策，允许土地自由买卖。土地的自由流转促进了劳动者的人身自由和身份平等，进而大大提高了劳动者的生产积极性、有力地推动了农业、商业的发展。而农业和商品经济的繁荣，又使得社会生活中财产关系纷繁复杂，所有权和他物权都产生了新

形态。为了适应社会上的这种现实需要，立法上对民事法律关系的调整更为精细。因此宋朝政府制定并颁布了大量的单行法对物权进行调整。而他物权在此时期出现了典当、倚当与抵当这些新的形态，典当、抵当和倚当在标的、转让权益、是否纳税等方面存在不同。在立法上对这些不同点都有明确的规定，在司法实践中也出现了大量这样的案件。

本案的分析，意在让学生理解并掌握宋朝典当和抵当制度的区别，以及这些不同制度背后蕴含的法律逻辑、体现的社会经济状况，从而对"马工程"教材上有关宋朝司法制度的内容有体系化认知。

（二）案例原文与出处

在法：诸典卖田宅并须离业。又诸典卖田宅投印收税者，即当官推割，开收税租。必依此法，而后为典卖之正。徐子政嘉定八年用会二百八十千，典杨衍田七亩有奇，契字虽已投印，然自嘉定至淳祐二十有六年，徐即不曾收税供输，杨即不曾离业退佃，自承典日为始，虚立租约，但每年断还会三十千。以此观之，杨衍当来不过将此田抵当在子政处，子政不过每岁利于增息而已。杨衍死于宝庆元年，宝庆以前，杨衍岁以租钱还之，徐未尝有词，宝庆以后，杨衍之子王廷亦岁以租钱还之，间有少欠，徐亦未尝有词。至淳祐元年，徐始有词于县，理索王廷等每年租谷一千斤，自宝庆以后，总欠十八年，计一万八千斤，除入钱二百一十贯外，尽索未足谷数。夫子政理索未足租钱可也，一旦变钱为谷，近年荐饥，谷价腾踊，若以谷直计之，不知其几钱矣，何其不仁之甚邪！使当来果是正典，果是取谷，则后来谷价百倍于前，王廷等亦当还谷，而不当还钱。今既不曾受税，不曾管业，所以不曾收谷，其为抵当，而非正典明矣！兼二十六年内，杨衍既还钱于未死之日，王廷等亦还钱于其父既死之后，初未尝一日还谷，何为独无一词？切观子政溪壑之欲，必以近年会价贱，谷价贵，故欲舍贱取贵。又否，则以王廷等尝经官取赎，姑欲张大其欠数，以抑遏之。殊不思有典必有赎，况初不曾过税离业，所典非正典，始不过以二百八十贯抵当，积累二十六年，取息亦不为少，嗜利何时而已。本县取后所断，勒令王廷、王烈除已还租钱外，再以新会六十千还之，仍照近元年除约束，备三分新旧会二百八十贯，赎回其父典契，已为允当，但起初不合以其抵当为正典，前后累判，并不曾剖析子政不过税，不过业，其为抵当，本非正条，无以杜绝其希觊之心，故子政尚敢固执己私，紊烦官府。欲帖县，照已断示徐子政知委，再敢妄状，从条施行。

——《名公书判清明集·户婚门·抵当》

（三）案情解读与评析

当时宋朝法律规定典当田宅必须离业，而典当田宅需要在契约上盖印的双方必须先在官员的面前交割、纳税，之后该官员才能为该典当契约盖章、证明。徐子政在嘉定八年用会子①二百八十千典当杨衍七亩多田地。契约上虽然已经盖印，但是自嘉定年间到淳祐年间的二十六年内，徐子政没有收税供输，杨衍也没有离业退佃，自承典日开始，他们就虚立契约，但每年杨衍会偿还徐子政二十千。这样看来，杨衍不过是将此田地抵当在徐子政那里，徐子政每年向杨衍收取欠款利息而已。杨衍死于宝庆元年，在此之前，杨衍每年都将租金归还徐子政，徐子政不曾有异议。宝庆年之后，杨衍的儿子王廷每年也会还租金，这期间只有几次没有归还，徐子政也不曾起诉王廷。到了淳祐元年，徐子政起诉到县衙，认为王廷应每年向其支付谷子一千斤作为租金，自宝庆年以来，总共欠了十八年，总计一万八千斤谷子，除去收到的二百一十贯外，向其索要未偿付的谷子。

审理该案的司法官认为，如果是子政索要没有偿付完的租钱是可以的，可一旦变钱为谷子，近几年饥荒严重，谷价上涨很快，如果直接以谷子计算所欠租钱，不知谷子相当于多少钱，那将是多么不仁慈而且邪恶啊！假如当时就是典当，一开始就是用谷子交易，那么之后即使谷价比之前上涨了一百倍，王廷等人也应当偿还谷子，而不应当偿还钱。现在既然徐子政没有收税，也没有管理该田地，所以没有收过谷子，这实际是抵当，而并不是真正的典当！那么这二十六年内，杨衍既然在去世之前一直还钱，王廷也在其父亲去世后一直还钱，当初没有一次偿还的是谷子，为什么徐子政没有提到这些呢？他观察到，徐子政有很大的贪欲，一定是认为近些年货币贬值，而谷子的价格上涨，因此想要舍弃便宜的钱币而换取昂贵的谷

---

① 当时由政府官办、户部发行的货币。

子。又因为王廷等人尝试通过官府来赎回田地，所以徐子政想要扩大欠款数，来制止他们赎回田地。但是他没有想到，有典出就一定有赎回，况且当初没有交税、离业，并不是典当，一开始不过是以二百八十贯抵当，累积了二十六年，所收取的利息也不少，什么时候才能停止追求额外的利益呢？司法官经过审理之后作出判决，勒令王廷、王烈①除了已经还的租金外，还要还给徐子政新增加的六十千。按照近备三分新旧会二百八十贯，赎回他们父亲所立契约，这已经做到了公平，但是起初不应当将抵当当作典当。前后两次审判，都没有分析过徐子政没有交税，没有过业，这是抵当，本来就没有依据正确的法律条文，没有杜绝他的贪婪、觊觎别人财产的心理，因此徐子政才敢固执地为了一己私欲而频繁地提起诉讼、烦扰官府。所以司法官向徐子政出示之前的判决书使其知道缘由，让其明白再敢胡乱提起诉讼，一定严格按照法律进行处罚。

宋朝商品经济繁荣，因此出现了典当、抵当等多种他物权形式。政府也通过立法设置相关制度对社会生活中此类法律关系进行调整，立法规定了典当和抵当制度的适用情形和区别。典当包括不动产的出典和动产的质押，当时不动产的典当最主要的是指田宅的典当，也就是"典卖"。对于田宅的典卖必须要有出典人和典主之间订立的典卖契约，契约上必须盖章，而抵当则以债务人向债权人提供田宅的契据作为债务的担保。它们的区别在于，典当的出典人必须将田宅交割给典主，即出典人必须离业并且必须在交割时纳税，而抵当则无需离业、不交税。该案中，司法官员通过"原告没有过税也没有管理该田地且被告每年都会偿还原告一部分欠款"的事实，认定这是抵当而不是典当，这是正确的。另外，根据法律规定，为避免有人借货币贬值从中获利，无论是典当还是抵当，价金交付的形式和赎回田宅或者偿还借款的形式是相同的，即交付钱作为价金就应当再以钱赎回田宅或者用钱偿还借款，交付实物作为价金就应当再以实物赎回或者以实物偿还借款。司法官以此判决被告应继续用钱偿还租金而不是原告要求的价格上涨的谷子，也是符合法律依据的。

作为封建商品经济鼎盛时期典当法制化的代表性案例，该案清晰地反

---

① 杨衍的另一个儿子。

映出，在两宋时期允许土地自由流转的背景下，对田宅的典当和抵当不同的设置规定，不仅符合当时的实际情况，而且对调整当时不同的民事法律关系、促进交易的发生和商品经济的发展也具有重要的实际意义。

三、痛治传习事魔等人案——封建专制主义对"妖教"刑事打击的典型性案例

（一）选案背景与教学目的

宋代采取了"不立田制""不抑兼并"的允许土地自由买卖的土地政策，虽然减弱了劳动者的人身束缚，提高了劳动者的生产积极性，但是也导致了土地兼并，社会各阶层贫富差距加大，阶级矛盾不断激化，因此宋朝农民起义非常频繁。当时有很多人通过编造怪力奇异之书、谎称鬼神之语等方式宣传秘密宗教。这样一方面促进了民众的反抗斗争，严重危害到了宋王朝的政权；另一方面民众被妖教迷惑而无法从事正常的生产生活，严重影响到了人们的正常生活和社会的发展。因此宋朝政府就在《宋刑统》中设置了"造妖书妖言罪"，规定犯者皆死，可见朝廷法律对"妖教""妖言"一类的行为的镇压非常严厉。

该案件就是在这样的背景下发生的。该案的学习，意在使学生理解并清楚在宋朝"造妖书妖言罪"这一特殊罪名被设置的原因、调整的对象、犯罪者所受刑罚、在实际中的应用情况等内容，掌握这一罪名所反映的当时的社会状况、调整的效果，从而对"马工程"教材上有关宋朝刑事法律制度及司法制度的内容有更深入的认知。

（二）案例原文与出处

白佛载于法，已成者杀；黄巾载于史，其祸可鉴。饶、信之间，小民无知，为一等妖人所惑，往往传习事魔，男女混杂，夜聚晓散。惧官府之发觉，则更易其名，曰我系白莲，非魔教也。既吃菜，既鼓众，便非魔教亦不可，况既系魔教乎？若不扫除，则女不从父从夫而从妖，生男不拜父拜母而拜魔王，灭天理，绝人伦，究其极则不至于黄巾不止。何况绍兴间饶、信亦自有魔贼之变，直是官军剿灭，使无噍类，方得一了。若不平时

禁戢，小不惩，大不戒，是罔民也。今照通判所申，道主祝千五决脊杖十二，刺配五百里；祝千二、十三、仇百十四各杖一百，编管邻州。阿毛杖六十，以为妇人无知者之戒。阿何责付其兄别嫁。私庵毁拆，如祝千二、十三、祝百一庵舍或有系坟庵，因而置立，则去其像；或有系神庙，因而会众，则问其所事，若血食之神勿去，如或否，则系素食之神，不碍祀典者，移其神于寺舍，而去其庙。牒通判录问讫行，仍请备榜。

——《名公书判清明集·惩恶门·妖教》

（三）案情解读与评析

审判该案的司法官认为，历史上的黄巾起义所造成的祸乱现在仍然值得借鉴。普通民众由于无知被一些信奉"妖教"的坏人所迷惑，往往会传播、学习魔教思想、侍奉魔教教主，他们男女都有，混杂在一起，夜里聚集早晨散去。由于惧怕官府发觉，就更换名称，说他们是白莲教而不是魔教。只要鼓动民众，即便不是魔教也不行，况且他们是魔教，如果不将他们扫除，那么女人将不顺从父亲、丈夫而顺从"妖教"，男人将不拜父亲、母亲而拜魔王，这将毁灭天理，灭绝人伦，如果追究到底就不至于使黄巾军这样的祸患不停止。何况绍兴间饶、信亦自有魔贼之变，直到官军剿灭他们，使得魔教不再有活着的人，才能结束。如果平时不禁止，不对他们进行适当的惩罚，就会坑害民众。现在依照通判所呈报的公文，道主祝千五被判决十二脊杖，刺配五百里；祝千二、十三、仇百十四各杖打一百，编管到相邻的州。阿毛被杖打六十，作为对这个无知妇女的惩戒。责令阿何依附其兄长另嫁他人，拆毁他们的寺庙……

分析司法官对以上案件的审理判决过程可知，首先，《宋刑统》中虽然规定对于犯有"造妖书妖言罪"的人一律处以死刑，但司法实践中往往也会结合罪犯的犯罪情节、实际情况判处死刑以外的刑罚，再加上宋朝折杖法和刺配刑的适用，使得很多相关罪犯被判处杖刑、刺配等刑罚，这既体现了宋朝司法程序和刑事司法制度的宽缓，又体现了宋朝司法官在审判案件过程中对情、理、法的综合考量；其次，司法官认为，如果不将魔教及其领头者铲除，那么女人将不顺从父亲、丈夫而顺从妖教，男人将不拜父亲、母亲而拜魔王，这将毁灭天理，灭绝人伦，必须要对他们处以一定的刑罚，这反映了中国古代法律儒家化的趋势和出礼而入刑的基本法律原则。所以，该案可以被视为封建专制主义对"妖教"刑事打击的典型性案例。

四、遗嘱与亲生女案——中国古代商品经济萌芽时期遗嘱继承制度的典型性案例

（一）选案背景与教学目的

北宋时，遗嘱继承一般以户绝为前提，但南宋时期由于私有观念的进一步加强，遗嘱继承的范围扩大，规定也越来越具体。对于遗嘱继承人的身份、遗嘱继承人与立遗嘱人的亲疏关系、遗嘱成立的形式要件、遗嘱纠纷的诉讼时效等方面都有详细的规定，社会上关于遗嘱继承的纠纷也越来越多。

本案的教学，意在使学生理解并掌握宋代遗嘱继承制度的内容、发展过程，增进对"马工程"教材上有关宋代遗嘱继承制度内容的理解深度。

（二）案例原文与出处

曾千钧亲生二女，兆一娘、兆二娘，过房曾文明之子秀郎为子，垂没，亲书遗嘱，摽拨税钱八百文与二女，当时千钧之妻吴氏、弟千乘、子秀郎并已佥知，经县印押。今秀郎生父文明乃指遗嘱为伪，县印为私，必欲尽有千钧遗产，何其不近人情如此！文明以其子为千钧后，自不当干预其家财产。况文明尚欲子其子，乃使千钧终不得女其女，于理可乎？抑不思父母产业，父母支拨，为人子者，孰得而违之。使秀郎不得为千钧子，尺地寸土，且不可得。今既为千钧子，念其女兄，如念其父可也，今亦以遗嘱为伪，是不特不弟其女兄，实不孝于其父矣！千钧命以为子，果何望哉？司理所拟甚明，且免施行，再不知悔，则不孝无父之罪，不可逃矣。但兆一娘近日既亡，则所得税产，朱新恩合与立子承绍，未可典卖。庶千钧爱女之意，不绝如线，而亦可以服文明父子之心。示取知委申。

——《名公书判清明集·户婚·女受分》

（三）案情解读与评析

曾千均有两个亲生女儿分别是兆一娘和兆二娘，曾文明的儿子秀郎过

继给了曾千均做儿子，曾千均在快要去世时亲笔书写了遗嘱，划拨出价值八百文的田赋留给两个女儿，当时千钧的妻子吴氏、弟弟千乘、儿子秀郎都知道这件事，并且经过县衙盖印。现在秀郎的亲生父亲文明指出遗嘱是假的，县衙的印是私盖的，司法官认为文明一定是想要全部占有千钧的遗产，这样多么不近人情啊！文明已经把他的儿子过继给千钧作为后代，自然不应当干预他家的财产。然而他却没有想到父母的产业，父母当然可以分配，作为父母的儿子，怎么能够违背父母的意思呢。如果让秀郎不再做千钧的儿子，那么一寸田地，他都得不到。现在秀郎既然作为千钧的儿子，就应当想着他的姐姐们，如果还想让他的父亲痊愈，现在他也认为遗嘱是假的，就不仅仅是不尊重、不顺从姐姐了，而是对他的父亲不孝顺啊！千钧认他做儿子，还有什么希望呢？司理拟判的已经很明确了，并且对其免于施加刑罚，再不知悔改，就一定会定他不孝之罪，是逃不掉的。但是兆一娘最近刚刚去世，那么她所得到的遗产，应该马上让他的儿子继承，不能将其典卖。希望千钧对女儿的关爱之情一直持续，这样也可以使文明父子心服。

作为中国古代商品经济萌芽时期遗嘱继承制度的典型性案例，该案表明，当时遗嘱继承的范围已经不仅仅局限于户绝之家了，并且只要是遗嘱继承人是立遗嘱人缌麻以上的亲属、遗嘱由官府进行了公证或者由族人进行了见证，符合遗嘱成立的形式要件，就应当在立遗嘱人死后先遵从遗嘱的安排分配遗产。因此，司法官在查明遗嘱符合条件之后，最终判决遵照遗嘱执行；此外，从司法官的判词中可看出，司法官在审理案件的过程中反复地强调，作为父母的儿子应当孝顺父母、遵从父母的意思，否则就是不孝，甚至可以定其不孝之罪，这其实是中国古代"法律儒家化"的表现之一，尤其是在宋代这样儒教盛行的时代。

五、天德等四人谋反同罪异论案——契丹族独特法制文化的典型性案例

（一）选案背景与教学目的

辽太祖建立辽国后，为维护统治和增强国力，在政治和法律制度上一

方面承袭唐朝，另一方面又保持自己的民族特色。①　具体来说，辽朝在官制上分南北官体系，北面官体系保留契丹旧制，而南面官体系模仿唐制。因此在具体司法时，也是分别由南北两面的司法官如"夷离毕"和大理寺分别审理契丹人和汉人案件，且辽朝法制也注重"因俗而治"，以国制治契丹，以汉制待汉人，即对汉人和渤海人依唐朝律令治理而对契丹及其他游牧部族则依契丹习惯法治理，这就使得契丹贵族在法律上拥有被处以较轻刑罚的特权。因此，这种因族而异的法制，经常会使触犯同一罪名的罪犯被处以不同的刑罚，进而导致民族歧视的发生。

为了改变这种契丹人和汉人之间同罪异论的情况，辽圣宗试图缩小契丹人和汉人间的刑罚差异，限制契丹贵族特权，争取"一等科之"，而辽道宗时也曾多次修订刑律以使契丹人和汉人之法一致，但终辽之世，这种情况也并未彻底改变。而该案例就是在以上这种同罪异论情况未被彻底改变的背景下发生的。

该案的教学，一方面意在使学生理解并掌握辽朝法制同罪异论的特点以及背后所蕴含的契丹族独特的法制文化，进而使其理解汉族政权法制与少数民族政权法制的区别；另一方面，意在使学生通过对司法个案的分析，探究辽朝法制的整体发展历程及特点，增进对"马工程"教材上有关辽朝法律制度内容的全面认知。

（二）案例原文与出处

世宗天禄二年，天德、萧翰、刘哥及其弟盆都等谋反，天德伏诛，杖翰，流刘哥，遣盆都使辖戛斯国。夫四人之罪均而刑异。辽之世，同罪异论者盖多。

——《辽史·刑法志上》

（三）案情解读与评析

在辽世宗天禄二年，天德、萧翰、刘哥及他的弟弟盆都等人谋反，事发之后，天德被判处死刑，萧翰被判处杖刑，刘哥被处以流刑，派遣盆都出使辖戛斯国。这四人虽犯有相同罪行，但都被判处不同刑罚，整个辽代

---

①　参见《中国法制史》编写组编：《中国法制史》，高等教育出版社 2017 年版，第 201 页。

犯有相同罪行却被判处不同刑罚的人有很多。

辽代法律规定，对于不同民族的犯罪者处以不同程度的刑罚，其反映了少数民族政权在管理多民族聚集的统治区域时的"通例"。由于无法找到更好的管理方法，所以少数民族政权只能宽泛地、一味地采取因俗而治、各民族依本族法治理的政策。采取"因俗而治"的法制策略，一方面使各族民众能够继续沿用原先本民族的法律，方便统治者进行管理；但另一方面，容易出现"法制轻重不均"，亦即不同民族罪犯之间的刑罚差异过大的现象。尤其是如果本民族某些人员，比如贵族，所适用的法律过轻，就会出现特权阶级。法律上的不平等，如果长期存在就会造成各民族间的歧视甚至是社会动乱，不利于国家的稳定。辽朝统治者虽然也意识到了这一点，并曾试图通过修订刑律等方式争取使各民族在法律上"一等科之"，但终辽之世，这种情况并未彻底改变。辽、金、元等少数民族政权法制都存在这样的局限性，这也是他们的政权无法长久的一个重要原因。该案作为体现契丹族独特法制文化的典型性案例，其对我们现在思考如何更好地实行少数民族区域自治制度具有重要意义：法律面前人人平等的基本原则不能改变，必须在国家的统一领导下，以少数民族聚居的地区为基础，设立自治机关，行使恰当的自治权，使其自主地管理本民族、本地区的内部事务。

六、刑讯致死案——唐宋法制对金朝法制发展影响的典型性案例

（一）选案背景与教学目的

金太祖在建国初宣布用本族习惯法，但在攻占了辽宋大片地区后，金朝统治者为治理新地新民，不得不采用辽宋律令。从此在法典体例和内容、刑罚体系、司法制度等方面开始全面学习唐宋法制。金朝的法制汉化程度远超辽和西夏，[1] 但金朝法制也有其不完善的地方，比如，金朝司法官或者是断案人员在审理案件时往往会进行拷讯，但拷讯制度不规范有时也会屈

---

[1] 参见《中国法制史》编写组编：《中国法制史》，高等教育出版社 2017 年版，第 206 页。

打成招，造成冤案。

这则案例就发生在金朝全面学习唐宋法制时期，通过对该案的教学，意在让学生理解金朝的司法审讯情况，尤其是拷讯制度在司法中的实际应用情况，明白金朝司法官员实际实施拷讯时的弊端；同时，还意在让学生借由该案来把握唐宋法制对金朝法制发展过程的重要影响及金朝作为少数民族政权在法制方面的独特之处，最终，使学生形成对"马工程"教材上有关金朝法律制度的全面认知。

（二）案例原文与出处

七年，左藏库夜有盗杀都监郭良臣盗金珠，求盗不得。命点检司治之，执其可疑者八人鞫之，掠三人死，五人证伏。上疑之，命同知大兴府事移剌道杂治。既而亲军百夫长阿思钵鬻金于市，事觉，伏诛。上闻之曰："箠楚之下，何求不得，奈何鞫狱者不以情求之乎？"赐死者钱人二百贯，不死者五十贯。于是禁护卫百夫长、五十夫长非直日不得带刀入宫。

——《金史·刑法志》

（三）案情解读与评析

金世宗大定七年（1167），左藏库在夜晚发生了杀害都监郭良臣并盗取金珠的事情，没有追查到被盗之物和窃贼。因此皇上命令点检司侦查此案，抓了八名疑犯进行审理，鞭打三人致死，其余五人被诬陷屈服。皇上怀疑这件事情，又命令同知大兴府的移剌道审理该案。等到亲军百夫长阿思钵在市场上转让金珠时，事情才败露，他也伏法被杀。皇上听说结果之后说："在刑讯逼供之下，什么结果得不到，为什么审判者不依据实情追求真相呢？"并且赏赐给每个死者的家属二百贯钱，没有被刑讯逼供致死的每人五十贯钱。于是从此禁止护卫百夫长、五十夫长在非值日时带刀入宫。

作为唐宋法制对金朝法制发展影响的典型性案例，该案件表明，当时金朝没有设置较为规范的拷讯制度，在实际司法中不规范的拷讯制度往往会造成冤案甚至是拷讯致死的现象，而且对于实施拷讯造成冤案的司法官员并没有设置相应的惩罚约束机制，这样并不利于司法公正和社会稳定，长期如此，甚至会威胁到统治者的政权。因此，当时的金朝统治者也希望能够规范拷讯制度，使司法官员能够依据实情审理案件，并且给予刑讯逼供的受害者及其家属相应的补偿，这明显是受到了唐宋法制理念与实践的影响。

七、杀死盗奸寝妇奸夫案——元朝法制"二元性"的典型性案例

（一）选案背景与教学目的

蒙古族是活跃于亚洲中北部蒙古高原的一个古老民族，蒙元王朝则是历史上第一个入主中原并统治中国全境的少数民族政权。相比于以前的少数民族政权而言，它的法律制度有着更为显著的特色。一方面，为了能够更好地统治幅员辽阔、多民族共存的国家，它在接受并学习汉族先进法制文化的同时，又保留了本民族的习惯法，并在统治区域坚持"因族而异""各依本俗行"的政策。比如，在法典体例和内容上学习唐宋法律；对于蒙古人保留了蒙古族的盗一赔九制，而在原辽、夏、金地区沿用原政权法或习惯法治理。另一方面，为加强对各族民众的统治，蒙元政权实行高压控制和残酷的法外肉刑。诚如其自攻占南宋都城建康开始，在江南实行了长达十八年的夜禁，"剥皮"也成为死刑执行方式之一。不过，其在学习汉族先进法律制度时，也会结合实际情况进行改进，比如，在刑事法律制度方面，蒙元政权学习了汉族政权的五刑体系，而且将历代笞杖刑以十为等差的体制改为以七为尾数，徒刑均附杖刑，这些改变在元朝政权实行同罪异罚和高压控制政策及残酷的法外刑罚的大背景下也是一大亮点。

本案虽是一个较为简单的刑事案件，但其集中体现了当时司法官员的审判过程尤其是审判时既依据法律又依据情理的情况。本案的教学，意在让学生理解元朝法制的特色，明了元朝法制既保留本民族习惯法又学习汉族政权法制文化并对其进行改进的独特地方及其背后的实质原因，知晓蒙元政权法制的整体发展历程及对后世法制的影响，最终形成对"马工程"教材上有关元朝立法活动内容的体系化认知。

（二）案例原文与出处

冠氏县申：归问到张记住状招：至元五年（1268）七月十二日晚，记

住于驴屋内宿睡喂驴，妻王师姑于西屋北间宿睡。至五更起来，见妻王师姑对母阿高告说："伊姑舅兄杨重二来房内，暗地欺骗我来"。以此挟恨将杨重二用刀子扎死。罪犯王师姑与张记住招状相同。状称：当夜五更，师姑床上睡着，有人将师姑惊觉。想是夫张记住，以此道："明也，不做生活去呵，却来睡则么？"本人不曾言语，上床将师姑奸罢，师姑将手摸着头秃，才知是杨重二。本人走了，告说婆阿高。是实。法司拟：旧例，强奸有夫妇人者，绞。今被张记住用刀子扎死，即是杀死应死人。捕罪人已就拘收，及不拒捍而杀，各从斗杀伤法。用刀者以故杀伤论。罪人本犯应死而杀者徒五年。其张记住合徒五年，决徒年杖一百。部拟：杖一百七下。省准。断讫。

——《元典章·刑部四》

（三）案情解读与评析

该案件发生在至元五年（1268）七月十二日晚，当晚张记住在驴屋内睡觉、喂驴，他的妻子王师姑在西屋北间睡觉。张记住五更起来时见到妻子王师姑对母亲阿高说："姑舅兄杨重二来到我房里偷偷地把我骗了。"因为这样而对他充满仇恨并进行报复，用刀子把罪犯杨重二扎死了。

王师姑与张记住的供词相同。供状上说：那天夜晚五更时，师姑在床上睡着了，有人将师姑惊醒。她以为是丈夫张记住，于是说道："你怎么不干活来这睡觉了？"对方没有说话，上床就将师姑奸淫，师姑用手摸到了对方的头发现是秃子，才知道是杨重二。对方走了之后，师姑将此事告诉了婆婆阿高。

法司拟判：按照旧例，强奸有丈夫的妇人应当被判处绞刑。现在杨重二被张记住用刀子扎死，就是杀死了应被判死刑之人。罪犯已经被拘留收押，张记住趁着他无法抵抗、自卫而将他杀死，双方都应该按照斗杀伤法进行定罪处罚。张记住使用刀子杀人，应当定为故意杀伤罪。将本来被判处死刑的罪犯杀死的人应当被判处五年徒刑。所以张记住本应当被判处五年徒刑，但裁决他被判处徒刑一年杖刑一百。刑部却拟判他被判处杖刑一百零七下。上级司法机关批准后，该案件的审判结束。

该案是体现元朝法制"二元性"的典型性案例，借由该案分析，一方面可知，元朝法律虽然规定将本被判处死刑的罪犯杀死的人应当被判处五年徒刑，但最终被告却被判处了一年徒刑再加杖刑一百零七。从表面上看是当时司法官员的司法实践与立法规定发生了偏差，但实际反映了在司法审判中司法官员拥有一定的独立裁量权，且在审判过程中，司法官员除了会以法律条文为依据外，还会根据实际情节，最终依据情、理、法，得出恰当的裁判结果。另一方面，该案例也反映了元朝在刑罚方面的特色，比如该案件最终被告被判处徒刑一年，杖刑一百零七。这体现了元朝法制中徒刑往往附加杖刑的特点。另外，杖刑一百零七体现了元朝对历代笞、杖刑体制的更改，即将原先的笞、杖刑以十下为一差等改为以七下为尾数，这也是元朝法制的一大特色。将笞、杖刑体制定为以七下为尾数是元世宗为施"仁政"而所做的更改，这其实体现了元朝统治者为加强自己的统治而在表面上施行的"仁政"，也就是说，虽然表面上每一等笞杖刑都比原先减少了三下，但实际在司法时却不一定会对受刑者有利，在实际司法中可能会对受刑者采取提高其受刑等级的方式加重其所受刑罚，也就是出现"名轻实重"的情形。在该案件中，本来被告被判处杖刑一百下，但最终刑部裁决被判处杖刑一百零七下。另外，元朝还出现了"充警迹人，红泥粉壁"这样的最早的社区矫正制度，并在名例中首列"五服"，其对后世法律制度产生了较为深远的影响。

八、西夏天庆年间典粮文契案例——西夏民事法制的典型性案例

（一）选案背景与教学目的

西夏是党项族在西北地区建立的政权。① 西夏黑水城地区位于我国西北内陆，由于该地区地理环境恶劣，无霜期较短，农作物只能一年一熟。因此当地很多底层贫苦的农牧民在秋收之前可能会面临缺少粮食的情况，所以当时西夏地区出现了一些专门从事粮食借贷或典借的商人，缺少粮食的

---

① 参见《中国法制史》编写组编：《中国法制史》，高等教育出版社 2017 年版，第 203 页。

百姓往往会为了生计而在青黄不接的四月、五月向这些商人借贷或典借粮食，在秋收后的八月一日偿还。基于西夏社会这种粮食借贷或典借现象的普遍出现，为调整借贷双方之间的法律关系，公平地保障借贷双方之间的权益，西夏统治者在法典《天盛改旧新定律令》中制定了相应的法律规范，该案例内容就是在此背景下粮食典借双方所签订的一份典当契约。

该案的教学，一方面，意在使学生理解并掌握西夏法律制度中对于借贷和典当合同的相关规定及其与唐宋相关法律制度的异同点；另一方面，意在让学生充分理解西夏地理和民族因素对其法律制度的影响，最终，形成对"马工程"教材上有关西夏法律制度内容的全面认知。

（二）案例原文与出处

［天庆十一年］五月初四日立文人［刘折兀埋今将］｜自巳｜□马毯一条于裴［处典到小麦五斗加四利］［共本利］小麦七斗，其典不充，限［至来八月一日不赎来］［时一任］出卖。不词。立文人刘折兀埋（押）。同典人来兀哩嵬（押）知见人马能嵬（押）。

——《俄藏黑水城文献（二）》

（三）案情解读与评析

这是西夏天庆年间的一份典当契约，契约内容大致如下：

天庆十一年（1204）五月初四，立契人刘折兀埋现将自己的一条马毯在裴处典当，换到七斗小麦，这次典当是活当，典当期限到八月一日，到时如果不来赎回任凭典主出卖。

出典人刘折兀埋（画押）同典人来兀哩嵬（画押）担保人马能嵬（画押）

从契约中可以看出，其民事法律关系是出典人和典主之间的典当法律关系。民事主体是出典人刘折兀埋、来兀哩嵬和典主裴某，民事客体即合同标的是马毯，典当期限是从五月初四到八月一日，而对出典人的违约处罚是，若到期后出典人不来赎回该标的，则任凭典主将其出卖。最后还有出典人、同典人和担保人的画押。西夏《天盛律令·催索债利门》明确规定："诸人买卖及借债，以及其他类似与别人有各种事牵连时，各自自愿，可立文据，上有相关语，于买价、钱量及语情等当计量，自相等数至全部所定为多少，官私交取者当令明白，记于文书上。"可见该典当契约的内容符合西夏《天盛律令·催索债利门》中当事人之间进行买卖、借债、典当等行为订立契约文据的规定。另外，《天盛律令·催索债利门》中还规定，"于官私处借债，本人不在，文书中未有，不允有名为于其处索债"，也就是若没有签订借贷文契，是不能凭其他记录索债的。

作为能够体现西夏民事法制的典型性案例，该案件表明，当时西夏人在民事行为中普遍重视契约的签订，即通过订立契约约束双方主体的行为，以促使双方公平交易，享有对等的权利，承担对等的义务。但通过分析该案例的契约可以发现，该契约只是规定了出典人违约后应承担的责任，却没有具体规定若典主违约应承担怎样的责任，当对其进行何种处罚。可见当时典主和出典人的地位并不是完全对等的，这主要是由于当时西夏大量的贫苦农牧民在青黄不接时需要向粮食借贷商借粮食以维持基本生活，其使得当时的粮食借贷市场变为"卖方市场"，即粮食借贷商处于优势地位。

进一步来说，正是由于西夏所处的西北地区地理环境十分恶劣，农作物种植较为困难，才导致社会上出现了大量借贷粮食的现象，因此西夏的法律中才有了借贷契约的相关规定，当时的粮食借贷商也才得以处于优势地位。而同期的宋朝，由于所处地区的地理环境适宜种植粮食，粮食产量较为丰富，因此几乎不会在宋朝社会见到借贷粮食或者用物典当粮食的行为，粮食借贷契约也并不常见。相反，却有大量用田地、住宅或其契据典当、倚当或抵当其他财物的行为，为此宋朝法律设置了大量相关的法律条文调整相应的行为。由此可知，地理环境因素会对一个国家或地区的社会风俗、法律制度产生一定的影响。①

---

① 俄罗斯科学院东方研究所圣彼得堡分所，中国社会科学院民族研究所：《俄藏黑水城文献（二）》，上海古籍出版社1996年版，第37－38页。

第六章
明清时期的案例

【章前导读】鉴于元朝灭亡与其法制过于宽松之间的紧密关联，朱元璋在开国伊始便充分借鉴过往朝代的法制经验，在"重典治国"理念之下开展了一系列法制实践，以期对经济、政治与文化领域予以全方面规制。与明朝不同，清朝政权作为一个少数民族政权，它在承认儒家法理对立法、司法与行政的影响之时，更加关注权力施行的合法性与合理性逻辑，尤其是对那些有可能涉及政权合法性的各种行为与语言，予以了最为残酷的打压。本章所选的六个案例中，胡惟庸谋反案、郭桓贪污案、方孝孺案、东林党案，集中于呈现明朝法制理念与思维；而周德章留养承祀案与《南山集》冤案，则集中于呈现清朝的法制逻辑。

一、胡惟庸谋反案——明朝大兴党狱的代表性案例

（一）选案背景与教学目的

明朝中央政治体制最大的特点，是废除了中国历史上沿袭了 1600 余年的丞相制度和 700 余年的三省制度，逐步形成了独具一格的内阁制度。明朝开国之初，承袭元代制度设中书省，置左、右相国，均为正一品。当时以李善长为右相国，徐达为左相国。洪武元年（1368）又改为左、右丞相。另外设平章政事、参知政事等官辅佐丞相，下辖左、右司，参议府，六部等机构。①

中书省在国家机关体系中处于至关重要的地位。洪武二年（1369）二月，明太祖手敕中书省臣："中书，法度之本，百司之所禀承，凡朝廷命令政教，皆由斯出。"② 然而，在明太祖的内心深处对中书省之设一直心存忌惮，因此他在建立中书省以后不久，便又处心积虑地对其加以限制。在洪武十年（1377）六月，明太祖下令："天下臣民凡言事，得实封直达朕前。"③ 七月，又设通政司，凡内外各种章奏一律由通政司直接交皇帝处理，这就实际上剥夺了丞相查阅章奏的权力。到洪武十三年（1380），丞相胡惟庸谋反伏诛，明太祖"诏罢中书省，升六部官秩，仿古六卿之制。改大都督府为中、左、右、前、后五军都督府"④，这样以中书省的分权实现了皇帝的极端专权。洪武二十八年（1395），明太祖意犹未尽，他告诫臣下："朕罢丞相，设府、部、都察院分理庶政，事权归于朝廷。嗣君不许复立丞相，臣下敢以请者，置重典。"⑤ 在他所作的《皇明祖训》第一章里甚至作了更为明确的规定："以后子孙做皇帝时，并不许立相。臣下敢有奏请设立者，文武群臣，即时劾奏，将犯人凌迟，全家处死。"这样彻底宣判了丞相制度的死刑。

然而，明太祖废除丞相以后，在皇权的扩张达到登峰造极程度的同时，

---

① 《明史》卷七十二《职官志》。
② 《明太祖实录》卷三十八。
③ 《明太祖实录》卷一百一十三。
④ 《明史纪事本末》卷十三。
⑤ 《明史》卷三《太祖本纪》。

需其亲自处理的国家政事也急剧增多，于是于洪武十五年（1382），"仿宋制置华盖殿、武英殿、文渊阁、东阁诸大学士"，以辅导太子和"侍左右，备顾问"①，明代历史上独具一格的内阁制度开始萌芽。大学士初设，品秩仅正五品，为纯粹的秘书性质的机关。仁、宣以后，内阁制度渐趋成熟。自宣德始，内阁取得了票拟的权力，中外章奏皆委大学士签办，因循日久，内阁的行政权力日益为习惯法所认可。到嘉靖以后，内阁首辅便赫然成了"宰相"。②

胡惟庸谋反案又称胡党之狱，简称胡狱，为明初四大案之一，其发生在如上的社会背景中。我们不能以孤立、静止的视角分析此案，而应结合皇权与相权斗争的历史大背景加以评判。

该案的教学，一方面，意在让学生理解专制主义中央集权制度的发展态势，了解皇权不断强化，相权与文官集团被不断牵制、削弱的演变规律；另一方面，鼓励学生透过个案来发掘专制主义中央集权的政治体制运行的模式，以及人们在这种模式下形成的惯性思维，并最终形成对"马工程"教材上有关明朝立法原则内容的深入认知。

（二）案例原文与出处

自杨宪诛，帝以惟庸为才，宠任之。惟庸亦自励，尝以曲谨当上意，宠遇日盛，独相数岁，生杀黜陟，或不奏径行。内外诸司上封事，必先取阅，害己者，辄匿不以闻。四方躁进之徒及功臣武夫失职者，争走其门，馈遗金帛、名马、玩好，不可胜数。大将军徐达深疾其奸，从容言于帝。惟庸遂诱达阍者福寿以图达，为福寿所发。御史中丞刘基亦尝言其短。久之，基病，帝遣惟庸挟医视，遂以毒中之。基死，益无所忌。与太师李善长相结，以兄女妻其从子佑。学士吴伯宗劾惟庸，几得危祸。自是，势益炽。其定远旧宅井中，忽生石笋，出水数尺，谀者争引符瑞，又言其祖父三世冢上，皆夜有火光烛天。惟庸益喜自负，有异谋矣。

吉安侯陆仲亨自陕西归，擅乘传。帝怒责之，曰："中原兵燹之余，民始复业，籍户买马，艰苦殊甚。使皆效尔所为，民虽尽鬻子女，不能给也。"责捕盗于代县。平谅侯费聚奉命抚苏州军民，日嗜酒色。帝怒，责往

---

① 《明史·职官志》。
② 张晋藩、怀效锋：《中国法制通史》第七卷（明），法律出版社1999年版，第74页。

西北招降蒙古，无功，又切责之。二人大惧。惟庸阴以权利胁诱二人，二人素戆勇，见惟庸用事，密相往来。尝过惟庸家饮，酒酣，惟庸屏左右言："吾等所为多不法，一旦事觉，如何？"二人益惶惧，惟庸乃告以己意，令在外收集军马。又尝与陈宁坐省中，阅天下军马籍，令都督毛骧取卫士刘遇贤及亡命魏文进等为心膂，曰："吾有所用尔也。"太仆寺丞李存义者，善长之弟，惟庸婿李佑父也，惟庸令阴说善长。善长已老，不能强拒，初不许，已而依违其间。惟庸益以为事可就，乃遣明州卫指挥林贤下海招倭，与期会。又遣元故臣封绩致书称臣于元嗣君，请兵为外应。事皆未发。会惟庸子驰马于市，坠死车下，惟庸杀挽车者。帝怒，命偿其死。惟庸请以金帛给其家，不许。惟庸惧，乃与御史大夫陈宁、中丞涂节等谋起事，阴告四方及武臣从己者。

十二年九月，占城来贡，惟庸等不以闻。中官出见之，入奏。帝怒，敕责省臣。惟庸及广洋顿首谢罪，而微委其咎于礼部，部臣又委之中书。帝益怒，尽囚诸臣，穷诘主者。未几，赐广洋死，广洋妾陈氏从死。帝询之，乃入官陈知县女也。大怒曰："没官妇女，止给功臣家。文臣何以得给？"乃敕法司取勘。于是惟庸及六部堂属咸当坐罪。明年正月，涂节遂上变，告惟庸。御史中丞商暠时谪为中书省吏，亦以惟庸阴事告。帝大怒，下廷臣更讯，词连宁、节。廷臣言："节本预谋，见事不成，始上变告，不可不诛。"乃诛惟庸、宁并及节。

惟庸既死，其反状犹未尽露。至十八年，李存义为人首告，免死，安置崇明。十九年十月，林贤狱成，惟庸通倭事始着。二十一年，蓝玉征沙漠，获封绩，善长不以奏。至二十三年五月，事发，捕绩下吏，讯得其状，逆谋益大着。会善长家奴卢仲谦首善长与惟庸往来状，而陆仲亨家奴封帖木亦首仲亨及唐胜宗、费聚、赵庸三侯与惟庸共谋不轨。帝发怒，肃清逆党，词所连及坐诛者三万余人。乃为《昭示奸党录》，布告天下。株连蔓引，迄数年未靖云。

——《明史·胡惟庸传》

（三）案情解读与评析

胡惟庸当丞相后，飞扬跋扈，独掌生杀大权。他竟敢拆阅呈给皇帝的奏折，径自处理，对不利自己的奏折隐匿不报；他还时常不奏报朱元璋，独断专行官员的生杀升黜大事。他还在朝廷中不断培植私人势力，并拉拢军界。功臣吉安侯陆仲亨和平渡侯费聚，都因受到朱元璋的谴责，与胡惟庸密相往还，胡惟庸又和御史大夫陈宁结为死党，于是他的门下出现了一个文臣武将齐集的小集团。朱元璋为此深感不安，皇权与相权产生了激烈的冲突。洪武十三年（1380），朱元璋以"擅权枉法"的罪状杀了胡惟庸，屠灭三族，连坐其党羽，诛戮了一万五千多人。以后又几兴大狱，使"胡惟庸狱"不断牵连扩大，到洪武二十三年（1390），功臣太师李善长等人也以与胡惟庸"交通谋反"被赐死，自缢，家属七十余人全部被杀。著名儒臣、文学家宋濂只因受孙子连累，全家被贬到四川，他也病死于途中。此案延续了十年之久，前后被杀的几十家王公贵族，共三万多人。朱元璋兴犹未已，亲自罗列被杀诸臣的罪状，作《昭示奸党录》，布告天下。

朱元璋以丞相胡惟庸谋反为由，开启中央行政机构改革的序幕，加强了专制皇权。他废除传统的"三省制"，废除丞相制度，确立吏、户、礼、兵、刑、工六部作为分任朝政的最高一级行政机构，直接向皇帝负责，便于皇帝直接独掌行政权。由此，六部权力和地位前所未有地得以加强和提高。朱元璋废丞相制度后，为了独揽权力，创设"内阁"制度。明初内阁只不过是一个草拟诏谕、备皇帝顾问的秘书机构，但到后来，随着六部尚书入阁兼大学士衔后，内阁职权日见其重，"遂赫然为真宰相"，"朝位班次，均列六部之上"。如明代严嵩、张居正等人在内阁时，都权倾一时，"六曹之长，咸唯之听命"。

《大明律·刑律·贼盗》规定："凡谋反（谓谋危社稷）及大逆（谓谋毁宗庙山陵及宫阙），但共谋者，不分首从，皆凌迟处死。祖父、父、子、孙、兄弟及同居之人，不分异姓；及伯叔父、兄弟之子，不限籍之同异，年十六以上，不论笃疾废疾，皆斩。其十五以下及母、女、妻、妾、姊、妹，若子之妻，给付功臣之家为奴，财产入官。若女许嫁已定，归其夫，子孙过房与人，及聘妻未成者，俱不追坐。（下条准此）知情故纵隐藏者，斩。有能捕获者，民授以民官，军授以军职，仍将犯人财产全给充赏。知而首告，官为捕获者，止给财产。不首者，杖一百，流三千里。"在明初的司法实践中，谋反罪成了皇帝剪除功臣宿将的借口，朱元璋兴"胡蓝之狱"诛杀官吏数万人，正是定此罪名。"谋"就是策划，凡是参与策划之人，不分首犯、从犯，一律治罪。而且不论是否实行，都要以律治罪。

对皇权威胁最大的便是相权，宰相及国家权力的中枢机构是皇权防范的重点，是专制政权制度设计中必不可少的内容。从秦到清，防范相权的手段主要有两种：一是不断分割相权，把相权一分为三，又一分为六，直到一分为十，最终废除宰相；二是不断变换官制官规，不断启用低级官职，变换国家权力的中心，使官无定职，职无定守。作为明朝大兴党狱的代表性案例，胡惟庸案可以看作将前者发挥到淋漓尽致的案件，它至少在形式上宣告了皇权与相权的斗争中，皇权取得了胜利。

二、郭桓贪污案——明朝开国后第一经济大案

（一）选案背景与教学目的

在中国封建社会，每个王朝在立国之初都面临着两个不可回避的问题：一是恢复国家机器的正常运转，这是统治集团内部的权力分割问题，通常表现为"集权"和"分权"的斗争，此为统治阶级内部的矛盾；二是恢复和发展经济，这是如何分配统治者与被统治者利益的问题，通常表现为对土地、人口的掌控及赋税体系的重新建立，这是统治阶级和被统治阶级之间的矛盾。对这两个问题不同的处理方法，可以反映出封建皇帝及统治集团内部不同的统治思想和策略手段，也关系到新建政权能否稳固和社会能否发展的问题。

明太祖朱元璋为整顿吏治和恢复社会经济秩序，策划了著名的"明初四大案"。其中属于社会经济领域的有"空印案"和"郭桓贪污案"，其以维护封建王朝经济秩序，打击官员贪污腐败为目的。而宰相"胡惟庸案"和大将"蓝玉案"则是属于政治领域的淮西权贵集团内部倾轧，以维护皇权在军事方面的影响力为目的。其中，郭桓案以涉案金额之巨大，对当时经济影响之严重，成为明初经济犯罪中较为典型的案件。

税收是国家与百姓之间最直接的经济纽带，"国富"与"民富"是历代政治家长期关注的问题。在中国古代，偷漏税的历史与纳税的历史一样悠久。对国家而言，建立并不断完善财税制度，加强税收监管，防范偷漏税行为，是国家经济制度建设的重要内容。明太祖朱元璋自然不会轻视对税收的把控与对贪腐的惩治。作为本案主犯的郭桓，时任户部侍郎，却监盗

官粮，私吞国产，在建国之初，各方面局势皆未尘埃落定之时，以此案作为典型，警示百官，可谓是稳固皇权的有利契机。

而将此案作为教学案例的目的，首先是希望学生通过了解案件的来龙去脉及相关配套的立法、司法，能对明初严刑峻法的概况有一个细致生动的认识；然后是结合古代中国封建皇权的统治模式，了解明太祖如何巩固其政权，进而明晰中国古代皇权与法治的联系，有助于深化对"马工程"教材上关于明朝立法、监察，以及刑事法律制度等内容的理解。

（二）案例原文与出处

造天下之罪，其造罪患愚者，无如郭桓甚焉。其所盗食粮，以军卫言之，三年所积卖空，前者榜上若欲书写，恐民不信，但略写七百万耳。若将其余仓分，并十二布政司，通同盗卖见在仓粮；及接受浙西四府钞五十万张，卖米一百九十万不上仓，通算诸色课程、鱼盐等项；及通同承运库官范朝宗偷盗金银，广惠库官张裕妄支钞六百万张；除盗库见在宝钞、金、银不算外，其卖在仓税粮，及未上仓该收税粮，及鱼盐诸色等项课程，共折米算，所废者二千四百余万精粮。呜呼，古今贪有若是乎！其郭桓不才，乃敢如是。其中所飞入己者几何，罪及同谋，愚顽者生死纪必枚焉。空仓廪，乏府库，皆郭桓为之。

——《御制大诰·郭桓造罪第四十九》

（三）案情解读与评析

郭桓，山东兖州东平人。洪武四年以贤良荐，任山西按察司佥事，转任按察使。洪武十七年（1384）四月，以前山西按察司佥事试户部右侍郎。同年五月，郭桓任户部尚书。洪武十八年春正月，因以山东左布政使徐铎为户部尚书，所以同月郭桓降为右侍郎。

洪武十八年（1385）三月，"郭桓案"事发。时任明户部侍郎的郭桓勾结其他官员贪污一案被揭发，朱元璋认为当时在北平任职的李彧、赵全德等官员也与郭桓贪污案有牵连。后经有司调查审理后发现，该案涉及大量的六部官员及各地方官员，累计涉案官员士绅上万人之多，在《明史·刑法志》中记载，查明盗窃官府赃物七百多万石。据当时的司法文书《御制大诰初编》记载："户部官郭桓等收受浙西秋粮，合上仓四百五十万石。其郭桓等止收六十万石上仓，钞八十万锭入库，以当时折算可抵二百万石，余一百九十万石未曾上仓。其桓等受要浙西等府钞五十万贯，致使府州县官黄文通等通同刁顽人吏沈原等作弊，各分入己。""其应天等五府州县数十万没官田地夏税秋粮，官吏张钦等通同作弊，并无一粒上仓，与同户部侍郎郭桓等尽行分受。"

浙西乃全国首富之区，也是豪强地主势众之地。郭桓身居户部要职，一是贪赃舞弊时间很长；二是每盗官粮，郭桓总是上与六部要员联手，下与府州县官吏勾结，形成团体，合伙贪赃，因而所盗官粮不止七百万石。而明初，国家一年税收合计 2940 余万石，郭桓等舞弊团体竟贪赃达 2400 余万石，占国家一年税收的 82%。不仅如此，这个团体的魁首又都是政府的高级官员，执掌六部要职，影响重大。

作为明朝开国后第一经济大案，朱元璋在此案的处理上，大肆杀戮，株连众多，其中难免有无辜受累者，遂引起豪强地主及其官僚代理人的不满和反弹，朝野上下，舆论哗然。在统治阶级内部矛盾激化的时候，朱元璋以吴庸为替罪羊，借以缓和矛盾。为了控制事态的发展，朱元璋于洪武十八年六月二十七日发布了《六部赃罪诏》。朱元璋颁布此诏可谓用心良苦，一方面安抚人心，平息事态；另一方面也危言震慑，严加防范，有意结案收场。从"郭桓案"事发到此诏的颁布，为期不足四个月，朱元璋出手迅速，又骤然而止，收放自如，表现了他干练的政治才能，更说明他是早有思想准备的。把握"郭桓案"的来龙去脉，我们可以看到，朱元璋通过一系列举措收到了他所预期的政治经济效果，此案的解决对稳固当时刚建立的大明政权作用重大，为此我们可以从如下几个方面展开：

一是朱元璋严惩贪腐与他的出身经历有关。朱元璋曾说："从前我在民间时，见州县官吏多不恤民，往往贪财好色，饮酒废事，凡民疾苦，视之漠然，心实怒之。故今严法禁，但遇官吏蠹害吾民者，罪之不恕。"[①] 基于这样的认识，"重典治吏"尤其"重典治贪"成为明代特别是明初为政、立法的指导思想。在朱元璋当政的三十一年中，大约有十万到十五万贪官人头落地。当时，全国十三个省从府到县的官员很少能够做到满任，大部分都被杀掉了。郭恒贪污公粮案只是朱元璋惩治贪腐的典型代表而已。

二是朱元璋制定了一系列重典治吏的法律法规。随着唐宋以来商品经

---

① 《明太祖实录》卷三十九。

济的发展，由于官员权力缺乏有效的制约，贪腐已经蔚然成风。朱元璋建立了一套由《明律》《大诰》《铁榜》以及律文以外的一些诏令、单行科条组成的法律体系，对贪腐的惩治比唐宋更为严厉。《刑律》篇为《大明律》的主体部分，其中专设了官吏"受赃"专章，规定犯"枉法赃"，一贯以下杖七十，"八十贯，绞"，犯"不枉法赃"，一百二十贯杖一百，流三千里；同时规定"凡监临官吏挟势求索借贷所部内财物者，并计赃准不枉法论，强取者准枉法论，财物给主"。若是执法御史这类的"风宪官吏"犯赃，加二等治罪。犯赃官吏，官除名，吏罢役，永不叙用。至于监守自盗仓库钱粮的贪污行为，明律规定"不分首从，并赃论罪"，"一贯以下杖八十，四十贯处绞刑"①，并于犯官右小臂刺"盗官钱（粮）"字样，耻辱终身。明律对官吏索贿也规定了严厉的处罚。而在《明大诰》二百三十六条中，属于惩治贪官污吏的多达一百五十五条，其用刑比大明律更加严酷。如对于不枉法赃罪，明律均不处死刑，而明大诰则处凌迟、枭首等酷刑。对收受贿赂的官吏也凌迟处死，对因公敛财的官吏也处死刑。②

三是朱元璋强化对官吏的监督和贪腐官吏的惩处。明太祖朱元璋以《明大诰》为反腐教材，专设机构，通过各种手段加强对官员权力的监督，借此防止、发现官吏贪污不法行为，从而予以重处。如建立民拿害民官制度，以此借助人民力量监督腐败不法现象。洪武元年令：若官吏额外科敛，"许民拿赴有司，有司不理，拿赴京来议罪而枭令"。洪武十九年，又令说"今后有司官吏，若将刑名以是为非，以非为民"，或"赋役不均，差贫卖富"或"造作科敛"，"许民间高年有德者民率精壮拿赴京来"，"敢有阻挡者，其家族诛"。③ 再如在府、州、县及乡之里立申明亭，"揭诸司犯法者于申明亭、以示戒"。④ 即使是犯罪后得到宽宥复职的官吏，也要将其过失书写、张贴于家门口，如不悔改，则依律治罪。更有甚者，为了对贪官形成更大的威慑力量，明太祖朱元璋大量滥用律外重刑，刑罚手段令人发指。他下令各州县设立"皮场庙"，悬"剥皮实草之袋"。据《草木子》记载："明祖严于吏治，凡守令贪酷者，许民赴京陈诉。赃至六十两以上者，枭首

---

① 《明史·刑法志二》。
② 《历代刑法考·明大诰·峻令考》。
③ 《历代刑法考·明大诰·峻令考》。
④ 《明史·刑法志一》。

示众，仍剥皮实草。府、州、县、卫之左特立一庙，以祀土地，为剥皮之场，名曰皮场庙。官府公座旁，各悬一剥皮实草之袋，使之触目惊心。"①

四是有关郭桓贪污案的两大特点。从《明大诰》对郭桓案的记载来看，郭桓贪污案具有两大特点：第一，郭桓身居户部要职，贪污时间很长，而且手法拙劣；第二，郭桓每盗公粮，总要与六部官员联手，与府州县官吏勾结，造成了极为恶劣的社会影响。郭桓贪污案，使得朱元璋进一步坚定了"见任有司，皆为不才之徒"的看法，从而更加雷厉风行地推行律外酷刑治吏的想法。明初通过对郭桓案的查处，达到了三个目的：首先，郭桓案以其涉案金额之巨、对经济领域影响之广，构成了经济领域里集权与分权斗争持续升温的最高潮部分，通过郭桓案，朱元璋进一步排除了异己，加强了皇帝在经济领域的专制和集权。其次，郭桓案的处理是明代重典治吏的体现，起到了整顿吏治的作用。郭桓案打击范围之广、打击力度之重，上自中央六部，下至各省百司，很多中产地主之家均破产。同时通过打击豪强地主的势力，增加了封建政府的经济收入，国家更好地掌控了赋税体系，一定程度上使饱受欺压和盘剥之苦的广大农民得以喘息，也避免了国家行政体系的过早溃烂，维护了封建国家机器的正常运转。可以说朱元璋暂时性地摧毁了贪官污吏上下勾结的网络体系。最后，郭桓案的处理，增加了国家的财政收入，打击了豪强地主的势力。郭桓案是在明初经济十分窘困的条件下展开的一场经济领域里加强中央集权的政治斗争，其直接结果是给明朝政府带来了一笔巨额的财政。吴晗先生认为，明初连年用兵，国库亏空，明太祖及其部下大都出身贫寒，因此对郭桓案的惩处，也有措财筹款之意。② 但随着时间的推移，起初的威慑作用大大削弱，而且随着既得利益阶层的不断增多，反对者或明或暗地予以抵制，最后朱元璋的惩贪只好不了了之。正如朱元璋哀叹说："我欲除贪赃官吏，却奈何朝杀而暮犯。"皇权的绝对权威性，导致铁腕反腐存在先天弊端。反腐行动是自上而下的，法外施刑的泛滥说明了朱元璋并无意于建立一种完善的、可以自行运转的律法体制，而更多的是着重制衡官僚集团。于是，合理有效的监察

---

① 《草木子》。
② 吴晗：《胡惟庸党案考》，载《吴晗史学论著选集》第 1 卷，人民出版社 1984 年版，第 479 页。

机制就不必要，甚至根本就不可能存在。皇权所追求的是一种"口含天宪"的制衡结果，追求这种结果自然也就不需要什么"程序正义"。于是，派系斗争与博弈，往往会利用吏治作为幌子打压对手。郭桓贪污案，不但官员被严办了无数，追赃还波及了全国各地的很多富户，导致大批富人破产——这让人不禁怀疑：借此大量敛财之举本身就是当初的直接目的之一。尽管反腐会使一些腐败官吏受到惩处，使一些为富不仁者受到制裁，使被破坏的社会秩序得到一定程度的恢复，但这些所谓的"战果"却大多只是权谋斗争之下的副产品罢了。而扩大化又使反腐或多或少会带有不确定性，每个人都有可能被莫名其妙地牵连进去，成为受害人，也有可能成为一场上层社会博弈的受益者。这种不确定性，使得刑罚严酷所带来的威胁力大大削弱。这种工具式的反腐，并不能达到真正的吏治清明，只会加剧官吏对权力的崇拜，加剧官场的腐败。

反腐缺乏标本兼治，酷刑严律只能是"前捕"后继。朱元璋没有想到的是，造成腐败的根本原因不是他惩贪的措施不严厉，而是中国的贪渎土壤过于根深蒂固。在传统中国社会，因为政治权力笼罩了社会生活的方方面面，而对权力的制约乏力，腐败的制度空间遍地皆是。而且，朱元璋的低薪制又加剧了腐败的蔓延。史称明代"官俸最薄"。正一品官月俸米八十七石，正四品二十四石，正七品七石五斗。合成银两，一个县令月收入不过五两。如果不贪污，大明王朝的官员根本活不下去。

反腐境界有几个层次，只有严律酷刑是不够的，还要有制度与监督使人不能贪，有待遇与责任使人不想贪，有自觉与道德使人不会贪，如此才能真正抑制贪腐之心、遏制贪腐之行。毕竟，惩处不是目的，制度保障和生活保证，辅以价值体现、精神满足，才是治理贪腐的根本之道。

三、方孝孺案——明朝第一大文字狱案

（一）选案背景与教学目的

中国古代思想文化领域最专制、最残暴的莫过于文字狱。它作为中国封建社会的一项重要的文化政策和高压手段，几乎为历代封建统治者所沿用。中国几千年的封建社会中央集权日益加强，反映在文化方面就是文字

狱的日渐兴盛。到了明朝，官吏因为文字狱获罪者甚多，统治者用刑亦酷。明代此类文字狱，成为清代文字狱的先声。清朝统治者直接承袭了明代的"文字狱"的做法，迭兴文字大狱，造成思想文化领域的禁锢，将不利于现实统治的一切思想学说予以扼杀。方孝孺案是中国法制史上残酷的文字狱案之一。

方孝孺是被誉为"读书种子"的大儒。他早年间曾跟随宋濂学习，是宋濂的得意门生。他常以宣明仁义治天下之道、达到时世太平为己任，是明朝儒家文化的一杆大旗。然而，他终因反对朱棣统治而被凌迟处死。据明人记载，方孝孺甚至被"诛十族"。从方孝孺案，一方面可以看出明初大兴文字狱的惨烈；另一方面，可以发现皇权与文官集团之间激烈的斗争。

胡适称赞方孝孺是了不起的人，他认为在中国历史上有独立的思想、独立的人格而殉道的不少，方孝孺就是为主张、为信仰、为他的思想而杀身成仁的一个人。明成祖毁灭方孝孺的政治思想，导致明朝之后的二百年间，再没有政治思想家。胡适甚至借方孝孺案评价道："我国的政治思想在十四世纪以前，决不逊于欧洲，但近五百年来何以不振，这是由于方孝孺被杀的惨剧所造成的。"①

该案的教学，意在让学生从文字狱的角度理解明朝专制主义中央集权的发展，了解其对文化专制的高压态势，为全面掌握"马工程"教材上有关明朝立法原则、诉讼制度，以及审判制度的知识内容夯实基础。

（二）案例原文与出处

方孝孺，字希直，一字希古，宁海人……长从宋濂学，濂门下知名士皆出其下。孝孺顾末视文艺，恒以明王道、致太平为己任。尝卧病，绝粮，家人以告，笑曰："古人三旬九食，贫岂独我哉！"父克勤坐"空印"事诛，扶丧归葬，哀动行路。

洪武十五年，以吴沉、揭枢荐，召见。太祖喜其举止端整，谓皇太子曰："此庄士，当老其才。"礼遣还。二十五年，又以荐召至。太祖曰："今非用孝孺时。"除汉中教授，日与诸生讲学不倦。蜀献王闻其贤，聘为世子师。每见，陈说道德。王尊以殊礼，名其读书之庐曰"正学"。

---

① 胡颂平编：《胡适之先生晚年谈话录》，联经出版事业股份有限公司1984年版，第111 - 112页。

及惠帝即位，召为翰林侍讲。明年迁侍讲学士，国家大政事辄咨之。帝好读书，每有疑，即召使讲解。临朝奏事，臣僚面议可否，或命孝孺就扆前批答。时修《太祖实录》及《类要》诸书，孝孺皆为总裁。更定官职，孝儒改文学博士。燕兵起，廷议讨之，诏檄皆出其手。

乙丑，燕兵入，帝自焚。是日，孝孺被执下狱……先是，成祖发北平，姚广孝以孝孺为托，曰："城下之日，彼必不降，幸勿杀之。杀孝孺，天下读书种子绝矣。"成祖颔之。至是欲使草诏。召至，悲恸声彻殿陛。成祖降榻，劳曰："先生毋自苦，予欲法周公辅成王耳。"孝孺曰："成王安在？"成祖曰："彼自焚死。"孝孺曰："何不立成王之子？"成祖曰："国赖长君。"孝孺曰："何不立成王之弟？"成祖曰："此朕家事。"顾左右授笔札，曰："诏天下，非先生草不可。"孝孺投笔于地，且哭且骂曰："死即死耳，诏不可草。"成祖怒，命磔诸市。孝孺慨然就死……时年四十有六……万历十三年三月，释坐孝儒谪戍者后裔，浙江、江西、福建、四川、广东凡千三百余人。而孝儒绝无后，惟克勤弟克家有子，曰孝复……孝儒之死，宗族亲友前后坐株者数百人。其门下士有以身殉者，卢原质、郑公智、林嘉猷，皆宁海人。

——《明史·方孝孺传》

（三）案情解读与评析

方孝孺是一代名儒宋濂的得意门生，其父方克勤因"空印"事获罪而被处死，他扶持灵枢归乡安葬，哀情感动了行路的人们。方孝孺受到洪武帝和蜀献王的重视，后来被特聘为世子师。蜀献王专门为其读书处题名"正学"。

明建文帝即位后，将方孝孺招至南京，委以翰林侍讲之职，第二年又升为侍讲学士。建文帝经常向方孝孺咨询国家大事。建文帝爱读书，每当读书产生疑问的时候，就把方孝孺叫来为他讲解。有时候在朝廷上讨论的大事，皇上想知道群臣的议论是否适当，就叫方孝孺到其寝宫批复回答。后来，建文帝改革了官制，方孝孺改任文学博士。燕王朱棣起兵谋反，方孝孺替建文帝起草了一系列征讨燕王的诏书和檄文。

燕王朱棣的军队入京城后，方孝孺被关入监狱。当年燕军从北平出发南下时，朱棣的老师也是他的主要谋士姚广孝临别前嘱咐他千万不要杀方孝孺，说："城池攻克这天，他一定不投降，你一定不要杀他。因为，你杀了方孝孺，天下的'读书种子'就绝灭了。"明成祖答应了。明成祖于是就想让方孝孺为他起草即位诏书。方孝儒被召来后，悲伤痛哭之声响彻宫殿内外。明成祖示意左右待从递上毛笔书札，对方孝孺说："诏告全国，非先生起草不可。"方孝儒把笔扔在地上，一边哭一边骂着说："死就死吧，诏书我不会起草"。成祖大怒，命令将方孝在街市当中凌迟处死。孝孺慷慨赴死，终年四十六岁。方孝孺一案，前后共连坐诛杀了他的族人、亲戚、朋友几百人。他的学生也有自杀殉师的，他们是卢原质、郑公智、林嘉猷，都是宁海人。

方孝孺案是明朝开国后第一大文字狱案，它的发生有着特殊的历史背景。方孝孺被抓之前，如果说方孝孺有罪，那也只是"燕王起兵期间，方孝孺奉诏所做的讨伐檄文"。可这也是方孝孺作为臣子之责，罪不至死。而且朱棣也无意处死方孝孺。被抓之后，皇帝要他为其代写昭告天下的文书，如果他做了，也不会被处死。问题是方孝孺不仅没有答应，还慷慨赴死，作绝命诗。

文字狱作为传统中国社会的一项重要的文化政策和高压手段，几乎历代封建统治者都沿用。随着专制主义中央集权的日益加强，反映在思想文化领域就是文字狱的日渐兴盛。到了明代，官吏因为文字狱获罪者明显增多，统治者用刑亦酷。如果说方孝孺在前期的讨伐檄文中骂过朱棣还可以被原谅，那是因为各为其主、是职责所在。明成祖朱棣打进南京，夺取了皇位，但朱棣当皇帝面临着最高权力来源的合法性与传统伦理严重背离的问题。[①] 因此，朱棣希望借大儒方孝孺之手，来为自己的行为遮掩，来堵天下舆论之口。但方孝孺慷慨赴死，作绝命词，这就是挑战朱棣的皇权尊严了，这是绝对不能被专制皇权所容忍的。在专制皇权之下，虽然嫡长子继承皇位是一般规则，但"成王败寇"是特殊规则。作为臣子只有接受的义务，没有发表看法的权利。方孝孺的悲剧，是专制主义中央集权之下天下文人士大夫的悲剧。

因此，方孝孺案是皇权观念和文化高压下的产物。而诛方孝孺十族的根本目的，就在于用残酷的手段对挑战皇权合法性的思想和行为进行严厉

---

① 注：皇位的嫡长子继承制，无嫡长子则立嫡长孙。

的镇压，以此来巩固王朝的统治。在方孝孺之前，中国古代没有"诛十族"之说，最重的只是"诛九族"。对所谓"九族"的解释，历代有歧异，明清时期一般指罪人的上四代和下四代，加上本代。但历代的解释从未把朋友门生作为一族，而方孝孺事件确实株连到朋友门生。方孝孺的悲剧可以看作当时读书人的一场浩劫。方孝孺案后，他的书籍也被禁，所谓"藏方孝孺诗文者，罪至死"，方孝孺的门人不得已，将其诗文改名为《侯城集》，才得以在后世发行。其他与方孝孺有关的文字也不能留存于世，比如方孝孺的老师宋濂的诗集中有"送方生还宁海"等，全部被删节。

皇位的嫡长子继承制度在封建社会看来是一种成熟的继承制度，它对稳定社会有着重要作用。立嫡与继承问题是宗法秩序的重中之重。宗法首先要确立宗了，确立家族的主祭人、执法人，确定上一代"宗子"的权力继承问题，以保障"亲亲尊尊"的秩序不紊乱。历代法律特别打击违法立嫡的行为。依据礼法，"有嫡立嫡，无嫡立长"，父辈身份、爵号、权力的第一继承人即是嫡妻所生的儿子（长子为先）。如嫡妻年五十以上无子，方可立妾所生之子为嫡子，定为继承人。如果正妻有子，但因为夫爱憎之故立妾所生之子为嫡，就是违法，乱了宗法伦常。嫡长子继承制保证了政权的平稳过渡，使人心稳定，政权稳固。在封建社会，它是符合社会实际的行之有效的继承制。

建文帝朱允炆是朱元璋长子朱标的儿子，是他的嫡长孙，而朱棣不是朱元璋的嫡子。选立嫡长孙为法定继承人，理由就是"皇孙世嫡，富于春秋，正位储极，四海系心"。后来明成祖舍去功勋卓著的次子朱高煦，立嫡长子朱高炽为太子，也是基于"长嫡承统，万世正法"的认识。虽然朱棣在位时也有很多历史功绩，但仍遭人非议，原因即是他的皇位不是合法继承的，这也是方孝孺极力反对朱棣继承大统的重要原因。毋庸置疑，封建社会的嫡长子继承制度也有它的缺点，例如忽视个人的能力等。随着社会的进步，它也逐渐被人抛弃，由进步的制度所代替。

四、东林党案——体现明朝政党与法制关系的典型性案例

（一）选案背景与教学目的

明末，一批以东林书院为讲学场所，意在继承宋代杨时学说的士大夫，

在当时引起了世人的极大关注。这些具有强烈政治主体意识且独具政治主张的士大夫，遭到了另一批政治主体的强烈敌视，因政见不同而被政敌冠以东林党，目的是为了污名他们为"朋党"。东林党案的发生在当时激起了社会的极大反响，以至于同时代政治家对此案的看法都发生了很大的歧义。不仅如此，其影响力都蔓延到了崇祯朝复社运动。东林党案是晚明一件影响重大的政治事件，但究其原因，却与明初国家制度建设，特别是司法体系建设有着密不可分的联系。

一千多年的专制皇权到了明代又发展到一个新的高度，无论是对整个国家的政治体制还是对司法制度，都产生了极深影响。"明官制，沿汉、唐之旧而损益之。自洪武十三年（1380）罢丞相不设，析中书省之政归六部，以尚书任天下事，侍郎贰之。"① 皇帝亲掌权柄，殿阁大学士为皇帝的顾问，后又设立"都、布、按三司，分隶兵刑钱谷，其考核则听于府部。是时吏、户、兵三部之权为重"②。吏部本就掌握人事任免权，再额外突出它，其就不可避免地成为明末党争的焦点。除了因制度设计这一客观原因外，还有一个重要的因素也是党争的重要核心，那就是皇帝。

随着皇权的逐步集中，围绕在皇帝身边的人也逐渐参与到了国家的治理中，这其中就包括宦官。从历史来看，无论是东汉还是唐朝，宦官的身影涉及了军事、朝政、司法等各方面，明朝依然不能摆脱这一影响。同时，因为明朝诸多皇帝极具个性化的特点，给了宦官更大的政治参与空间，进而对国家体制造成了巨大的负面影响。同样，起初作为顾问的殿阁大学士，虽然很少参与决策，但因为紧靠权力中心，再加上后来"迨仁、宣朝，大学士以太子经师恩，累加至三孤，望益尊。而宣宗内柄无大小，悉下大学士杨士奇等参可否"③。这样一来，大学士就直接参与到了国家治理与政治决策中，由此便带来了一个不可避免的问题，那就是和身在皇帝身边的宦官争夺权力，而皇帝则利用两者相互制衡，以巩固自己的地位，这一现象在明末达到了高峰。

明朝自成立之初便存在党争，朱元璋为了控制朝臣，设立了锦衣卫，

① 《明史》，卷七十二，志四十八，职官一，中华书局1974年版，第1729页。
② 《明史》，卷七十二，志四十八，职官一，中华书局1974年版，第1729页。
③ 《明史》，卷七十二，志四十八，职官一，中华书局1974年版，第1729页。

此后虽裁撤，但是已开先例。随着明朝的气数将尽，党同伐异不断上演，这其中就包括东林党案。这一明末大案加速了明朝的灭亡，而这一切的发生不是偶然，其有着深刻的制度渊源。因为这一事件早已过去，所以我们可以站在历史的高度来审视整个明朝，因此，对于这一案例的分析，切入点非常重要。东林党案给予我们的思考空间不仅仅在于党争这一政治现象，还有背后所涉及的法律制度以及制度背后所包含的法律文化。东林党案之所以是明末的官场大案，因其规模之巨大，牵扯人数之众多，法外司法之严重。

对东林党案的教学，拟以"马工程"教材上有关明朝司法机构的知识内容为切入点，从明朝的厂卫制度、皇权与士大夫、宦官擅权、党争等四个方面来分析。该案的教学，一方面，意在让学生对明朝的司法体制有全面的了解；另一方面，启发和引导学生在对案例进行梳理时，要跳脱出党派政治的传统分析框架，从宏观的制度视角来理解案情的来龙去脉。

（二）案例原文与出处

四年，给事中傅櫆结忠贤甥傅应星为兄弟，诬奏中书汪文言，并及左光斗、魏大中。下文言镇抚狱，将大行罗织。掌镇抚刘侨受叶向高教，止坐文言。忠贤大怒，削侨籍，而以私人许显纯代。是时御史李应升以内操谏，给事中霍守曲以忠贤乞祠额谏，御史刘廷佐以忠贤滥荫谏，给事中沈惟炳以立枷谏，忠贤皆矫旨诘责。于是副都御史杨涟愤甚，劾忠贤二十四大罪。

——《明史·列传第一百九十三·宦官二·魏忠贤》

五年春正月癸亥……丁丑，谳汪文言狱，逮杨涟、左光斗、袁化中、魏大中、周朝瑞、顾大章，削尚书赵南星等籍。未几，涟等逮至，下镇抚司狱，相继死狱中……秋七月壬戌，毁首善书院。壬申，韩爌削籍。甲戌，追论万历辛亥、丁巳、癸亥三京察，尚书李三才、顾宪成等削籍。八月壬午，毁天下东林讲学书院。

——《明史·本纪第二十二·熹宗》

（三）案情解读与评析

天启四年（1624），给事中傅櫆结交魏忠贤的外甥傅应星为兄弟，上书诬告中书汪文言，并且连及左光斗、魏大中。汪文言被投进镇抚司监狱，并被大行罗织罪名。执掌镇抚司的刘乔接受叶向高的教导，不给汪文言定罪。魏忠贤大怒，将刘乔撤职除名，用许显纯来代替他。这时御史李应升就内操的事进谏，给事中霍守典因魏忠贤乞求祠堂匾额而进谏，御史刘廷佐以魏忠贤滥加荫封进谏，给事中沈惟炳以设枷锁进谏，魏忠贤都假传圣旨给予斥责。于是副都御史杨涟非常愤怒，弹劾魏忠贤二十四大罪。魏忠贤刚听说这道奏疏，非常恐惧。从这以后，魏忠贤每天都在想办法杀害杨涟。除了杨涟，魏大中以及给事中陈良训、许誉卿，抚宁侯朱国弼，南京兵部尚书陈道亨，侍郎岳元声等七十余人，纷纷上奏魏忠贤的不法之事，弹劾魏忠贤。为了对付东林党的攻击，魏忠贤多次假传圣旨。天启五年（1625），魏忠贤的党羽大理丞徐大化弹劾杨涟、左光斗党同伐异，利用职权接受贿赂，下令逮捕汪文言进行审讯。许显纯严加拷问汪文言，逼迫他招供杨涟接受熊廷弼的贿赂。许显纯编录因犯供辞的文书，牵涉赵南星、杨涟等二十余人，他们或被撤职或被遣戍。之后，又逮捕杨涟、左光斗、魏大中、周朝瑞、袁化中、顾大章等六人，将他们牵连进熊廷弼案，投进监狱，拷打至死。

东林党案不是一个孤立的事件，而是一系列政治现象的一端。之所以会产生这些现象，与明朝的制度设计有很大的关系。明朝实际有两套司法系统，一套是三法司，即刑部、都察院、大理寺；另一套则是厂卫司法制度。除此之外，殿阁大学士的设立，也随着与皇帝关系日益密切而地位尊崇。宦官专政则是由来已久，明朝尤盛。总的来看，该案牵涉到厂卫制度、皇权与士大夫、宦官擅权、党争等四个方面。因此对于该案的评析，应以司法制度为切入点，以皇权集中为核心，从如下几个方面展开：

一是厂卫的概念与功能。"厂与卫相倚，故言者并称厂卫。"① 厂卫是一个统称，具体包括锦衣卫、东厂、西厂和内行厂。皇权对司法的干预古已有之，但是厂卫制度较之前有一个明显的区别，那就是"恒以勋戚都督领之，恩荫寄禄无常员"②。随着皇权的集中，皇帝享有最高的司法权力，以至于皇帝对司法制度的干预愈加显著，三法司地位有所降低。锦衣卫起初

---

① 《明史》，卷九十五，志七十一，刑法三，中华书局 1974 年版，第 2331 页。
② 《明史》，卷七十六，志五十二，锦衣卫，中华书局 1974 年版，第 1862 页。

是皇帝的亲军侍卫，"锦衣卫，掌侍卫、缉捕、刑狱之事"①。后来不仅查办案件，还担负起监督文武百官的职责，最后连寻常百姓也被纳入监视范围内。东厂设立于永乐年间，据明史记载："初，成祖起北平，刺探宫中事，多以建文帝左右为耳目。故即位后专倚宦官，立东厂于东安门北，令嬖暱者提督之，缉访谋逆妖言大奸恶等。"② 很明确，东厂的定位是一个特务机关，专以监视臣民谋反忤逆之事。起初权势不如锦衣卫，迁都后势力有所上升，渐与锦衣卫齐平。西厂设立于明宪宗时期，同东厂一样由宦官掌权。虽然成立时间较晚，但其权势远超过锦衣卫和东厂。据明史记载："至宪宗时，尚铭领东厂，又别设西厂刺事，以汪直督之，所领缇骑③倍东厂。自京师及天下，旁午侦事，虽王府不免。直中废复用，先后凡六年，冤死者相属，势远出卫上。"内行厂是在荣府旧仓地改建来的，由刘瑾掌管，其监视范围连东西厂也包括在内。内行厂审讯手段较东西厂是有过之而无不及，对于囚犯的惩罚，无论罪行轻重一律先施杖刑，然后将其发配边疆永不得回。后刘瑾被抓，内行厂也随之被撤销。

二是厂卫兴起的缘由。厂卫是专制皇权的延伸，其诞生不仅有制度设计层面的原因，也有皇帝主观方面的需求。从制度设计层面来看，发展了一千三百多年的君主专制，正朝着皇权绝对的方向迈进。在这种发展逻辑之下，制度的安排朝向了不同的方向。中央政府的权力采用分权机制，即"自洪武十三年罢丞相不设，析中书省之政归六部，以尚书任天下事，侍郎贰之……分大都督府为五，而征调隶于兵部。外设都、布、按三司，分隶兵刑钱谷，其考核则听于府部"④。而对于皇权，则是逐渐集中。"而殿阁大学士只备顾问，帝方自操威柄，学士鲜所参决。"相权分于六部，且六部内权力也被分散和限制，这样中央政府在行使职权时，就不可避免地会发生掣肘，于是就无力与皇权抗衡。同理，中央的司法权也被分解掉了，只不过不是在内部进行分化，而是皇帝"另起炉灶"，直接绕过国家司法体系，建立起对皇帝负责、受皇帝监督的司法体系。从皇权需求层面来看，皇权集中的过程势必会剥夺其他人的权力，为了防止潜在风险的发生以确保皇

---

① 《明史》，卷七十六，志五十二，锦衣卫，中华书局1974年版，第1862页。
② 《明史》，卷九十五，志七十一，刑法三，中华书局1974年版，第2331页。
③ 缇骑，是指锦衣卫属下人员。
④ 《明史》，卷七十二，志四十八，职官一，中华书局1974年版，第1729页。

权的安稳，监视和处理机构的诞生就是一件自然而然的事。朱元璋因忌惮文武百官和宗室贵戚，将锦衣卫逐渐改造成了特务机构。朱棣为了搜寻预谋反叛、大奸大恶以及妖言惑众之辈设立了东厂。对臣民的防备心理与日俱增，投射到制度层面就变成了特务机构的肆意妄为和无孔不入。从这一层面来看，厂卫制度的设立其实质是确保皇权的专制统治，皇权的稳定集中和皇命的高效执行压倒一切。因厂卫制度的隐蔽性和专属性，厂卫权力逐渐膨胀，再加上无人监督势必会朝着蛮横和擅权的方向发展。例如："瑾诛，西厂、内行厂俱革，独东厂如故。张锐领之，与卫使钱宁并以缉事恣罗织。厂卫之称由此著也。"① 到了天启年间，厂卫手段之毒辣达到极点："及天启时，魏忠贤以秉笔领厂事，用卫使田尔耕、镇抚许显纯之徒，专以酷虐钳中外，而厂卫之毒极矣。"② 皇权因其猜疑性和为保障自己的绝对主导地位，针对日益膨胀的特务机构，就会设立新的特务机关去监视，内行厂就是一个例子。这种猜疑链式的循环体系，加上法令出于皇权，造成的后果就是国家司法体系被架空，一个显著的例子就是《大明律》成为一纸空文。总的来看，制度设立是变量，皇权集中是恒量。皇权高于一切，人治凌驾于法治。

三是皇权与士大夫。明朝皇权与士权的矛盾特别突出，其主要表现形式为臣对君的政治批评，而这些政治批评主要来源于以下几个方面：对于为君之道的提醒；对于正统的坚持；对于几次重要政治事件中人物的平反。这些突出矛盾并不是呈均态状分布，而是在不同时期各有其特点。明朝前期皇权加强，对士权处于一种压制的态势，且对臣民表现出明显的不信任。为了确保皇权的稳固，一方面，成立特务机构对臣民进行监视；另一方面，大肆捕杀大臣，削弱了国本。随着仁宗和宣宗的继位，皇权与士权的紧张态势稍加缓和，作为顾问的殿阁大学士之地位有所提升。明中后期皇帝个性突出且不按常理出牌，为确保社稷稳固，士大夫的作用日益凸显，但同时皇权与士权的矛盾也再次激化。正德十四年，"三月癸丑，以谏巡幸，下兵部郎中黄巩六人于锦衣卫狱，跪修撰舒芬百有七人于午门五日。金吾卫都指挥佥事张英自刃以谏，卫士夺刃，得不死，鞫治，杖杀之。乙卯，下

---

① 《明史》，卷九十五，志七十一，刑法三，中华书局1974年版，第2332页。
② 《明史》，卷九十五，志七十一，刑法三，中华书局1974年版，第2333页。

寺正周叙、行人司副余廷瓒、主事林大辂三十三人于锦衣卫狱。戊午，杖舒芬等百有七人于阙下。是日，风霾昼晦。夏四月甲子，免南畿被灾税粮。戊寅，杖黄巩等三十九人于阙下，先后死者十一人"①。不久，这一历史记录就被嘉靖皇帝打破。嘉靖三年，"秋七月乙亥，更定章圣皇太后尊号，去本生之称。戊寅，廷臣伏阙固争，下员外郎马理等一百三十四人锦衣卫狱。癸未，杖马理等于廷，死者十有六人"②。明末除了反对魏忠贤，总体上士大夫谏诤的余韵消耗殆尽，随明朝一同走向灭亡。明初士大夫虽然受到了各种打击和摧残，但皇帝会通过各种礼遇，例如赏赐和追谥，或奖赏或弥补，来平复士大夫心中的不满和批评。但在这之后，皇权的施压更加明显，不仅通过各种特务机构秘密监视和逮捕士大夫，而且通过廷杖之刑，从身体和心理双重打击着上人夫的尊严。起初一心为了社稷的谏诤，逐渐发展到了各派之间的党争，直至最后士人大把精力放在了斗争上，国家的败亡也就不可避免了。

四是宦官擅权。宦官干预司法古已有之，但明代宦官则将这一传统发展到了顶峰。明代宦官干预司法多通过厂卫制度，直接绕过国家司法体制私用侦缉权、逮捕权和审判权，并私设刑堂。其中最著名的是刘瑾和魏忠贤。刘瑾得势后气焰甚嚣，他"创用枷法，给事中吉时，御史王时中，郎中刘绎、张玮，尚宝卿顾璇，副使姚祥，参议吴廷举等，并摭小过，枷濒死，始释而戍之。其余枷死者无数。锦衣狱徽缠相属。恶锦衣金事牟斌善视狱囚，杖而锢之。府丞周玺、五官监候杨源杖至死"③。而魏忠贤更是堂而皇之地打击异己，上到王公贵胄，下到黎民百姓无不受魏忠贤的欺扰和诬陷。"东厂番役横行，所缉访无论虚实辄糜烂。"对付无辜百姓更是无所不用其极，"民间偶语，或触忠贤，辄被擒僇，甚至剥皮、刲舌，所杀不可胜数，道路以目"④。这种严重破坏国家司法体制的行为，其实早在孝宗时期就已有显现。徐珪抗疏曰："聂女之狱，哲断之审矣。鹏拷聂使诬服，镇抚司共相蔽欺。陛下令法司、锦衣会问，惧东厂莫敢明，至鞫之朝堂乃不能隐。夫女诬母仅拟杖，哲等无罪反加以徒。轻重倒置如此，皆东厂威劫

① 《明史》，卷十六，本纪十六，武宗，中华书局 1974 年版，第 211 页。
② 《明史》，卷十七，本纪十七，世宗一，中华书局 1974 年版，第 219 页。
③ 《明史》，卷三百零四，列传一百九十二，刘瑾，中华书局 1974 年版，第 7787 - 7788 页。
④ 《明史》，卷三百零五，列传一百九十三，宦官二，中华书局 1974 年版，第 7820 页。

所致也。臣在刑部三年，见鞠问盗贼，多东厂镇抚司缉获，有称校尉诬陷者，有称校尉为人报仇者，有称校尉受首恶赃而以为从、令傍人抵罪者。刑官洞见其情，无敢擅更一字。"①

五是党争不断。东林党与阉党之争只是明朝党争的一个缩影，除此之外，内阁与部院、内阁与宦官、内阁内部等都存在着各种各样的钩心斗角，本质上都是为了争权夺利、排除异己。朱元璋废除丞相将大权揽于己，由此而来的巨大工作量势必会让皇帝感到力不从心，额外成立一个顾问小组，并以此来分担皇帝的重任就被提上了日程。朱元璋于洪武十五年（1382），成立了殿阁大学士作为皇帝的顾问，"而殿阁大学士只备顾问，帝方自操威柄，学士鲜所参决"②。朱棣在此基础上设立内阁，"以其授餐大内，常侍天子殿阁之下，避宰相之名，又名内阁"③。随着时间的推移，内阁的重要性日益提升，"世宗时，三殿成，改华盖为中极，谨身为建极，阁衔因之。嘉靖以后，朝位班次，俱列六部之上"④。"自是内阁权日重，即有一二吏、兵之长与执持是非，辄以败。至世宗中叶，夏言、严嵩迭用事，遂赫然为真宰相，压制六卿矣"⑤。内阁虽无丞相之名，但有丞相之实。到了明朝中叶，内阁日益侵蚀各部的权力，特别是张居正更是将权力独揽于内阁。

内阁与宦官之间相互制约，虽时有纷争，但也有相互勾结。在职权上，"然内阁之拟票，不得不决于内监之批红，而相权转归之寺人"⑥，于是这就造成了"朝廷之纪纲，贤士大夫之进退，悉颠倒于其手。伴食者承意指之不暇，间有贤辅，卒蒿目而不能救"⑦。但双方也不是一直剑拔弩张，"拱又与居正所善中人冯保郄。穆宗不豫，居正与保密处分后事，引保为内助，而拱欲去保。神宗即位，保以两宫诏旨逐拱，事具拱传，居正遂代拱为首辅"⑧。归根结底，都是因为利益才联手的。内阁成员之间也相互倾轧。"阶既行，春芳为首辅，未几亦归。拱再出，扼阶不遗余力。郡邑有司希拱指，

---

① 《明史》，卷一百八十九，列传七十七，徐珪，中华书局1974年版，第5010页。
② 《明史》，卷七十二，志四十八，职官一，中华书局1974年版，第1729页。
③ 《明史》，卷七十二，志四十八，职官一，中华书局1974年版，第1732页。
④ 《明史》，卷七十二，志四十八，职官一，中华书局1974年版，第1734页。
⑤ 《明史》，卷七十二，志四十八，职官一，中华书局1974年版，第1734页。
⑥ 《明史》，卷七十二，志四十八，职官一，中华书局1974年版，第1730页。
⑦ 《明史》，卷七十二，志四十八，职官一，中华书局1974年版，第1730页。
⑧ 《明史》，卷二百一十三，列传一百零一，张居正，中华书局1974年版，第5644页。

争崎屹阶，尽夺其田，戍其二子。会拱复为居正所倾而罢，事乃解。"① 明代内阁成员人数不定。少则二三人，多则七八人。辅臣之中任一人为首揆，亦称首辅。首辅之下分为次辅和群辅，皆为首辅之助手。随着内阁地位和权力的提升，首辅之于内阁愈来愈重要。"先是，内阁调旨，惟出首辅一人，余但参议论而已。"② 如此重要一职自然是群臣角逐的目标，"时彭时已殁，商辂以忤汪直去，在内阁者刘珝、刘吉。而安为首辅，与南人相党附；珝与尚书尹旻、王越又以北人为党，互相倾轧"③。

六是正常司法与特殊司法。明朝正常的司法制度与厂卫的司法制度形成了鲜明对比。就正常司法程序而言，其严重罪行由三法司进行审理，较轻罪名由刑部进行审理。各部门之间权责分明，但是涉及厂卫司法，则不存在固定程序，在手段的选择上只求达到责成罪名的目的。厂卫司法首先是突破正常的司法程序，借皇帝之名，典诏狱，成为皇帝的私人司法机构；其次是突破正常的刑讯程序，历代刑律对刑讯制度均有着严格规定，而厂卫司法对此毫无限制。在审理杨涟时，刑讯超出正常程度，以致"比下诏狱，显纯酷法拷讯，体无完肤"。明朝时期这样一种行无常制的司法制度，从根本上看是制度设计存在的问题：皇权至上，有司专权，缺少制衡。

东林党案，作为能够体现明朝政党与法制关系的典型性案例，我们可以从中洞悉，其根源在于明朝司法的"双轨制"，即两套司法系统。厂卫制度的出现，破坏了国家司法体系的正常运转，使得刑威不可预测，臣民惶惶不可终日。明末的种种乱象其根源在于人治，"朕出是诰，昭示祸福，一切官民诸色人等，户户有此一本，若犯笞杖徒流罪名，每减一等；无者各加一等"④。皇帝通过诏令或是直接授意厂卫机构，行使侦缉权、制刑权、求刑权、量刑权和行刑权，对臣民肆意监视和大肆追捕，并对疑犯动用私刑严刑拷打，致使国家司法体系被架空。明晰东林党案的制度渊源，深切感受人治所带来的不确定性和恣意性，才能够树立起对法治的执著追求和坚定信仰。

---

① 《明史》，卷二百一十三，列传一百零一，徐阶，中华书局 1974 年版，第 5637 页。
② 《明史》，卷三百零六，列传一百九十四，顾秉谦，中华书局 1974 年版，第 7845 页。
③ 《明史》，卷一百六十八，列传五十六，万安，中华书局 1974 年版，第 4524 页。
④ 《御制大诰·颁行大诰第七十四》。

五、周德章留养承祀案——体现清朝情理法关系的代表性案例

（一）选案背景与教学目的

清代会审制度在统治者标榜的"仁政"之下，衍生出多种形式，包括秋审、九卿会审、朝审、热审等。① 在会审制度下，中央将地方上报的重大案件再次审理，并将审理结果上报皇帝裁决。秋审是在秋天举行的，对地方各省判处斩监候、绞监候的案件进行审理的制度。通过对案件的再次审理，将统治者"仁政"的理念予以全面贯彻。在清代，秋审的结果可分为以下几种：情实、缓决、可矜、留养承祀。其中，留养承祀是魏晋以来礼法融合的产物，其包含了两种制度，即"存留养亲"制度与"承祀"。存留养亲制度的雏形出现于晋朝，史料记载，东晋成帝咸和二年（327）勾容令孔恢犯罪当弃市，因"以其父年老而有一子，以为恻然，可悯之"②。但这仅是个案，尚未形成制度。北魏太和十二年（488）正月乙未诏："犯死罪，若父母、祖父母老，更无成年子孙，又无期亲者，仰案后列奏以待报，着之令格。"③ 到《北魏律》时，存留养亲制度的内容具体化、明确化。其《法例律》中规定："诸犯死罪，若祖父母、父母年七十以上，无成人子孙，旁无期亲者，具状上请。流者鞭笞，留养其亲，终则从流。不在原赦之例。"④ 至唐代时，存留养亲制度已经基本定型。《唐律疏议·名例律》曰："诸犯死罪非十恶，而祖父母、父母老疾应侍，家无期亲成丁者，上请。犯流罪者，权留养亲，不在赦例，课调依旧。若家有进丁及亲终期年者，则从流。计程会赦者，依常例。即至配所应侍，合居作者，亦听亲终期年，然后居作。诸犯徒应役而家无兼丁者，徒一年，加杖一百二十，不居作；一等加二十。若徒年限内无兼丁者，总计应役日及应加杖数，准折决放。盗及伤人者，不用此律。"

不难发现，唐律的规定较北魏而言有很大变化。首先，从适用的前提

---

① 参见《中国法制史》编写组编：《中国法制史》，高等教育出版社 2017 年版，第 276 – 277 页。
② 《太平御览》，卷六四六。
③ 《魏书·刑法志》。
④ 《魏书·刑法志》。

条件来看，唐律规定"祖父母、父母老疾应侍，家无期亲成丁者"是适用留养的前提，而这比《北魏律》所规定的"祖父母、父母年七十以上，无成人子孙……"更强调了"老"和"疾"两方面，显然更加完善和更具有操作性，同时也更具有人情味。其次，唐律规定存留养亲的一个重要条件是"诸犯死罪非十恶……"，这与汉朝以来儒家文化占据主导地位，儒家思想已经深入当时社会的方方面面有很大关系。存留养亲制度设立的基本立足点在于维护孝的观念和家庭的稳定，"十恶"是影响皇权和统治的严重犯罪，故当存留养亲制度有可能危及国家政权时，则不得适用，以实现国法与人情之间利益的最大化，即以忠孝两全为原则，忠孝不能两全时，以忠为先。再次，唐律对存留养亲适用的程序性问题进行了具体规定。如规定死罪、流罪及徒刑的存留养亲分别由皇帝和省司决定，存留养亲期间又犯死罪或流罪的如何处理，家有二丁但同时犯罪或逃亡、外出为官等情况如何处理等，所有这些规定，使唐代的存留养亲制度具有较强的可操作性，也显示了该制度的成熟和立法水平的提高。

清律的"犯罪存留养亲"条并未改动，而有关留养的例文却层出不穷。在众多例文中所体现的清代存留养亲制度，呈现出与以前不同的特点：一是存留养亲适用的条件更加细化，除了一般的亲老丁单等条件之外，还必须查明被杀之人有无父母、是否独子，这体现了法律的公平精神及对受害者一方的体恤；二是将寡妇独子纳入可适用留养的范围，即"孀妇守寡期间，不论犯母之老疾与否，但守节逾二十年，即准留养。盖嘉其守贞抚孤之志，故较犯亲之限于年岁者为宽"[1]，其立法目的在于，激励儒家伦理道德观所支配的贞洁观念；三是适用存留养亲时，要求罪犯必须是尽孝之人，这是由存留养亲制度的本意决定的，要使犯罪之人暂时免于处罚是为了使其能照顾年老的父母，若其本身即为不孝，则对其适用显然没有意义，反而会给社会带来危害；四是对存留养亲的一大发展即"留养承祀"，留养只是为了使罪犯年老的父母老有所养，然而自从儒家思想成为封建正统思想之后，"孝"往往是皇帝标榜的治国策略，为了体现封建官僚对百姓的体恤，便有了"留养承祀"制度。

"承祀"制度同样源于儒家的"孝"理念，有继承宗祧之意。最早源于

---

[1] 《刑案汇览》。

东汉时期"无子听妻入狱"的典故,大致有以下几个案例:"东汉建武赵坚案""东汉末年毋丘长案""西晋张兑案"等,但未形成具体的制度。这一制度直到清朝才得以形成,最早见于雍正四年的"吕高戳死胞兄吕美案",此案经九卿会审后,允许其存留承祀。至此,留养与承祀成为清代的定制。秋审制度中的留养承祀有着严格的程序。首先,秋审案件的监候犯人来自各地方州县,因此,需要地方州县先判断是否符合留养承祀的条件;其次,经州县上报各省,由各省初步拟定情实、缓决、可矜、留养承祀,然后由各省上报中央刑部;再次,由刑部核查拟定,查验案情是否属实,然后由刑部提交秋审;最后,参加秋审的官员无异议,上报皇帝裁决。留养承祀制度就是经历了这样的历史演进,一直发展至清代,这一制度在清末法律变革时也引起了极大的争议。

该案的教学,拟以"马工程"教材上有关清朝审判制度的内容为切入点,一方面,意在让学生熟悉自汉代以来礼法融合,主流儒家思想对法律的影响,发现法律制度背后的文化因素;另一方面,通过司法案例的分析,让其了解古代中国对案件纠纷解决的仁本思路及文化内涵。

(二) 案例原文与出处

秋审处嘉庆五年八月初八奉旨:刑部奏江西省民人周德章殴毙十一岁幼孩黄参才,又山东民人何元耀殴死妻母郭氏二案。该抚等将该犯问拟情实,声明周德章之母齐氏现年八十岁,家无次丁,何元耀本生孔氏现年七十一岁并无别子,嗣母杨氏现年七十三岁,并无可以另继之人。可否将该二犯改入缓决,准其留养之处奏明,请旨等语。朕详阅此二案情节,幼孩黄参才系代母向周德章索欠,该犯斥其不应催讨,黄参才不依,拉住周德章哭骂,该犯顺用手带烙铁吓打,致伤偏左。黄参才愈加哭骂,仍拉住周德章不放,用头向撞。该犯欲图脱身,复用烙铁吓殴,适伤黄参才脑后左耳根倒地,逾时殒命。是该犯两次随手用烙铁吓殴,衅由逼债,杀出无心。黄参才并非独子,该犯之母现年八十岁,别无次丁,周德章一犯着加恩改为缓决,准其留养。

—— 《刑案汇览三编 (一)》

(三) 案情解读与评析

嘉庆五年(1800)秋审过后,秋审处向嘉庆皇帝上奏秋审案件两例,其中一案为周德章殴毙黄参才案，地方巡抚将其判决结果拟定为"情实"，认为周德章的母亲齐氏已经八十岁，且没有其他子孙奉养，请旨是否可以将周德章的死刑改判为缓决，并留养承祀。嘉庆皇帝在参阅案情后，认为黄参才的死亡是由于周德章两次随手用烙铁吓殴，使黄参才脑后着地死亡。但周德章的行为起因在于黄参才挑衅逼债，并没有杀人的意图。且周德章在家中是独子，而周母年已及八十，若处决周德章，周家无次丁，周母无人奉养。因此对周德章加恩改判缓决，准许他留养承祀。

该案例反映了中国古代"法自君出"的司法权威、法律制度背后的儒家伦理对案件判决的影响以及家国同构视域下家族主义与国家主义的平衡，是体现清朝乃至中国古代情理法关系的代表性案例。有关该案的分析，可从如下几个层面展开：

一是最高司法权力。古代中国的最高统治者几乎毫不例外地享有最高的司法权威，自地方郡县一级由地方行政长官兼理司法，再到中央以大理寺、刑部、御史台（都察院）分掌司法权的制度，体现的虽是一种由合至分的趋势，但司法的最终决定权仍然在君主手中。唐代死刑复奏制度以及后来逐渐形成的会审制度，无一不是君主将最高司法权威集中在其掌握之下的策略。

二是儒家礼法融合。自汉代以来，儒家思想对案件的审理影响越来越大。自董仲舒提出"罢黜百家，独尊儒术"后，汉代在案件的审判中，司法官员会经常引用春秋经义来解释法律，并以此来判决案件。此后，中国的法律开始进入礼法结合的阶段，儒家倡导的"礼治"思想逐渐进入立法领域，故不仅是司法实践中存在儒家思想的引导，儒家倡导的"礼"亦部分成为法律制度，诸如"八议""官当""上请"等。至北齐时，又以重罪十条入律，在"重罪十条"的规定中，多为儒家"三纲五常"思想的体现。"孝"与"仁"被历代帝王作为施政的策略，同时也成为中国古代法律制度的核心理念，并在历代被视为主流、正统思想。

三是家国同构下的家族与国家。中国古代政治制度提倡的是一种家国同构的模式。中国古代的经济基础建立在以家庭为单位的小农生产上，因此，家庭和家族的传承就处在十分重要的地位。在中国古代的理念中，家和国存在着一种平衡，故而"家国"即"国家"。在这样的认识下，家族的传承尤为重要，在小农经济下的男丁，意味着家族的发展与延续，男丁可以为家庭带来劳动力，提高家庭生产，同时男丁身负更重要的承嗣职责。正是在这种经济条件下，形成了家族主义和国家主义的平衡，使家族主义成为国家主义之下的重要原则，即在不触犯国家利益的情况下，家族主义是日常生活的行为准则，非特殊情况下，都需要为家族利益让位。因此，在清代秋审案件中，如案情可原，给予法外加恩，准许犯人留养承祀。但是国家对于家族主义的宽简，极容易带来只知家族而不知国家的问题，即家族主义过于强大，从而影响国家利益。故国家在保证家族利益问题上，做出的仅是最低限度的让权，一方面保证家族之传承，另一方面又保证国家司法的绝对权威。

结合本案分析，中国传统法制中留养承嗣制度得以长期存在，是建立在儒家思想观念基础上的结果。首先，留养承嗣制度与儒家的仁政思想紧密相连。儒家的仁政主张有多方面的表现，其中对于老幼、笃疾等人在法律上予以特别保护是一个重要的方面，留养承嗣制度设立的作用便是使犯罪人的父母在年老、患病的情况下不至于因无人奉养而不得生存，从而体现统治者的仁德。其次，儒家仁孝和家国同构的观念也是存留养亲制度赖以存在的基础。在儒家看来，"孝有三。大孝尊亲，其次弗辱，其下能养"①，可见其最低标准便是奉养父母，保障其生活，使之免于饥寒，这一点正是留养承嗣设立的题中应有之义。也正因如此，清代规定"若在他省获罪，审系游荡他乡远离父母者，即属忘亲不孝之人，虽与例相符，不准留养""凡曾经忤逆犯案及素习匪类，为父母所摈逐者，虽遇亲老丁单，概不许留养"。② 在儒家的政治理念中，个体的人是从属于家庭或家族的，家庭或家族则是从属于国家的，国是家的放大，家是组成国的最小单位。"欲治其国者，先齐其家；家齐而后国治，国治而后天下平。"③ 因此，统治者应该注重维护家族的稳定和个体家庭的延续，除了对"谋反、谋大逆、谋叛"等严重危害统治秩序的犯罪要株连灭族外，在刑罚施行中"不绝人子嗣"是一条重要原则。留养承嗣制度的职能是在政策允许的范围内，维护家庭的稳定和延续，进而达到维护统治秩序的目的，最终实现国法与人情

① 《礼仪·祭义》。
② 《大清律·名例律》。
③ 《大学》。

的融合。留养承嗣制度也确实在一定程度上减轻了国法对亲情伦理的伤害，使国法体现出更多的人情味和人文关怀。

　　从留养承嗣制度的实践来看，其有着积极的一面。第一，它有利于维护社会秩序的稳定和减轻刑罚的残酷性。在中国传统社会，徒刑以上刑罚的执行，往往意味着对一个家庭中劳动力的剥夺，这对于劳动力充裕的家庭来说也许不会造成严重的损害，但对于"父母老疾"的单丁家庭而言则意味着毁灭性的打击。存留养亲制度的施行，使部分"父母老疾"的单丁家庭免于因劳动力被执行刑罚而陷入家破人亡的绝境，从而一定程度上确保了一部分特殊家庭的稳定。就刑罚的残酷性而言，由于受社会经济发展水平的限制，对于犯罪人及其家属而言，即使是流刑、徒刑的执行，也几乎和死刑一样都意味着生离死别的结局，而存留养亲制度的存在，在某种程度上减少了这种悲剧发生的数量，对传统刑罚的残酷性多少有所减轻。第二，留养承嗣制度有利于犯罪人的道德感化和情感改造。刑罚设置不仅是犯罪人的犯罪行为应当被罚，惩罚犯罪人是目的，但不是唯一目的，刑罚还有感化、改造罪犯的目的。任何有利于感化、改造罪犯的法律制度都有其存在的合理性。为父母尽孝在传统中国社会，不仅是法律义务，也是道德义务，对犯罪人而言不能尽孝不只是无法履行法律义务。事实上，在传统道德的压力下，犯罪人还会因此而遭受极大的精神痛苦。留养承嗣设立的立足点之一是孝的观念，是为了"全孝子之心"，为了使犯罪人能践行孝道而网开一面允许其"留养"，自然也能促使犯罪人出于感激而悔过自新。① 同时，这项制度本身也存在一定的缺陷，有其消极的一面。该制度损害了法律的公平性和权威性。存留养亲制度使一些犯罪的人逃脱了法律的惩罚，对法律公平性和权威性造成损害。客观而言，这项制度对于犯人亲老的照顾是很大的，但对受害者的考虑却不周全。这显然违背了法律的平等适用原则，尤其是在杀人罪的问题上，损害法律公平性的负面作用就更加突显。而且，存留养亲制度的实施，既有诱发犯罪的可能，又有为罪犯提供护身符之嫌。法律明文规定了留养的条件，这些条件是可预测的，因而不能排除行为人利用法律实施犯罪并逃避惩罚的可能，这对法律的权威性显然是一种损害。这项制度使犯人逃脱应有的惩罚，造成受害人的心理

---

　　①　参见曾宪义总主编：《中国传统法律文化研究》第二卷《罪与罚：中国传统刑事法律形态》，中国人民大学出版社 2012 年版，第 361－363 页。

伤害无法平复。如果受害人受到轻微的伤害尚且好说，但如果致使被害人死亡则可能使伤害面更大。因为受害人还有其他亲属，面对这种情形，他们可能产生更强的报复心理，以致造成更大的伤害。此外，这项制度可能造成官员的弄虚作假、徇私枉法。由于这项制度本身可以使一些犯了重罪的人得到一定的赦免或减轻，因此必然会有很多人愿意"舍财保命"，他们不惜用重金贿赂朝廷命官以期得到"留养"，而官员们也可能基于利益的驱使为他们编造一些虚假的证据材料，欺上瞒下，徇私枉法。

六、《南山集》冤案——清朝第一大文字狱冤案

（一）选背景与教学目的

自秦始皇设立帝制以来，在两千多年的传统专制社会中，历朝历代无不重视文化思想统治，发动文字狱便是历代帝王强化专制统治的有力措施之一。著名的有宋代苏轼的"乌台诗案"，明代朱元璋时期的"表笺祸"。帝制社会末期，清代文字狱愈演愈烈，这与传统专制强化的历史进程同步，也有一定特殊性：清代作为一个少数民族入主中原的王朝，面临着普遍存在于各地的汉族士大夫的民族气节，处处受到所谓"华夷之辨"思想的抵制。清代统治中国的268年中，康熙、雍正、乾隆三朝占了整整一半，恰恰在这一百三十余年的"康乾盛世"之中，文字狱屡屡发生。康熙年间，就有著名的戴名世《南山集》案。

本案的教学，拟以"马工程"教材上有关清朝刑法原则、主要罪名及刑种的知识为切入点，旨在使学生明白《南山集》冤案的发生有着深刻的政治、社会原因。入关掌握中原政权后，清朝统治者虽然采取了一些笼络人心的措施，但"剃发""圈地"等一系列野蛮的民族压迫政策仍使人心思变，清统治颇为不稳。清廷遂特别重视从思想上加以严厉钳制，动辄屡兴大狱，罗织罪名，对他们认为不驯服的知识分子进行镇压。

（二）案例原文与出处

刑部尚书臣佛格等谨题，为奏闻事。

该臣等会议得，据刑部奏称恩诏内开：除本身犯罪外，因族人有罪牵连入旗者，著查奏赦免。钦此。查先经原都察院赵申乔题参，戴名世等妻子家口族人入镶黄旗、正黄、正白三旗汉军都统，此案首犯罪名重大，将

情罪开明奏闻，奉旨：尔部会同九卿、詹事、科道定议具奏。钦此。

查得，戴名世一案，先经原任都察院左都御史赵申乔题参。戴名世造《南山集》《孑遗录》，方孝标造《滇黔纪闻》一案，臣部等衙门以戴名世所作书内欲将本朝年号销除，将永历年号写入等类大逆之语，将戴名世照大逆律凌迟处死，财产入官。伊弟戴平世照此律拟斩立决。其祖父、父、子孙、兄弟及同居不分异姓及伯叔父、兄弟之子，不限籍之同异，年十六以上不论笃疾、废疾，查出送部，律斩立决。名世之母女、妻妾、姊妹之子妻妾、其十五以下子孙、伯叔父、兄弟之子，查出照例给付功臣之家为奴。方孝标身受国恩，已为翰林，因犯罪发遣，蒙宽宥释归。顺吴逆已为伪官，迨其投诚，又蒙洪恩免罪，仍不改悖逆之心，《滇黔纪闻》内以弘光、隆武、永历为帝，尊崇年号，书记刊刻遗留，大逆已极。方孝标依大逆律凌迟，今已身死，挫碎其尸，财产入官。孝标之子方登峰、方云旅、孙方世樵照律皆斩立决，子孙、兄弟并同居不分异姓、伯叔父、兄弟之子，不限籍之同异，十六岁以上不论笃疾、废疾，查出送部，照律立决。标之女、妻妾、姊妹、若子之妻妾，其男十五以下，伯叔父、兄弟之子，查出给付功臣之家为奴。孝标族人累世荷恩并不悛改，悖逆之心不止方孝标一人。族人方苞、方正玉为名世悖乱书内作序，事发之后查《滇黔纪闻》之书，标子方登峰、孙方世樵又行寄信烧版。据此应将孝标同姓不论已未服尽族人，逐一严查，有职衔者革退。除嫁出之女外，子女一并发往黑龙江、宁古塔将军，拨与乌喇、白都诺等处安插。汪灏与名世之悖乱书作序，方苞、方正玉序内虽无悖乱之语，但费作之书，苞又藏贮《南山集》《孑遗录》逆版，正玉又刻孑遗逆书，尤云鹗给名世刊刻传行，俱干法纪，应将伊等照诽谤朝廷律，将汪灏、方苞应绞立决；正玉与名世同伙行事，将伊等妻子一并发宁古塔安插；知情不首名世悖乱书之翰林刘岩照律金妻流三千里。等因具题。

奉旨：戴名世等亦是大案，将本尔等暂留，朕且思之，俟回銮之日再行具奏。此内拟绞之汪灏在修书处甚是效力勤劳，不忍即行正法，从宽免死，著出狱，不便发回原籍，将伊妻子家口一并附入旗下。此旨亦宜谕汪灏。又奉旨：戴名世从宽免凌迟，著即处斩。方登峰、方云旅、方世樵俱从宽免罪并伊妻子发往黑龙江。这案干连应斩绞及为奴安插流徙人犯，俱从宽免罪入旗。汪灏已有旨了。余依议。钦遵在案。

戴名世已经正法，已死之方孝标挫其尸，孝标之子方登峰、方云旅、孙方世樵俱已发遣黑龙江……臣等未敢擅便，谨题请旨。

初五日奉旨：依议。

——《刑部尚书佛格为请将〈南山集〉案部分涉案人犯免罪释放回籍事题本》

（三）案情解读与评析

戴名世（1653—1713），字田有，安徽桐城县人。戴名世的《南山集》案是发生在安徽境内的第一大文字狱案，该案起始于方孝标的《黔滇纪闻》。方孝标原名玄成，顺治三年（1646）中举，顺治六年成进士。官内阁学士。后因顺治十四年（1657）江南乡试科场案，谪居黑龙江宁古塔两年，遇赦释归。康熙十二年（1673），往访在贵州做官的亲戚。不久，黔抚依附吴三桂反清。孝标装疯得逃归，剃发为僧，名方空，乃追记在滇黔时见闻成《滇黔纪闻》。①

修一部完整的明史，一直是戴名世心中的最大愿望。只是，对南明桂王时期的历史，戴名世却多有疑惑。方孝标的《黔滇纪闻》，恰好对这段历史进行了较为系统的考证，因此深得戴名世欣赏。然而，为了检验《黔滇纪闻》中一段有关南明桂王历史记录的真伪，戴名世与曾任南明桂王府太监、后又出家为僧的和尚余湛通了几次书信，书信内容取名为《与余生书》。康熙四十一年（1702），戴名世的学生龙云鄂将《与余生书》收录于刊刻的《南山集》之中。

廉熙五十年（1711）十月，左都御史赵申乔参奏戴名世在中进士以前所撰的《南山集》，其间存在多处"倒置是非，语多狂悖"。经查明，该集中多援引方孝标的《滇黔纪闻》中有关南明抗清的记载，并用弘光、隆武、永历等南明年号。最后，清廷将戴名世处死，已死的方孝标被处以"戮尸"，其他受此事件影响而被处刑的人不胜其数。②

事实证明，《南山集》案不仅是冤案，还是错案。那么，应该如何评析该案呢？有关于此，我们将从两个方面来展开：

第一，理解案件的两种逻辑。因与赵申乔有点过节，戴名世被奏劾

---

① 安徽省地方志编纂委员会编：《安徽省志·社会科学志》，方志出版社1999年版，第179页。

② 邵士梅，蒋筱波：《中国通史（卷2）》，三秦出版社2008年版，第262页。

"妄窃文名，恃才放荡，私刻文集，肆口游谈"。康熙在得到奏折之后，高度重视，立即安排九卿会审。会审的结果是，戴名世因为"罔识君亲之大义"被定为"大逆罪"。然而，问题的关键在于，康熙为什么会以非"异乎寻常"的速度处埋该案，以致在未能完全厘清案件的社会事实、法律事实之时，便匆忙地作出司法裁决。其实，在这种"异乎寻常"的背后，体现的是清朝国家治理与社会治理过程中两种逻辑的矛盾，这两种逻辑就是政治逻辑与规范逻辑。原本只是一个学者借由史料来探究历史真相的学术事件，在被包裹了政治的象征意义之后，就变成了政治事件。很显然，政治事件的处理逻辑，必然是以国家利益，或者说马克思主义意义上的统治阶级的利益为考量的中心，要求对事件的处理过程和结果，不仅能消弭既有的政治风险，还能有效地遏制新的、潜在的或可能的风险发生。但是，在该案处埋过程中，康熙皇帝却借由规范逻辑来头践政治逻辑，最为典型的就是召集九卿来会审。可以确定的是，会审只是一种形式，它所表达的是，国家运行于法律规范框架之下的形式事实。因为，会审的结果基本已被提前预设。换言之，该案的审理，本质上可被视为康熙皇帝以规范的方式来表达其政治治理的逻辑。只是，政治逻辑在该案的处理过程中以"隐性"的方式，被裹挟于规范之中，呈现出于规范逻辑共同作用于案件处理过程的事实。

第二，案件处理的最终目的。这起案狱的处理，从形式上看，康熙意在给当时一些秉持独立思想、不甚驯服的士大夫一点教训。在《南山集》案审理期间，同时以"行止不端，声名不好"为由，将与《南山集》案无关的翰林院侍讲钱名世，修撰王式丹，编修杨绪、贾国维、贾兆凤等五人革职，有的人则"驿解回籍，交与地方官严禁在家，勿令擅出行走，更生事端"①。史料显示，戴名世曾多次表示对清朝政权的忠诚，也一再强调，他的志向不在政治，而在修史。但是，案件处埋的目的，不是针对戴名世本人，或者说，案件的处理并不是围绕着法学意义上的个人公正与社会公正而展开的。不过，从实质上看，这起案件的处理，其最终目的指向的是思想清洗，而戴名世不过是完成思想清洗这一目的过程中的"棋子"。康熙皇帝需要通过对这颗"棋子"的摆动，来获得更加纯净的政治环境，为清

---

① 赵晓耕：《清康熙朝〈南山集〉案——清代奇案之一》，载《中国审判》2008 年第 9 期。

朝的政权统治夯实基础。所以，可以说，从戴名世《南山集》案的发生和发展来看，其本身并不存在民族思想的"斗争"与"对抗"，当然戴名世本人也不愿参与这种被捏造的"斗争"与"对抗"之中。该案的发生与发展，所叙说的不过是清朝政权统治阶级内部的争执，它以民族思想斗争为旗号，意在通过思想清洗来维系清朝政治统治的长久。

综上所述，《南山集》冤案的发生，看似偶然，实则必然。在该案的背后，蕴藏着一系列皇权与士权、政治与规范、治理与被治理的矛盾。然而，正是借由该具体个案，统治者部分实现了他的政治治理目标。不仅如此，在追求目标的过程中，法学的规范性与政治学的治理逻辑、方式还巧妙地融合在一起，共同作用于清朝封建政权的权力实践之中，不断地夯实封建政权的统治根基。

第七章
晚清民国时期的案例

　　【章前导读】 1840 年之后，受西方列强全面入侵影响，中国社会的经济、政治与文化都发生了深刻的变化，传统中国法制也因此遭遇了新的挑战。中西法制文化的冲突、法制与政治的关系、法制改革的成败与得失等一系列议题也随之被提上全民讨论的议程范畴。中国法制向何处去？作为一个时代之问，呈现于所有致力于保家卫国的仁人志士面前。清政府被推翻后，民国建立，法律与政治的关系、法制观念以及与之相关的诸多议题再次受到了人们的关注。观念的变革，引发的是立法、司法与行政等实践的变革。

　　本章所选的七个案例中，曾国藩与天津教案，体现的是清末中西法制文化的冲突；杨乃武与小白菜案，表达的是清末法制与政治之间的复杂关联；谭嗣同献身变法案，诉说的是清末政治人物的法制精神；吴樾炸五大臣案，揭示了清末宪政改革的真相；苏报案，反映了传统法律观念的时代变革；宋教仁被刺案，揭示了中国近代民主政治发展挫折呈现在法制领域的事实；施剑翘刺杀孙传芳案，体现了南京国民政府刑法原则及律师制度的特征。可以说，这七个案例分别从不同侧面表达了晚清与民国的法制理念与改革过程，继而勾勒出了一幅较为清晰的晚清民国法制图谱。

一、曾国藩与天津教案——体现清末中西法制文化冲突的典型性案例

(一) 选案背景与教学目的

第二次鸦片战争战败后，清政府在英、法、俄、美的威逼下，签订了《天津条约》和《北京条约》，列强们借此获得了一系列特权，如公使可以驻京，通商口岸进一步增设等，基督教在中国获得的特权也进一步被扩大。如中俄在 1858 年 6 月 13 日所签订的《天津条约》中的第八款、1858 年 6 月 18 日中美签订的《天津条约》第二十九款、1858 年 6 月 26 日中英签订的《天津条约》第八款、1858 年 6 月 27 日中法签订的《天津条约》第十三条等都对传教士在华传教的权利作出了规定，并赋予清政府保护教徒的义务。而且清政府在 1860 年又被迫签订了《北京条约》，批准了《天津条约》的相关规定。另外，在中法签订的《北京条约》中，第六款又补充了新的条款，当时作为法国翻译的天主教传教士艾佳略以及译员美理登，擅自在文本中增加了法国传教士可以在中国各省买地，并且也可以随便进行建造之规定。① 之后，法国公使柏尔德密在 1865 年初又与清政府总理衙门签订了《柏尔德密协议》，约定此后如果法国传教士进入内地去置买田地和房屋时，在"合同"上不必专列传教士及奉教人的名字。这样传教士传教的权利就从原来的五口延伸到了内地，扩大了传教士的活动范围，使基督教快速在中国各地发展，由此不可避免地给中国社会造成了混乱。基督教在中国广建教堂，传播教义，教堂的所立之处，滋事不断。"凡教中犯案，教士不问是非，曲庇教民，领事不问曲直，一概庇护教士。遇民教争斗，平民疰屈，教民恒胜，教民势焰愈横，平民愤郁愈甚，郁极必发，则聚众而思一呈。"江西、四川、贵州、湖南等省连发教案。而天津教案因死人之多，闹事之大，震惊中外，尤为引人注目。

该案缘起于 1860 年《北京条约》签订后，法国天主教在天津望海楼设

---

① ［法］卫清心：《法国对华传教士政策》，黄庆华译，中国社会科学出版社 1991 年版，第 591 页。

立教堂，拐骗幼童，强占民地，激起民愤。1870 年 6 月，天津群众因法国育婴堂虐死中国幼童数十名，并从扭获拐贩口中得知拐卖幼童是教堂唆使。民众于 6 月 21 日自发包围教堂与之论理。法国领事丰大业闻讯持枪往见北洋通商大臣崇厚，当面开枪恫吓。出衙后路遇天津知县刘杰，又开枪打死刘之随从高升。群众愤怒，当场殴毙丰大业及秘书西蒙，随后聚众焚毁育婴堂和法、英、美教堂及领事署，打死外国传教士及商人 20 人。随后英、美、法等七国联合向清政府抗议，集结军舰示威，法国声言要将天津化为焦土。中兴名臣曾国藩，时任直隶总督，清廷令曾氏驻节天津，悉心专理天津教案，后又派李鸿章会同办理，曾、李屈服于侵略者压力，处死无辜群众 20 人，充军 25 人，将天津知县革职充军，派崇厚赴法道歉，并付赔偿费等共银 50 余万两。

朝廷人士及民众舆论对这个交涉结果均甚为不满，"诟詈之声大作，卖国贼之徽号竟加于国藩。京师湖南同乡尤引为乡人之大耻"，使曾国藩的声誉大受影响。而另一方面天津教案的消息，也对全国其他地方有所影响，产生对于西方传教士的谣传及不信任，这些谣传也在一些地区造成了教案的发生。曾国藩深感个人不称职，同时不断受到保守派的谴责，内心灰心丧气，他在致友人书中自称"外惭清议，内疚神明"，一年后即去世。

由于该案事关多国主权，涉及清朝督、抚、道、府、县数级官员和方圆百里地方百姓，尤其是当时还存在国内士大夫阶层和民众爱国排教情绪高涨的实际情况，这表明了天津教案的错综复杂与纷纭莫测。该案还有诸多特殊之处：事关教民相争，教堂教士为百姓所围攻，是为教案；事关中法相争，乃至中、俄、德等国的外交争端，是为涉外案；事关杀人、伤人及打砸焚烧教堂，是为刑案；本案含丰大业在内，打死外国传教士 20 余人，烧毁财产价值巨大，引发严重外交争端，为通天大案；涉案人员有乡民数百人，且乡民为自发行动，恰如现代所言群体性事件。[①] 该案虽已成为历史的陈迹，但曾氏办理天津教案的是非成败及所反映出来的法理问题，不能不引起深思。

本案的教学，拟以"马工程"教材上有关清末社会与法律的知识为切

---

① 胡铁民：《曾国藩与天津教案的现代法理评析》，载《炎黄春秋》2006 年第 2 期，第 72 - 74 页。

入点，意在让学生领会到中西法律文化的深层次冲突，并了解其对清代社会法律秩序的影响及法律文化意义。

（二）案例原文与出处

天津自通商以后，百货皆用外国轮船装载，本地富户海船失业，穷民游手者多矣。轮船进口，碰伤民船，莫敢究诘；民船偶碰轮船则立擒船户置黑舱中，勒赔修价，必餍足其所欲而止。闽广人及本处奸民为彼服役，往往倚洋人之势，谋奸平民妇女，不从则诬指其男人为盗，百计陷害，必遂其欲而后已。本处商民有欠洋人债项，被控到官，勒限三日必还。洋商铺伙有欠本处账目者，控之则抗不到案，官莫能追。……城东北一带教民，尤多倚势欺人，事亦不免，以此民心积不能平久矣。

——张光藻：《北戍草》，光绪二十二年刻本

教堂之人与观看之众闲人，口角相争，抛砖殴打。……忿怒已极，遂将丰大业群殴毙命。……传锣聚集各处民人，将该教堂焚毁，并将东门外之仁慈堂焚烧，别处讲书堂也有拆毁之处，传教习教中外之人，均有伤毙。

——崇厚奏折（《同治朝筹办夷务始末》卷七二，页二二二四）

（三）案情解读与评析

该案作为清末中西法制文化冲突的典型性案例，理解起来较为复杂。我们尝试从如下几个方面来展开分析：

首先，从具体案情看天津教案的性质与是非曲直。天津教案是一起有着许多特殊属性的特别重大的刑事案件，它因自身带有浓厚的政治、外交色彩而变得复杂难办。在今天看来，就事论事与以案说案，有两点可以分析：

一是中国民众偏重感性的法律思维。天津教案是因为中国民众轻信谣言而发生的，他们认为天主教堂在中国设立育婴堂是为了对孩童进行迷拐后剜眼蒸食。当时在中国的民间，反教绅士编写了许多反教的揭帖，在这些揭帖上，大肆宣传了传教士们迷拐幼童、剜眼蒸食等这些所谓的"罪行"，百姓们对这些揭帖的内容深信不疑。因为这些揭帖在当时流传非常广泛，影响也很大，所以不明真相的百姓对揭帖上所述的传教士残杀孩童的行为就信以为真，并没有进一步去证实是否属实。民间弃婴、溺婴的情况时常发生，特别是女婴，在一些经济比较贫困或者人口众多的家庭里，常

常将孩子丢到路边。天主教会在中国开设育婴堂的目的，是为了救助这些被丢弃的孩子，是非常伟大的慈善事业，也是当时中国社会非常缺乏和需要的，这也可以看出中国民众对西方文明的不了解。百姓因怀疑法国教堂有迷拐人口、挖眼剖心罪行，而围攻教堂、骚扰传教士是说不过去的。因为仅是怀疑不能作为判断定性的依据，故曾国藩认为，"于情于理，洋人都没有必要这么做"。而事实上，曾氏抵天津后，即派人对此传闻进行调查，"查来查去并无确证"。

二是中国民众的法律程序意识相对欠缺。在包括天津教案在内的数百件晚清教案发生后，都会发现中国民众大都是自行采取狂暴的方式进行解决，比如将教堂烧毁、殴打甚至杀死传教士，有的民众对中国的教民也会进行抢劫或打杀。在天津教案中，围观民众对于丰大业和西蒙的做法不满，遂齐力将其殴毙，紧接着又将法、英、美的教堂、领事馆、仁慈堂及洋行一概焚毁，造成外国教会、商人巨大的经济损失。愤怒中的民众根本没有想到通过法律手段去解决问题，而是当下就自力处罚了"罪犯"，"罪犯"还没有进行"审判"就已经被"判决"并"执行"了。

丰大业开枪打死人固然有罪，他的责任自然有清廷与法国交涉而被予以追究，村民无权自治其罪，甚而毁国旗、烧教堂、打死20多人，致使后果极其严重。但从更深层次看来，法国对清朝的侵略与掠夺是从政治、军事、外交和文化等方面入手的，传教士的活动就是一种重要的方式，它构成了实质意义上的非正义。教民与百姓之间的争端处置上，事实上的不平等构成了形式意义上的非正义。这些非正义因素集结在一起转化成一种正义对非正义的强烈清算。从这点意义上讲，清廷"论理派"、众多士大夫和当时的国人鼓呼"宁和法国开战"，也不能答应法国的非分条件就不难使人理解了。

其次，从办案过程看以曾国藩为代表的传统士大夫操守和决观念。曾国藩深受儒家思想的熏陶，以"仁爱礼义"持身，讲究经世致用。以曾氏为代表的传统士大夫的操行在办理此案中时有体现：（1）爱国拒强。法国公使上门交涉时粗暴地宣称"敝国上下震怒万分"，如不能答应提出的条件，则"恐生兵端"。曾国藩针锋相对地指出，丰大业向我朝廷命官开枪，打死县令家人，更是事态激变的导火线。他甚而想，法国强行在中国传播他们的教义是"可恨"的，朝廷应该借此机会，将侵略者"统统逐出国门"，真正实现"御强敌于国门之外"。（2）尽忠职守。赴天津办案前，曾氏染病在身，在圣旨下达的当天，他还让李鸿章帮他运来建昌花板木材，以备后事之用。在幕僚劝说他称病请辞时，他说："我身为直隶总督，天津发生闹事，我能不管吗？"他还引用林则徐的"苟利国家生死以，岂因福祸避趋之"的悲壮诗句自勉，决心向林则徐学习，力疾受命。（3）体恤下情。曾氏到津后，并未高居督抚位上，在天津各界士民要求见他时，他耐心地听取了天津百姓和地方官的意见。他一方面为百姓的行动寻找正义的因素，另一方面在地方官面临压力时，他好言宽抚他们，更是拒不同意法国代表提出的"严惩地方官员、杀官抵命"的要求。在天津地方官因此案被革职后，他还动员僚属私人出资，安抚官员家小。他亲自为这些"罪官"送行，并沉痛地表示："三位进京受审，老夫心里深感疚意"，"让你们遭此不应有的委曲，这些日子，老夫惭愧清议，负疚神明，后悔万分。"

透过曾氏浓浓的士大夫礼义操守，还可以清晰地看到他办理此案的法观念：（1）讲究公正。曾氏在接见天津士民时，曾当众大声宣布："鄙人一定遵循国法，秉公办理。"在法国代表要求诛杀天津道台、知府、县令时，他坚持认为"命官犯法，自有朝廷处置"，他表示应"交部议处"，否则，"大损朝廷尊严、更于国法不合"。在慈禧要他"多杀几个凶手"时，他认为应以查案结果为依据而不能事先预定杀人多少。（2）注重调查。这几乎是曾氏办案的一个惯用办法。他有时微服私访，有时坐堂问讯，注意对案情作细致调查，掌握第一手材料。在办理此案时，曾氏"趁着人少的时候去踏勘闹事的现场，询问育婴堂内的孤儿"，对知情的百姓进行走访，他表示："不可再听市井议论了，要按自己已定的方针办。"他在现场附近的寺庙中整日整夜地与调查回来的幕僚交换意见，其注重调查的观念可见一斑。（3）警惕会党。曾国藩总认为会党的力量很大，破坏也最大，这一点他比其他官僚看得更准确、更深刻。会党对政权构成威胁的教训对作为镇压行家的前湘军统帅现直隶总督来说，简直是太熟悉了，他在历次办案时都留心对会党的发现与清除。当他在本案中发现被调查的对象有"水火会"的成员时，就抛开了办理教案本身的要求，提出要"借个机会，将它取缔"。这种现代社会看来类似危害国家安全的会党活动，在曾氏的法眼里是重中之重。

再次，天津教案体现了中西司法风格的差异。在不平等条约中，清政府赋予了列强对案件的"观审权"，有了"观审权"，在教案的会审过程中，就会有领事担任审委会成员，这样在审判案件时，中西法律文化又表现出了巨大的不同。在对天津教案进行法律处理时，清政府与西方国家就各自表现出了不同的司法风格：就有关法律条文的适用来说，中方并不绝对拘泥于条文的规定，往往是根据客观需要，对条文进行变通适用，西方则倾向于对法律规则的严格遵守；就处理依据的原则来说，中方认为是基于"外交和好"的原则追究官员的责任，而西方认为理应基于官员的失职而给予相应的处罚；就处理的方式来说，中方习惯于用灵活的"政治化处理"的方式处理案件，西方则习惯于用"法律化审理"的方式审结案件。

在天津教案中，共有 20 名外国人被杀，其中包括法国领事馆秘书、翻译等 3 名国家工作人员。法国坚决要求清政府将地方官员张光藻、刘杰、陈国瑞处死以抵罪，中方坚决不予应允。罗淑亚按照近代西方司法的模式，向中方提出诉讼请求，他列举种种证据，希望中方审理天津教案时支持他的诉请。在他的观念中，确凿的证据加上明确的法律规定，一定能形成他所主张的法律结果。关于这种特点，即使身为中国大员的李鸿章也深有体会："查外国审办命盗重案，必以证据口供，当堂质对确实，反覆研究，乃能定谳。"① 但是罗淑亚对清王朝的律例知之甚少，其心中的"法律"基本是法国式的。在当时的法国刑法中，杀人罪、伤害罪均有明确的构成要件界定，而且法律条文以法典形式出现，司法实践中法官不能擅自"造法"，必须严格适用制定法条文；既有的法典内容必须被尊重与遵守，甚至在法律修订的立法层面都得到体现。而与严格遵守制定法的法国传统相反，中方在审理天津教案时堂而皇之地将法律条文"灵活变通"。针对罗淑亚的指控，曾国藩"视此证据，当为捏造谣言"，但为什么说法方的证据为捏造，却未用证据进行反驳。对法方指控的官员"不使其先能辩明无罪"，就让"伊所告之三人处境"，让罗淑亚感到"实为奇怪"。曾国藩的做法是，不直接按照法律的方法厘清三名被告官员到底有无组织打教的罪行，所以对于法使的法律诉讼请求，并不是按照法律的步骤进行下去；对法方的请求也并不回应，而是首先进行"行政处理"。在未进行调查质证的情况下，首先定下基调："该府县等实不应获此重咎"，但由于法国方面"要求之意甚

---

① 中国第一历史档案馆：《清末教案》（第一册），中华书局 1996 年版，第 849 页。

坚"，为避免"大局决裂"，建议朝廷将天津府县"即行革职"，交给刑部处理，以维护大局，将陈国瑞"交总理衙门就近查办"。细分析起来，曾国藩真实的意图有二：一为"保官"，不愿受控官员受太重的处罚；二是"和洋"，以不与洋人决裂为底线。面对法方的指控，曾国藩正是基于这样的考虑，对待罗淑亚对中国官员的指控，不遵循法律规范来处理，而是根据其自己的主观意愿与客观形势作"灵活处置"。名义上将府县官员交刑部治罪，实际上是借交刑部之名将官员保护起来，又可以同时避免和法方当庭对质，以保存官员的颜面。在朝廷批准"交刑部治罪"后，原知府张光藻"因患病出省，在顺德府调治"，原知县刘杰"亦在密云县治病"。[①] 曾国藩如此"灵活变通"，体现了中国官员特有的"政治智慧"。[②]

最后，天津教案与曾国藩的人物悲剧。曾国藩的天津之行是近乎悲壮的。他在同一天收到了为自己做棺材的建昌花板和皇上的圣旨，他联想并预感"此去津门，有去无回"。在尽忠王事与畏惧艰难的冲突中，他写下了遗嘱，决心宁牺牲"衰朽之身"，也要履实君命。曾氏在办案过程中，力主"不能将地方官员抵命"，但导致了法方坚船利炮和清廷的训斥的威压，在多重法、情、势冲突面前，曾氏左右为难，最终公正、人情、国法只能向"形势"屈服，这给曾国藩的良心造成极大的痛苦。他多次表示"萃六州之铁，不能铸此一错"。曾氏和当时国内民众及朝廷的士大夫普遍排教拒外一样，也有爱国的激情并讲究民族的自尊，也有维护国家尊严和民族利益的言行。在国力严重悬殊、"战争即将爆发"的双重冲突面前，曾氏异常悲愤，是坚持自己的办案主张，维护国家尊严和民族利益，还是为"使国家和民族免遭战火"而向法方屈服？在两难选择的狭缝中挣扎的曾国藩的人物悲剧色彩因此而愈加明显。曾国藩是一个功勋盖世而又恪守儒家正统经义的精英高级官僚，他平素以"修身、养性、齐家、治国、平天下"为己任，因而自律颇严，自视颇高，一直渴望有较好的官声民望。特别是赴津之前，他即以平定"洪杨之乱"的奇功被赞誉于当世，而天津教案的办结使当时举国上下一片沸腾，人们咒骂他出卖国权，堪为民族败类，他时常感到"外惭清议，内疚神明"，乃至于对被扩大化处死的百姓家庭进行补偿

---

① 中国第一历史档案馆：《清末教案》（第一册），中华书局1996年版，第868页。
② 程锴珍：《晚清教案对中国近代法制的影响》，天津财经大学硕士论文，2017年，第20页。

和对被误伤的百姓进行周济后，他"心灵深处才觉得好受些"。天津教案无论是情、形，还是法、势在诸方面都存在着明显的冲突，要解决这些冲突就不得不扭曲自我。从办理此案的第一天起，曾国藩就自明且必然成为一个悲剧性人物，名毁津门的事实成为曾国藩内奉操守、外薄清名的一生中的最大遗憾。

二、杨乃武与小白菜案——体现清末法制与政治关系的代表性案例

（一）选案背景与教学目的

杨乃武案发生于1873年，当时余杭县属浙江省杭州府辖，位于杭州府治西北，以养蚕闻名。但是，1873年的余杭社会并不平稳，太平军对当地的破坏仍未平复。太平军最早于1855年进入浙江，其后亦曾数度占据此地。1864年3月31日撤离余杭，9月彻底退出浙江，但留下大量尸体，满城街巷荒废殆尽。1864年至翌年的杭州城内，如何安置太平军造成的大量灾民，以及收容和掩埋士兵尸体曾是极大问题。据记载，因收容野外尸体可获报酬，有人甚至把已掩埋尸体掘出，还有人扒棺木出售尸体。如此横尸遍野、举目肃杀的情景，余杭必也难以幸免。

杨乃武案发生的1873年距战乱已近十载，但因战乱相对较轻地区的人口迁入，余杭仍难称稳定。杨乃武案有关当事人，也都深受上述战乱之害。太平天国还曾造成意外影响。湘军在浙江镇压太平军有功，使其中将领未经科举即得授官，杨乃武案时任浙江巡抚的杨昌濬即是其中之一。杨为湖南省长沙府湘乡县人，随左宗棠征战立有军功而被擢拔。军人出身的杨昌濬，对当地读书人并无好感。

鸦片战争以后，清政府为支付巨额的战争赔款，进一步搜刮人民，贪官污吏也乘机勒索百姓。加上严重的自然灾害和外国势力的入侵，身处水深火热的劳苦大众纷纷起义。19世纪60年代，洋务派开展了历时30多年的洋务运动，推动了中国资本主义的产生和发展，是中国近代化的开端。坚船利炮之下，欧美文明对以传统思想为基础的中国社会和法律制度带来了巨大冲击，与此同时近代中国的司法也陷入了重重危机。杨乃武案就发生在这样一个特殊的历史环境下，可以说"杨乃武案"是特定历史时代的

产物。

该案的教学，意在让学生了解到晚清社会各阶级矛盾的冲突，认识到其所表达的传统司法审判机制背后的司法文化，形成对"马工程"教材上有关清末社会与法律、清末司法制度等内容的全面认识。

（二）案例原文与出处

禹航生一案，固已定谳，尚未奉准部议。且闻其姊赴都京控，已由清江一带因患病折回矣。又闻该革举于省中城隍庙各复审委员审阴堂时，呼品泉救我等语。品泉者，卖浆死者之号也。语多支离，遂尔定谳。闻禹航生实囊日多隐匿，故今若有魔鬼缠绕者，固不仅此案有疑窦为其惜也。读书人平日自省工夫，所以较切磋为尤亟耳。噫，可畏哉。

——《记禹航生略》，载于《申报》，1874 年 4 月 18 日

前因给事中王书瑞奏浙江复讯民人葛品连身死一案，意存瞻徇，特派胡瑞澜提讯。嗣据该侍郎仍照原拟具奏。经刑部以情节歧异议驳。旋据都察院奏浙江绅士汪树屏等联名呈控，降旨提交刑部审讯，经刑部提集人证，调取葛品连尸棺，验明系因病身死，并非服毒。将相验不实知县刘锡彤革审。并据御史王昕奏，承审人员任意瞻徇，复谕令刑部彻底根究。兹具该部审明拟定具奏：此案已革知县刘锡彤，因误认尸毒，刑逼葛毕氏、杨乃武妄供认奸，谋毙葛品连，枉坐重罪，荒谬已极，着照所拟，从重发往黑龙江效力赎罪，不准收赎。前杭州知府陈鲁于所属知县相验错误，毫无觉察，并不究明确情，率行具详，实属玩忽人命，宁波知府边保诚，嘉兴县罗子森、候补知县顾德恒、龚世童承审此案，未能详细讯究，草率完案；候补知县郑锡皐，经巡抚派令密案情，含混禀复，均着照所拟革职。巡抚杨昌浚据详具体，既不能查出冤情，迨京控复审，又不能据实平反，且于奉旨交胡瑞澜提讯后，复以问官并无严刑逼供等词，晓晓置办，意存回护，尤属非是。侍郎胡瑞澜于特旨交审要案，所讯情节，既与原题不符，未能究诘根由，详加复验，率行奏结，殊属大负委任。杨昌浚、胡瑞澜均着即行革职。余着照所拟究结。人命重案，罪名出入攸关，全在承审各员尽心研鞫，期无枉纵。此次葛品连身死一案，该巡抚等讯办不实，始终回护，几至二命惨罗重辟，殊出情理之外。嗣后各直省督抚等，于审办案件，务

当督饬属员悉心研鞫，期于情真罪当，不得稍涉轻率，以负朝廷明慎用刑之意。

——《恭录谕旨》，载于《申报》，1877 年 4 月 11 日

（三）案情解读与评析

中国古代社会是一个极度注重伦常的社会。"同食教经"，杨乃武与葛毕氏这种公开的、密切的往来很难见容于街坊。它在葛品连生前导致巷间流言四起，死后则为知县刘锡彤的先入为主、主观臆断提供了基调，又为葛毕氏的畏刑诬供准备了"素材"；而刑讯逼供和秘密审判无疑为冤案的形成提供了制度基础。从更广阔的历史背景看，王朝式微，西风激荡，清朝此时已将走到它的历史尽头，整个社会可以说已经病入膏肓。在司法审判中，由于官员无能与官场腐败，衙门放纵，冤案不穷。

杨乃武冤案得以真相大白，主要有以下几个原因：

首先，朝廷通过复查该案，敲打地方督抚，重振自 19 世纪 50 年代始逐渐衰落的皇权，进而改变"内轻外重"的权力格局，而这也正是杨乃武案能够得到纠正的一个首要原因。可以说，杨乃武与葛毕氏一案的最终处理，是朝廷与督抚权力博弈的结果。

其次，在杨乃武案的演进过程中，内阁中书汪树屏等 18 名浙籍京官的联名呈诉起了非常关键的作用。正是这份呈诉使杨乃武案进入了一个柳暗花明的顺途。"当年的人们普遍认为，是因为这些京官都是读书出身，科举入仕，而杨乃武也正好刚中举人。如果坐实杨乃武的罪名，则严重影响读书人的声誉，尤其是浙江读书人的声誉。因此他们对杨乃武的平反纠正不遗余力。"①

再次，"京控"为杨乃武争得一线生机。（1）推开了案件重新审理的程序之门。杨乃武案在浙江地方审理完毕后，杨昌濬已就案件情况和裁决意见向皇上具奏并咨送刑部。按照大清法律的规定，中央政府将开始对杨案进行审理。（2）揭开了原审诸多有悖事实情理之处并扭转了舆论的导向。在本案中，杨詹氏再次进京向步军统领衙门呈递了杨乃武所撰的控状。② 正

---

① 王策来：《杨乃武与小白菜案真情披露》，中国检察出版社 2002 年版，第 14 页。

② 刑部奏折称为杨乃武本人所写，但从内容看，控状所述审理中的一些情况又非身陷囹圄的杨乃武所能掌握，当然这并不影响其作用。

是这份极具辩护力的控状揭开了本案存在的诸多矛盾之处，从而撬动了已经铁板一块的原审认定的事实。

最后，杨乃武与葛毕氏案最早公之于众，当属同治十二年（1873）十一月十八日《申报》的报道《记禹航某生因奸谋命细情》。① 此时离杨乃武案案发仅一个月零七天。创刊于1872年4月30日的《申报》在中国民间社会，特别是江南乡间有很大影响。② 正是这篇文章，揭开了《申报》对案件长达三年多时间全程跟踪式报道的序幕，清晰地划出了该报认识本案的轨迹始笔。随着案情的展开和深入，其从最初猎奇式的报道，进而敢于揭露司法黑幕，仗义执言，为民请命，从而为杨乃武与葛毕氏一案的昭雪起到了不可或缺的作用。美国杜克大学法学院教授欧中坦曾说："杨乃武案得以广泛传播并被证实为冤，在很大程度上要感谢《申报》充满活力的记者们。"③

作为能够体现清末法制与政治关系的代表性案例，该案的意义不仅在于让我们深刻认识到晚清的政法文化，还让我们能够了解到社会的政治经济状况是一个国家司法文明程度发展的基础，法律制度的完善会为案件的解决提供保障。另外，杨乃武案给我们一个最大的启示，即舆论监督在当代中国法治建设中必不可少。杨乃武案中采取的舆论监督措施主要有两种：一是最大限度地逼近事实真相，二是发挥新闻评论的思辨优势。新闻媒介实施舆论监督的基本原则就是用事实说话，实时准确是舆论监督的生命所在。《申报》在对杨乃武案的报道中有自己的倾向，这些带有倾向性的报道，不知不觉地在杨乃武案中扮演了辩护人的角色，进而形成了有利于纠正本案的舆论环境。当然，媒介监督是一把双刃剑，我们应当把握好媒介监督司法的合理界限，最大限度地避免媒介阻碍司法独立的情况出现，通过发挥媒介舆论的监督作用去促进司法公正的实现。

---

① 陆永棣：《1877帝国司法的回光返照》，法律出版社2006年版，第214页。

② 在中国新闻史上，《申报》是最先深入中国民间社会的近代化媒体。在江南乡间，从清代到民国的几十年间，人们把《申报》当作报纸的同义语，把所有的报纸都称作"申报纸"。参见陈玉申：《晚清报业史》，山东画报出版社2003年版，第41页。

③ ［美］欧中坦：《千方百计上京城：清朝的京控》，载高道蕴、高鸿钧、贺卫方主编：《美国学者论中国法律传统（增订版）》，中国政法大学出版社2004年版，第534、537页。

三、谭嗣同献身变法案——体现清末政治人物法制精神的典型性案例

（一）选案背景与教学目的

1894 年，中日甲午战争爆发，翌年清军战败，清政府签订了丧权辱国的《马关条约》。在帝国主义列强的侵略和瓜分狂潮中，以康有为、梁启超、谭嗣同、严复等为代表的资产阶级改良派崛起于中国近代政治舞台。他们主张学习西方，实行变革，图强救国。1895 年 5 月，以康有为为首的在京应考的一千余名各省举人发动"公车上书"，揭开了变法维新运动的序幕。之后，他们建学会、办报纸、设学堂，继续上书皇帝、游说公卿、争取统治阶级的支持，逐渐将变法维新运动推向高潮。1898 年 1 月 29 日，康有为向光绪帝上《应诏统筹全局折》，请求光绪皇帝厉行变法，指出"变则能全，不变则亡，全变则强，小变仍亡"。他建议光绪皇帝以"雷霆霹雳之气"，"成造天立地之功"，效法日本，全面维新。具有爱国心、不甘作亡国之君的光绪皇帝终于接受了康有为等改良派的建议，在军机大臣翁同龢等人支持下，于 1898 年 6 月 11 日颁布了"明定国是"的诏书，是为戊戌变法上谕，宣布变法，实行新政。

然而，缺少政治经验的维新派与年轻的光绪在与后党的斗争中处于下风。慈禧发动戊戌政变，变法最终失败，成为一个美好的泡沫，光绪皇帝壮志未酬，"戊戌六君子"（谭嗣同、杨锐、林旭、刘光第、杨深秀、康广仁）亦喋血北京菜市口。谭嗣同则是"六君子"之中最不惧死亡，对后世影响最为深远的"君子"，可谓舍生取义、杀身成仁，以死唤醒国人。本案教学，不仅可以让学生充分了解谭嗣同的独特人格和事功，以及"戊戌维新"的跌宕起伏和腥风血雨，还可以增进学生对"马工程"教材上有关戊戌变法等内容的理论认识深度。

（二）案例原文与出处

被捕的前一天（八月初八日），谭嗣同先到皮库营看林旭，林旭问："你走不走?"谭答"我不走"，林云："我亦不走"。随即由后门到上斜街徐宅，仅老①留他吃饭、饮酒。他对仅老说："变法维新失败了，任公我已

---

① 仅老，即支持变法的礼部右侍郎徐致靖，后被判绞监候。庚子年出狱后别号仅叟，意谓六君子被杀，自己刀下仅存。

托日本使馆掩护他到津，由海道赴日，贼党追捕康先生甚急，吉凶未卜。"仅老问："你作何打算？"谭用筷子在头上敲了一下说："小侄已经预备好这个了。变法、革命都要流血，中国就从谭某开始。"

——许姬传：《戊戌变法侧记》

谭在狱中，意气自若，终日绕行室中，拾地上煤屑，就粉墙作书，问何为，笑曰"作诗耳"。可惜刘不文，不然可为之笔录，必不止"望门投止思张俭"一绝而已也。林旭美秀如处子，在狱时时作微笑。康广仁则以头撞壁，痛哭失声曰："天哪！哥哥的要兄弟来承担。"林闻哭，尤笑不可抑。既而提犯人出监，康知将受刑，哭更甚。刘光第曾在刑部，习故事，慰之曰："此乃提审，非就刑，毋哭。"既而率自西门出，刘知故事，缚赴市曹处斩者，始出西门，乃大愕。既而骂曰："未提审，未定罪，即杀头耶？何昏聩乃尔。"同死者尚有杨深秀、杨锐，无所闻。惟此四人，一歌、一哭、一笑、一詈，殊相殊成趣。

——黄濬：《花随人圣庵摭忆》

（三）案情解读与评析

甲午战争不仅是中国历史上的一个重要转折，而且也是谭嗣同人生道路上的重要转折。谭嗣同反复推究挽救中国的出路，认为中国积弊太深，只有仿照西方，变法图强。

1897年11月，德国强占胶州湾，各国列强也纷纷在中国划分势力范围，中国面临着被瓜分的危机。正在南京做官的谭嗣同决定弃官返湘，全身心地投入维新变法。湖南是戊戌变法时期最为活跃的省份，不仅有唐常才、樊锥、皮锡瑞等一批维新志士，而且巡抚陈宝箴等不少官员都支持维新。在这一环境下，谭嗣同与其他维新志士一道大展身手，把湖南的维新运动搞得有声有色。回到湖南后，谭嗣同自己主动担任时务学堂的教师，并动员唐才常前往时务学堂任教。又在陈宝箴的支持下，于2月21日与唐才常等人在长沙孝廉堂成立了南学会。紧接着，谭嗣同又与唐才常等人在长沙创办《湘报》，他自己担任主笔，撰写了十几篇文章，宣传维新变法。湖南维新运动走在全国的前列，顽固守旧势力向维新派发起了反扑，谭嗣同以大无畏的精神展开了针锋相对的斗争。他表示，中国今日就是要"闹到新旧两党派血遍地，方有复兴之望"。

1898 年 6 月 13 日（农历四月二十五），即戊戌变法开幕后两天，翰林院侍读学士徐致靖上《密保人才折》，举荐工部主事康有为、湖南盐法长宝道兼署湖南按察使黄遵宪、江苏候补知府谭嗣同、刑部主事张元济、广东举人梁启超等五人。徐致靖奏请光绪皇帝将他们"或置诸左右，以资顾问；或进诸政府，筹措新政"。徐致靖称谭嗣同"天才卓荦，学识绝伦，忠于爱国，勇于任事，不避艰险，不畏谤疑，内可以为论思之官，外可以备折冲之选"。1898 年 6 月 13 日，光绪发布上谕，命康有为、张元济预备召见，黄遵宪、谭嗣同由当地督抚送部引见，梁启超由总署查看具奏。

谭嗣同到达北京后，于 9 月 5 日受到光绪召见，被授予"四品卿衔军机章京"，与杨锐、林旭、刘光第一同参与新政，号称"军机四卿"。平步青云的谭嗣同对变法充满了信心，他决心利用身居中枢的机会，施展维新变法的抱负。但是，朝中的政治格局却非常不利，守旧势力聚集在西太后周围，从一开始就处心积虑地扼杀变法运动。

到 9 月中旬，政变已如箭在弦，一触即发。光绪自感朝不保夕，祸将临头，情急之中，密诏谭嗣同等"妥速筹商"。谭嗣同与康有为等看诏后，相对痛哭。谭嗣同提出争取袁世凯用武力解救光绪，他们反复商议，无计可施，只好同意这一办法，打算孤注一掷。18 日深夜，谭嗣同只身来到袁世凯寓所，将光绪的密诏给袁看，劝说他拥护光绪。袁世凯见谭嗣同的衣襟高高隆起，似乎藏有凶器，知道他志在必得，只好假意表示忠诚皇上，愿任救护之责，并说："诛荣禄如杀一狗耳！" 20 日晚，袁世凯却赶回天津向荣禄告密。21 日，西太后发动政变，将光绪囚禁在中南海的瀛台，重新"训政"。消息传来，谭嗣同还想作援救光绪的努力。计划失败后，王五劝谭出逃，谭嗣同坚决拒绝，他找到躲到日本使馆的梁启超，劝他逃走，说："不有行者，无以图将来；不有死者，无以召后起。"一位外国公使劝谭嗣同出逃，他坚定地表示："丈夫不做事则已，作事则磊磊落落，一死何足惜！并且外国变法无有不流血者，中国以变法流血者，请自嗣同始。" 9 月 25 日，谭嗣同与杨锐、林旭同时被捕。王五打算劫狱将他救出，被他拒绝。他神态自若，常捡地上煤屑在墙上写诗，其中一首道："望门投止思张俭，忍死须臾待杜根。我自横刀向天笑，去留肝胆两昆仑。" 9 月 28 日，谭嗣同等被押往菜市口刑场。刑场上，谭嗣同面对屠刀，毫无惧色，向在场的群众高声吟道："有心杀贼，无力回天，死得其所，快哉快哉！"说完，从容就义，年仅 33 岁。谭嗣同为维新变法，为中国的自强流尽了最后一滴血。

有学者曾用康有为的"策"、梁启超的"笔"和谭嗣同的"血"来概括发生在戊戌年的从"变政"到"政变"的历史过程，虽然这样的概括未必能够曲尽戊戌变法狂飙起落的全部内涵，但在那段令人亢奋同时又不免令人悲哀的短暂岁月里，这三者，特别是谭嗣同的"血"无疑给人印象最为深刻。① 上述史迹表明，谭嗣同本来是可以不死的，即使在西太后发动宫廷政变之后，他也完全有机会逃脱，他周围的不少朋友纷纷劝他出走，但都被他断然拒绝。对于谭嗣同来说，他的生命早已融入变法事业，变法失败了，他的生命也就到了尽头。确实，在一切计划都落空之后，摆在他面前的只有两条路：要么出走，要么就擒，"惟待死期"，谭嗣同选择了后者。

在生与死两极之间选择不仅需要勇气，而且需要信念，从这个意义上说，谭嗣同确乎"死得其所"。他的选择既来自他的勇气与信念，也来自他的性格与思想。

谭嗣同出生于一个封建官僚家庭，但他并未享受到这种家庭的种种特权和优越性。他父亲做官后，又娶了一个小老婆，特别宠爱。谭嗣同的母亲徐五缘和他本人均受到歧视，处处受压。在这种环境下成长起来的谭嗣同，从小就培育了一种独特的性格。他不仅感受到下层劳动人民的艰辛，培养起优良的思想品德，而且，家庭生活的不幸，封建纲常的压迫，又使他逐渐形成了坚韧倔强的意志，并产生对封建传统的叛逆心理。畸形的家庭生活以及好动的性格，又使得谭嗣同容易与下层社会接触，并形成崇尚侠义的习性。在北京读书时，谭嗣同就喜欢武术，结交侠客。他曾向华北一带著名侠客大刀王五学过武术，成为十分投契的好友。由于习武，崇尚侠义，谭嗣同形成放荡不羁、无拘无束的气质，洋溢着豁达、豪迈之气。

谭嗣同性格豪放，南来北往，极重交谊。此前，他在光绪十六年（1890）随父居武昌任所时，曾相识汪康年、缪荃孙、徐建寅、屠敬、黄绍箕、钱恂、陈三立、华世芳、姚锡光、杨守敬、邹代钧、杨锐等。1896 年 2 月，谭嗣同负笈北上，恰逢"公车上书"，京城人才荟萃，心潮激荡。谭嗣同又与文廷式、陈炽、沈曾植、张元济、熊希龄、黄遵宪、张謇、严复、李岳瑞、王照、林旭、徐致靖、徐仁铸、宋伯鲁等结交，很多人后来成为

---

① 周贵德：《血性生命与烈士情怀——谭嗣同之死》，载《档案与史学》，1995 年第 6 期。

波澜壮阔的戊戌变法历史舞台上的重要成员。这次北上访学成为谭嗣同人生和思想历程中的一个转折点。他在结束此次访学之后，曾给老师欧阳中鹄写了一封长信，其中详细地记录了访学给他带来的思想上的变化，确立了改革政治"当以兴民权为真际"的观念。他主张以"心力"改造中国，救诊堕落中的"人心风俗"，并借助佛教开导众生，用佛学普度众生，而这些思想上的变化集中体现在他的《仁学》之中。

《仁学》写于谭嗣同北上访学之后，是晚清思想界的一个"先锋"标本。《仁学》充满着对自我和历史的挑战性，它的冲击面与激烈程度在晚清思想界都是无与伦比的，也集中地反映了知识分子由传统向现代的急剧转变。事实上，谭嗣同那富于挑战性的思想与峻急刚毅的性格都使他不能见容于守旧势力，旧王朝的统治者实在不可能不杀他。另外，他的血性与"强横"，他的重然诺轻生死的侠士情怀，又使他无法选择"逃亡"一路。他既已走向了维新，那么维新就是他的归宿。对他来说，这是一种合乎自己性格和思想逻辑的选择。

谭嗣同短暂的生命铸就了可歌可泣的人生之歌，其在《仁学》里倡导的"冲决网罗"的激烈思想激励着后来同志。就在谭嗣同被杀后不久，唐才常便以"七尺微躯酬故友，一腔热血洒神州"自励，发动了自立军起义。谭嗣同的其他朋友和学生，如林圭、毕永年、何来保、蔡钟浩、周宏业、李炳寰、黎超、田邦睿等人也纷纷走上"流血革命"之路。这些人的行为虽有为义气所激的一面，但更重要的却是由谭嗣同之死所引发。虽然，他们的活动最终都失败了，但他们的活动却标志着改良时代的落幕和革命时代的到来，在两个时代的嬗变之际，许多青年知识分子完成了由改良到革命的转变。正如著名学者李泽厚所言，谭嗣同的思想"预告着改良主义将让位于民主革命，预告着革命民主主义的浩大思潮即将万马奔腾而至！"[1]

该案深刻体现了清末政治人物的法制精神，从中我们可以了解到，谭嗣同真正投入变法也只有三四年，却能站到时代前列，他的革命思想更为之后资产阶级革命派所继承和发展：陈天华将其赞为"轰轰烈烈为国流血的大豪杰"；邹容的《革命军》抄录了《仁学》中攻击君主专制的许多词句，还在谭嗣同的遗像上题诗；吴樾宣扬谭嗣同"任侠"思想并进一步扩

---

[1]　李泽厚：《中国近代思想史论》，三联书店出版社2008年版，第246页。

展为近代暗杀主义；就连一向对谭嗣同思想颇有微词的章太炎，也称道谭嗣同"卓厉敢死"的革命道德。更值一提的是，谭嗣同的思想虽然不够完整，系统性不如康有为、梁启超，深刻性亦不及严复，但其勇于追求真理的呐喊，以身许国的壮烈行动，却是一股足以震动人心的强大力量。

四、吴樾炸五大臣案——体现清末宪政改革骗局的代表性案例

（一）选案背景与教学目的

1905 年 7 月 16 日，清政府颁布上谕，为立宪做准备，派五大臣出洋考察宪政。镇国公载泽、户部侍郎戴鸿慈、兵部侍郎徐世昌、湖南巡抚端方、商部右丞绍英奉命分两路出洋。载泽、徐世昌、绍英赴英、法、日本和比利时等国，戴鸿慈、端方赴美国、德国、意大利和奥地利。经过两个多月的准备，9 月 24 日，五大臣带领参随人等准备从北京正阳门火车站出发，突然遇到炸弹事件。

《大公报》记录了当天之具体情形：大约 9 点钟，五大臣陆续来到车站，此时外务部、商部以及各部司员、京中各报馆人员等都已经先到迎候。高等实业学堂学生及军乐队学生、测绘学堂学生、崇实学堂学生、识一小学堂学生等，均穿操衣列队送行。内城工巡局巡捕及消防队早就到车站列队维持秩序，但外城的巡捕并未到车站。这天特地加花车一辆、头等车三辆、二等三等车各两辆，"头等车高插国旗，颇为荣耀"。不一会儿，各国驻京公使也来送行。至 11 点钟，开车的铃声摇响，五大臣依次登上花车，将挂行李车的时候，"砰"然一声巨响，震动天地。送行者以及各学堂学生、巡捕、消防队等纷纷奔逃，"少顷人喊儿啼，登时大乱"。过了 3 分钟不见有其他异状，才有人前往察看，只见车门被炸裂，因此得知炸弹应该是从车中爆炸。而载泽等各考政大臣还在车中。在场各人的伤势情况如下：载泽面部受微伤，黄马褂被溅血迹；绍英受伤较重；其他大臣受微伤和惊吓。此时车中炸死一人，车外炸死两人。受伤者立刻被送往医院医治。① 一

---

① 《详纪出洋大臣火车被炸情形》，载《大公报》1905 年 9 月 25 日。

时，城内人心惶惶，颐和园、各大臣府邸以及各衙门都加强戒备，严密搜查刺客。

由于事件策划极其秘密，刺客本人亦被炸得面目全非，模糊难辨，清廷一时难于查证凶手身份，官府陈骨骸数日，也无人前来认领。此后，清廷将刺客面部拍成照片，行文至各省辨认，终被认出为直隶高等学堂的学生吴樾。北京方面的侦探史某也从桐城会馆，最终查清这件震动全国的刺杀案，发难者正是住在这里的安徽桐城人吴樾。其实，此事件是当时同盟会的前身之一"军国民教育会"的有计划有组织的革命行动，直接参与策划者还有著名的革命党人杨笃生（杨毓麟）、赵声等人，革命党人吴樾壮烈牺牲。吴樾牺牲后一年多，1907 年 4 月，流亡日本东京的同盟会机关报《民报》，出版了临时增刊《大讨》，刊载了吴樾的遗文与纪念吴樾的文章。辛亥革命后，国人寻获到吴樾的遗骨，将其安葬于安庆平头山。

吴樾炸五大臣事件是中国近代史上一个重大事件。此案的学习，有助于学生全面认识清末仿行宪政时复杂的国内政局，以及对暗杀行为与五大臣出洋考察宪政形成较为客观的评价，从而为理解"马工程"教材上有关仿行宪政与立宪方案等内容夯实基础。

（二）案例原文与出处

"辰初（7 时）拜祖，亲友踵宅送行甚众。10 时，肩舆至正阳门车站，冠盖纷纭，设席少叙。11 时，相约登车。（载）泽公先行，余踵至。两花车相连，泽、徐、绍三大臣在前车，余与午桥（端方）中丞在后车。午帅稍后来，坐未定，方与送行者作别，忽闻轰炸之声发于前车。人声喧扰，不知所为。仆人仓皇请余等下车，始知有人发炸弹于泽公车上。旋面泽公，眉际破损，余有小伤。绍大臣受伤五处，较重，幸非要害。徐大臣亦略受火灼，均幸安全。"

——戴鸿慈：《出使九国日记》

（三）案情解读与评析

1904 年至 1905 年间，在中国领土上爆发了日俄战争，沙皇俄国败于区区岛国日本，一时间舆论大哗，天下瞠目。朝野上下普遍将日俄战争与宪政、专制联系在一起，认为"日本以立宪而胜，俄国以专制而败"；"非小国能战胜于大国，实立宪能战胜于专制"（《清末筹备立宪档案史料》第 29

页）。清政府中的一些大臣亲贵、地方督抚也为时局所迫，相继奏请变更国体，实行宪政，以挽救危局，一时间立宪呼声又趋于高涨。对于清廷而言，何去何从无疑是清楚的，从当时的朝野舆论看，应否立宪也已不再是中心议题。1905 年 7 月 2 日（光绪三十一年五月三十日），袁世凯、张之洞、周馥就联衔奏请于十二年后实行立宪政体。在基本获得了"救危亡之方只在立宪"的共识的基础之上，迫切需要解决的首要问题就是如何立宪和立什么样的宪。"乙巳六月，直督袁制军世凯奏请简派亲贵分赴各国考察政治，以为改政张本，朝旨俞之。"（《辛亥革命》（四）第 12 页，《立宪纪闻》）。光绪三十一年六月十四日（1905 年 7 月 16 日），清廷下达"考察政治谕"。从这则上谕看，派员"分赴东西洋各国考求一切政治"的目的有三。其一，是试图洞达东西各国致富致强之原委。为了探寻富强原委而破"因循敷衍"，派员考察各国政治。这些主张是张之洞和刘坤一在 1901 年就曾提出过的："论今育才强国之道，自应多派士人出洋游学为第一义。"（《江楚会奏变法第三折》，见《江楚会奏变法折》）。其二，是"用备甄采"，"以期择善而从"，意即通过考察各国政治情况，为中国立宪之借鉴。其三，简派亲贵出洋考察，还包含了西太后在谕旨中无法明言的意图，亦即考察宪政是否有利于满洲朝基础的"确固"和是不是会"妨害"皇权。据 1905 年《醒狮》第一期报道，在决定派五大臣出洋考察时，西太后曾面谕："立宪一事，可使我满洲朝基础永远确固，而在外革命党亦可因此消灭。俟调查结局后，若果无妨害，则必决意实行"，正是由于西太后的"决意实行"是以"果无妨害"为前提，所以谆谆告诫："其各随事诹询，悉心体察，用备甄采，毋负委任。"

受"拒俄运动"的影响，民族主义和民粹主义思潮在当时的中国十分盛行。在推翻清朝政权的问题上，革命党人内部主要有两种倾向：一是武装暴动，如孙中山为首的兴中会、黄兴为首的华兴会等；一是个人恐怖、暗杀，这是受了俄国无政府主义思想的影响，如张继、蔡元培、杨笃生、章士钊等人。为此，他们在 1903 年拒俄运动中产生的"拒俄义勇队"的基础上，组织了"军国民教育会"，结纳勇于舍身成仁的革命志士，谋划暗杀方案，试制暗杀武器等。当然，这两种主张及其成员、组织并不是互相排斥的，而是互相包容，互相配合的。在"军国民教育会"改组方案中，就主张运动分"鼓吹、暗杀、起义"三部进行，宣称"欲先狙击二三重要满大臣，以为军事进行声援"，并在会内秘密成立了"暗杀团"。此会由杨笃生、何海樵主持，黄兴、陈天华等都加入了。1904 年夏，该组织为策应 10 月黄兴在长沙的起义，曾在上海秘密成立"爱国协会"，联络各地人士响应起义。陈独秀也应章士钊之邀，由皖至沪月余，由杨笃生监盟，参加了"军国民教育会暗杀团"和"爱国协会"。这一时期，革命党人策划的暗杀事件非常之多，比较著名的有史坚如炸德寿、"甲辰三暗杀案"、刘师复炸李准、汪精卫炸摄政王载沣、温生才刺孚琦、李沛基炸凤山、彭家珍炸良弼以及吴樾炸五大臣等。

对五大臣出洋考察，以孙中山为首的同盟会革命党人，一方面发表大量文章揭露批判清政府和保皇派的立宪伎俩，另一方面则积极进行武装斗争的准备。但也有一些反清革命志士认为：上述两个办法虽好，但实行起来既遥远，又艰难。在他们看来，只有施行暗杀，在五大臣出国之前就从肉体上消灭，才能粉碎清廷的假立宪阴谋，这些主张暗杀的反清志士中就有年方 27 岁的吴樾。

吴樾，字梦霞，后改为孟侠，安徽桐城人，生于光绪四年（1878）。戊戌变法前，吴樾走的是当时一般旧式文人的道路。从 12 岁起，他年年参加童子试，年年落第。19 岁以后，吴樾弃八股，爱古文辞，特别是好历史。据记载：吴樾"每读明史，朗诵长吟，感叹唏嘘不能置"，逐渐萌生了最初的民族思想。1902 年，吴樾考入保定高等师范学堂，开始接触到《黄帝魂》《警世钟》《孙逸仙》等反清革命书籍后，特别是读了邹容的《革命军》与章太炎鼓吹的革命文章后，思想上震动极大。从此，确立了反清的革命思想和政治立场。

1903 年暑假，吴樾专程到上海狱中看望了因"苏报案"被关押的邹容与章太炎，并结识了陈独秀、张继等革命党人。当时在革命阵营中，暗杀之风盛行。这种风气也感染了吴樾，并由此结识了革命党人赵声。此后，赵声又介绍湖南的一位革命党人杨笃生来保定。杨笃生是《新湖南》一书的作者，在北京武学官书局工作，正在秘密从事暗杀活动的准备工作。他到保定后，与吴樾刺血订盟，成立了暗杀团体。就这样，吴樾一边刻苦学习爆炸技术，一边精心地寻找暗杀目标，发誓：不杀铁良，不足以言革命。吴樾还为此专门写了一篇《暗杀时代》，说明暗杀铁良的意义与决心，以备自己牺牲后留给后人，但暗杀铁良始终未得手。

　　吴樾认为宪政考察是清廷欺骗民意，"以欲增重于汉人奴隶之义务，以巩固其万世不替之皇基"。杨笃生也神气沮丧地说："清廷伪为预备立宪，遣五大臣出洋考查政治，以愚吾民，恐中国永无再见天日之会矣。"吴樾怒不可遏，决定改变行刺铁良为炸五大臣，慷慨地说："彼五大臣可击而杀之也。"但未能如愿成功，终杀身成仁。吴樾的行动，对当时的革命运动有一定的影响，尤其是他忧国忧民的爱国主义情思和为了革命勇于自我牺牲、视死如归的精神，为后人所敬仰。

　　吴樾刺杀五大臣，其主观目的是为了达成其革命主张，但是从当时的报刊舆论来看，其行动的客观效果是使得国人惊叹于五大臣所受到的威胁，进而同情他们的遭遇，从而心系于清政府的改革。吴樾的爆炸暗杀行为不仅未达目的，也未能阻止清廷出洋考察宪政的决心。因受炸弹事件的影响，五大臣出洋日期延后，且人员组成方面由尚其亨和李盛铎代替升迁的徐世昌和受伤的绍英。

　　端方、戴鸿慈一行于光绪三十一年十一月二十三日（1905 年 12 月 19 日），从上海乘船出发，经日本，先后到过美国、德国、丹麦、瑞典、挪威、奥国、俄国、荷兰、瑞士、比利时、意大利等国。在五个考察国中，端、戴一行在德国停留最久，先后两次入境，计 67 天；美国次之，计 35 天，奥、俄、意又次之，均在 10 天左右。光绪三十二年闰四月十三日（1906 年 6 月 4 日），由意大利乘船回国，六月初一日（7 月 21 日）抵上海，十三日（8 月 2 日）由沪起程回京，六月二十一日（8 月 10 日）回京覆命。

　　载泽、李盛铎、尚其亨一行，于光绪三十一年十二月二十日（1906 年 1 月 14 日），始从上海乘船出发，先后到过日本、美国、英国、法国、比利时。美国已由端方一行负责考察，载泽等将之作为游历访问，而日、英、法、比等国，均列为考察国家。载泽等一行在列为考察诸国中，在法国停留了 52 天，历时最久，两度出入，在英国计 45 天，在日本停留 29 天，比利时 16 天，在美国游历了 15 天。考察完毕后，载泽、尚其亨于光绪三十二年闰四月十九日（1906 年 6 月 10 日），从法国马赛起程回国，五月二十一日（7 月 12 日）抵上海，五月二十八日（7 月 19 日）由沪返京，六月三日（7 月 23 日）回到北京。李盛铎因赴出使比国大臣任，留比利时未回。

　　载泽、端方等人，每当在一国考察、游历结束时，都及时向清政府奏报，简要地报告考察、游历经过及观感。在这些奏折中，有他们考察后得出的结论，也有介绍外国的政治体制及统治得失。载泽、端方等奏请立宪的奏折中，最著名的是载泽的《奏请宣布立宪密折》和端方的《请定国是以安大计折》。五大臣考察欧美各国政治及其结论，特别是对德日"急于师仿不容刻缓"的呼吁，对清末立宪产生了直接而深刻的影响，甚至可以说给清末制宪拟定了基本思路和框架。

综合起来，五大臣在欧美的考察活动主要有以下一些内容：首先，是参观访问与社会调查。如，戴鸿慈、端方对美国的国家制度和文化进行了描述："于谒见美总统后，即由美廷派员导观各处，自公署、学堂、议院、下及商肆、工厂，排日考求。又至美之东境纽约、费城、波士顿等省，阅视 切。""计在美境一月有余，未尝片刻安暇，其有不及调查者，并派参随各员分途前往，冀收兼听之效。又丁美国行政各部索取现行章程，酌派参随学生摘要译出，以资参考。"① 其次，是参与研讨学习交流。如，在英国考察期间，载泽多次邀请英国政法学院的教授珀西·埃喜介绍英国宪法和宪法制度；又如，在美国考察期间，戴鸿慈多次与陪同考察的美国总统特使精琦先生"细谈财政大要"，甚至邀请美国议员到居住寓所讲授华盛顿的地方自治章程。最后，是翻译整理各国政法类图书资料。通过搜集，考察团带回了大量有关宪法、政治、财政、军事等方面的资料，翻译编纂了《欧美政治要义》18 卷、《列国政要》133 卷等法政类书籍，并将这些资料送交考察政治馆，成为当时了解西方宪政制度的重要材料。考察官员对各国宪政体制的利弊得失的分析，体现在他们的著作和奏折中，如，载泽的《出使各国考察政治大臣载泽等奏请以五年为期改行立宪政体折》《奏请宣布立宪密折》，端方的《请定国是以安大计折》以及戴鸿慈和载泽的考察心得《出使九国日记》与《考察政治日记》。可见，五大臣第一次出洋考察宪政直接推动了"预备立宪"上谕的颁布，使君主立宪政体成了清政府宪政探索的共识。

第一次考察完成后不久，宪政探索活动开始公开化，西方宪法文化的传播使得清末预备立宪活动走向了高潮，近代中国的宪政思潮也呈现了多元化的特征。此时的中国，已经被高涨的宪政革命活动所覆盖，1907 年 7

---

① 故宫博物院明清档案部编：《清末筹备立宪档案史料》，中华书局 1979 年版，第 7 页。

月 28 日，袁世凯上书朝廷要求立即开展第二次出洋考察宪政活动，以加速预备立宪进程，缓解国内危局。是年 9 月 10 日，清政府再次发布上谕，以李家驹为考察宪政大臣，遣外务部右侍郎汪大燮出使英国、学部右侍郎达寿（后由胡惟德代替）出使日本、邮传部右侍郎于式枚出使德国。虽然，第二次出洋考察宪政活动的规模不及前一次，但此次考察目标明确、内容详细、人员精干、时间较长。从考察英国、德国与日本这三个国家可以看出，相比首次"考求一切政治"的目标，此次考察宪政的重要任务就是对君主立宪国家及其立宪方式进行深入研究，在历时约两年的时间里（从 1907 年 9 月至 1909 年秋），诸考察大臣按照宪政编查馆的 6 大开送要目：第一类宪法史，第二类宪法，第三类立法，第四类行政，第五类司法，第六类财政等进行重点考察。可见，第二次出洋考察宪政的目标更加明确，内容也更加深入。其中，汪大燮通过对英国宪政制度的考察，编纂了《宪政要目答问》《英国宪政要义》《英宪因革史》《政枢纲要》《枢密纪略》《国会通典》《国会立法议事详规》《选举法志要》《法庭沿革史》《司法考略》《民政辑要》等十余部解释英国宪政历史和制度的著作。其中，他借鉴英国学者阿德巴泽的宪政观点，阐述了"君主大权"的主张："君主之权有三。大臣仰而代商，一也；勉励大臣，二也；敬戒大臣，三也。"以此，他构建了一套君主神圣性的理论，"君主之于国也，尊严若神……故君主常戒其臣曰：凡此行政之责，尔诸臣实任之，尔审其以为可，则行之，予惟有助成尔志耳……大臣禀其告诫，行事慎之又慎，此中有至审之效焉"。[①] 可见，第二次出洋考察更加具体，对英国、日本等君主立宪国家宪法制度的观察更深入。

综上，经过两次出洋考察宪政，一些政府重臣目睹了西方宪制下的繁荣与富足，感受到了西方民主制度的优越性，他们回国后不断推出相关著作，并上奏呈请立宪，这使得晚清政府的高层统治者得以更全面了解西方政治体制。载泽和端方等大臣成为立宪速行派的代表，他们"痛陈中国不立宪之害，及立宪后之利"，加速了清末"预备立宪"上谕的发布，在宏观上推动了"仿行立宪"的历史进程，具有一定的积极意义。我们可以从中

① 韦庆远、高放、刘文源：《清末宪政史》，中国人民大学出版社 2004 年版，第 239 页。

看到，出洋考察宪政是清末政府挽救危亡的重要措施，是西方宪法制度进入中国政治生活的重要桥梁，考察大臣对于宪政价值的体认与领悟，对于宪法制度的选择与扬弃，为清末立宪构建了基本思路与框架，同时也给中国近代以来宪政之路的探寻打下了深深烙印。

五、苏报案——近代中国法律观念变革的代表性案例

（一）选案背景与教学目的

1900 年，义和团运动失败。1901 年，清政府与列强签订《辛丑条约》。从此，清政府已完全背离广大民众之意志，成为列强统治中国之工具。在深重的民族危机下，越来越多的知识分子认识到清政府已腐败到极点，继续走改良主义之道已经行不通，故只有彻底推翻其统治才能挽救中国。在这种情形下，革命势力日益增长，革命思潮亦逐渐在中国大地上兴起。1902年至 1903 年，一群先进的知识分子开始在上海倡言革命学说，宣传革命工作。当时，章炳麟写就《驳康有为论革命书》，邹容完成《革命军》，这两部宣扬反清和力主革命之书相继在《苏报》上发表，将矛头直指清政府之腐朽统治。

事实上，最初《苏报》仅是一份名不见经传的"营业性质之小报"，它于光绪二十二年（1896）在上海创刊，常因刊登一些黄色新闻而与租界当局频生纠纷，后又因经营不善，一度难以为继。光绪二十六年（1900），该报全盘出让给"思以清议救天下"的湖南人陈范，但该报仍无起色。两年后，上海南洋公学爆发学潮，《苏报》开辟"学界风潮"栏目，专门报道各地学潮之情况，声援学生反对学校干涉言论自由，于是默默无闻的《苏报》随即引起大众之关注，销量剧增，并一跃成为学潮之鼓手和旗帜，甚至令《申报》等大报均黯然失色。

为进一步扩大报纸的影响力，陈范延请蔡元培、吴稚晖、章炳麟等人轮流撰稿。光绪二十九年（1903），陈范正式聘请同是湖南人的章士钊担任《苏报》主笔，对该报进行"大改良"。此后，章士钊等人以《苏报》为阵地，大肆宣扬革命。这些激进的革命言论，自然为清廷当局所不容。为扼

杀这股革命风潮，清廷密令地方督抚逮捕宣扬革命的章炳麟、邹容等人，网罗已经迅速铺开，《苏报》厄运随即到来。于是，苏报案正式发生。

该案的教学，拟以"马工程"教材上有关清末司法制度与领事裁判权的内容为切入点，意在使学生认识到租界的会审制度对中国司法主权之侵害、中国传统司法文化与近代西方司法文化之冲突与碰撞，以及西方司法文化对中国传统司法向近代转型的推动作用。

（二）案例原文与出处

苏报馆一案，经原审官上海县汪令懋琨，于本月初七日在英界会审公堂讯结，其判词如下：本县奉南洋大臣委派，会同英副领事审讯苏报馆一案。今审得钱允生、陈吉甫，一为馆友，一为司帐，已管押四月，应行开释。陈仲彝系馆主陈范之子，姑准交保，寻父到案。龙积芝（之）系鄂督访拿之人，惟案无证据，且与苏报馆一事无干，亦应省释。至邹容作《革命军》一书，章炳麟作《訄书》，并作《〈革命军〉序》，又有《驳康有为》一书，言语纰缪，行同悖逆。彼二人者，同恶相济，罪不容恕。议定邹容监禁二年，章炳麟监禁三年，罚作苦工，以示炯戒。限满释放，驱逐出境。此判。

——《北洋官报》，1904 年第 300 期

（三）案情解读与评析

1902 年后，《苏报》日益成为革命派的宣传阵地。尤其是在 1903 年，该报大量刊登革命学说，倡导革命活动。例如，6 月 1 日，《苏报》发表章炳麟的《驳康有为论革命书》，公开倡言革命；6 月 9 日，章士钊在《苏报》发表《读〈革命军〉》，大力赞扬邹容的《革命军》。6 月 10 日，《苏报》发表章炳麟的《〈革命军〉序》；6 月 29 日，《苏报》刊登章炳麟的《康有为与觉罗君之关系》，其中指出"然则公理之未明，即以革命明之；旧俗之俱在，即以革命去之。革命非天雄、大黄之猛剂，而实补泻兼备之良药矣"，甚至还辱骂光绪帝是"载湉小丑，未辨菽麦"。此论一出，众皆哗然。

为扑灭革命党人造就之革命风潮，清廷命两江总督魏光焘严加查办。为慎重起见，魏光焘遂令江苏候补道俞明震前往沪上，会同上海道袁树勋与上海租界势力交涉，以逮捕宣扬革命的章炳麟诸人。经过多次交涉，租

界方面同意抓捕相关涉事人员，但条件是"所拘之人，须在会审公堂中外会审，如果有罪，亦在租界之内办理"①。1903 年，上海租界工部局派遣巡捕赴"苏报馆"执行逮捕，无获。次日，巡捕前往"爱国学社"探查，遇到章炳麟，章曰："余人俱不在，要拿章炳麟，就是我。"于是，章炳麟被捕。7 月 1 日，邹容亦主动投案。同时被捕的还有钱允生、陈吉甫、陈仲彝、龙积之等人。7 月 7 日，苏报馆被查封。

在苏报案中，章炳麟和邹容是整个案件之主角。7 月 15 日，在公共租界的"会审公廨"中，由中外双方对章、邹二人进行第一次会审，中方是清政府派出的代表孙建臣、汪懋琨，英方是副领事迪比南。此外，因为中国缺乏法律人才，清政府不得不聘请两位外籍律师古柏和哈华托作为代理人。被告亦聘请外籍律师博易和琼司担任辩护人。庭审中，先由古柏宣读《控告苏报条款》，控告《苏报》及章炳麟、邹容等"故意诬蔑今上，挑诋政府，大逆不道，欲使国民仇视今上，痛恨政府，心怀叵测，谋为不轨"，并在《苏报》发表的革命言论中寻找罪证。② 章炳麟承认《驳康有为论革命书》是自己所作，并在庭上自辩曰："因见康有为著书反对革命，故我作书驳之。所指书中'载湉小丑'四字触犯清帝圣讳一语，我只知清帝乃满人，不知所谓圣讳，'小丑'两字本作'类'字或作'小孩子'解，苏报论说，与我无涉。"③ 邹容亦承认："《革命军》一书，乃我所作。"别无他言。当着众多围观之市民，章、邹在庭上藐视清廷之言辞，无疑让煌煌天朝大失威仪。

21 日，苏报案第二次公开审理。原告律师以"另有交涉"为借口请求"改期会讯"，随即遭到辩护律师博易之强烈反对。同时，博易向法庭质疑："现在原告究系何人？其为政府耶？抑江苏巡抚耶？上海道台耶？"又言："政府律师如不能指出章、邹等人所犯何罪，又不能指明交涉之事，应请将此案立即注销。"此论一出，庭上一片茫然，审判已经进行这么久，却连原告的资格问题都未确定。逼得汪懋琨只好回答："章、邹等犯，系奉旨着江苏巡抚饬拘，本分府惟有遵奉宪札行事而已，随即将札文出示。"④

---

① 徐昕主编：《正义的想象——文学中的司法》，中国法制出版社 2009 年版，第 381 页。
② 上海通社编：《上海研究资料续编》，上海书店 1984 年版，第 76 - 79 页。
③ 中国史学会编：《辛亥革命》（第一册），上海人民出版社 1957 年版，第 377 页。
④ 参见《二讯革命党》，载《申报》，1903 年 7 月 22 日。

在该案的审判期间，清政府意图将章、邹等人"引渡"，以便押往到南京置于死地。所谓"引渡"，本来指一国应别国的要求，将被别国指控有罪或已判刑之人移交该国的行为。租界本是中国领土，清政府要求租界当局移交犯罪的华人，本不应称之为"引渡"，但由于租界事实上已成为清政府不能有效行使主权的特殊地域，因此租界当局视这种行为为引渡。①

7月31日，正在清廷与各国商讨引渡期间，记者沈荩因揭露"中俄密约"之消息，在京城被活活打死。外人本就对中国司法之野蛮性存有偏见，经过沈荩案，外人进一步对中国司法质疑，且很快便转移到苏报案上。可以说，沈荩之死让租界当局有了拒绝"引渡"章、邹之直接理由，即便是原来赞成"引渡"的外国公使和领事，都纷纷改变立场，一致反对"引渡"。甚至当时的英国首相斐尔福还直接向驻华公使下达训令："现在苏报馆之人，不能交与华官审判。"② 最终，清廷在引渡苏报案诸人上宣告失败。

1903年12月3日，苏报案第三次开庭审理。这次由会审公廨成立"额外法庭"，由租界当局和上海县令会审。先有原告律师指控章邹二人"登报著书，扰乱人心"，再由被告律师进行辩护，指出原告没有真凭实据，必须当庭释放章邹二人。4日，继续开庭审理。章炳麟对他在《苏报》上辱骂光绪帝为"载湉小丑"进行解释。他说："至于'小丑'两字本作'类'字或'小孩子'解，并不是毁谤。至今上圣讳，以西律不避，故而直书。"③ 5日，辩护律师琼司为章、邹作无罪辩护，言："章、邹二人，系年轻学生，处于爱国之忱，并无谋叛之意。"④

12月7日，代表清政府参见会审的上海县令汪懋琨竟完全撇开租界当局，率先作出判决："邹容、章炳麟照例科罪，皆当处决。今适逢万寿开科，广布皇仁，照拟减定为永远监禁，以杜乱萌而靖人心。"⑤ 汪懋琨此举，毫无意外地遭到一同会审的英副领事之反对。故而，该判决未能生效。此后，双方在判决问题上僵持良久。直到1904年2月，外国公使团督促清政府，若还不结案，便要将在押之犯人全部释放。于是，清政府不得不让步，

① 蔡斐：《二十世纪影响中国司法的20大案》，中国法制出版社2013年版，第8页。
② 方汉奇主编：《中国新闻事业编年史》（上），福建人民出版社2000年版，第253页。
③ 参见《续讯革命党案》，载《申报》，1903年12月5日。
④ 参见《三讯革命党案》，载《申报》，1903年12月6日。
⑤ 参见《中英等交涉苏报案当事人问题文电》，载《历史档案》，1986年第4期。

在量刑问题上进行妥协。5 月 21 日，"额外公堂"最终作出判决："议定邹容监禁二年，章炳麟监禁三年，罚作苦工，以示炯戒。限满释放，驱逐出境。"① 此时，距离苏报案发生的时间已经过去了十余个月。

苏报案作为近代中国法律观念变革的代表性案例，有学者将其视为"晚清中最大的一次文字狱"和"二十世纪中国第一次重大转型时期一个极富象征性的事件"。② 透过苏报案，我们既能领会到列强对近代中国司法主权之侵害，亦能感受到中西法律文化之间的激烈冲突与碰撞，还能看到该案客观上促进了中国传统法律观念之变革和推动了中国革命之进程。

首先，苏报案体现了会审制度对中国司法主权之侵害。审理苏报案的机构是租界内的会审公廨，这是一个由清政府官员和外国领事组成的"混合法庭"（Mixed Court）。在这个中西合璧的审判庭上，坐着的是中国官员和外国领事。租界本就是对中国领土主权之侵害，而在租界设立会审公廨实行会审制度，由中外双方会同审理案件，无疑是对中国司法主权之侵害。正如有些学者所指出："依不平等条约规定的所谓'会审'制度，系指在列强霸占的中国领土'租界'内，由中国政府所委派的官员与驻该地领事馆派遣的官员组成会审衙门，审理'租界'内案件的制度。是列强在中国之'国'中强行实行的殖民主义制度之一。"③ 在苏报案中，清政府作为原告，章炳麟和邹容作为被告，而参与审理的确是外国领事。作为一国权力象征的清政府，居然在外国租界法庭上，屈尊为指控方，控告自己的国民，这不仅是旷世奇闻，亦是对中国司法主权之极大侵害。实际上，尽管是中国官员会同外国进行审理，但主导庭审的并不是中国官员。因此，所谓的会审，只是空有其名。当时，英副领事迪比南甚至明确表示若无他之同意，判决将不能作出。迪比南指出："当然，不需要我说，本案不是由知县单独作判决。"④ 故有学者批评："清政府在本国领土上以原告身份聘请外国律师控告其'臣民'，并由外国领事主掌审判权，实乃中国司法史上的一大

---

① 参见《苏报案判词》，载《北洋官报》，1904 年第 300 期。
② 傅国涌：《风雨百年"苏报案"》，载《书屋》，2003 年第 10 期。
③ 范明辛、雷晟生：《中国近代法制史》，陕西人民出版社 1988 年版，第 62 页。
④ 上海社会科学院历史研究所编：《辛亥革命在上海史料选辑》，上海人民出版社 2011 年版，第 15 页。

丑闻。"①

其次，在苏报案的审理过程中，处处透露着中西法律文化之间的激烈冲突与碰撞。有学者指出："中国无所不能的专制权力与一无所有、唯有一腔热血的两个平民有了一次面对面交锋的机会，东西方两种不同的政治文明、价值观念有了一次面对面冲突的机会。"② 其实，除了政治文明和价值观念之冲突外，中西法律文化之冲突在苏报案中亦体现得淋漓尽致。譬如，在开庭审理时，参加审判的上海县令汪懋琨喝令被告跪下，但立即遭到辩护律师之阻止，理由是"此乃会审公廨，而非贵县衙门，各国审判皆无下跪此例"，搞得汪懋琨不知所措，只得同意辩护律师之意见。在发表言论是否为罪方面，在清廷看来，任何对自己进行批评之言论，均属大逆不道，更不用说是公然宣扬激进的反清革命，发表这样的言论无疑是死罪。而在租界领事眼中，发表文章批评和抨击政府，无疑是公民之基本权利，公民有这样的言论自由。在为被告提供法律援助上，琼司和博易作为被告之辩护律师，是由租界的工部局进行聘请，其具体依据是对因贫困等原因无法聘请律师之人，由政府提供法律援助。租界当局为被告人聘请律师之行为，让清政府的官员十分吃惊，"闻各犯律师系工部局代清，不知何心"。在定罪量刑上，汪懋琨根据《大清律例》之规定："凡造谶纬妖书妖言及使用惑众者，皆斩。若私有妖书，隐藏不送官者，杖一百，徒三年。"章炳麟和邹容发表之革命言论属于"谶纬妖书妖言"，此乃杀头之死罪。作为原告律师的古柏，他认为《大清律例》规定过于笼统，便根据英国法律将指控的罪名改为"煽动性的诽谤罪"，即"恶意撰写、印刷、出版被认为是有煽动性的文章，或导致其作品被印刷、出版"。然而，尽管章炳麟和邹容分别承认撰写了宣扬反清革命的《驳康有为论革命书》《革命军》，但他们均否认这些书籍之印刷、出版与自己有关。因此，法庭只能证明被告撰写了宣传革命思想的书籍。被告律师正是抓住这点，用"思想自由""言论自由"为被告进行辩护，这种辩护思路是原告律师古柏、主持审判的迪比南所不能否认的。但是，对于同是会审的中国官员而言，这是完全无法理解的。以上诸方面，均体现出中西法律文化之间的冲突与碰撞。

---

① 李力：《法制史话》，社会科学文献出版社 2000 年版，第 130 页。
② 傅国涌：《风雨百年"苏报案"》，载《书屋》，2003 年第 10 期。

最后，苏报案客观上促进了中国传统法律观念之变革和推动了中国革命之进程。一方面，该案促进了中国传统法律观念向近代发生转型。在苏报案中，高高在上的清政府作为原告，屈尊降贵地向所属的地方下级法庭控告自己的"臣民"，以实际行动打破了传统诉讼模式，该案不仅使清政府颜面尽失、威信全无，亦改变了民众对清政府之看法，近代西方的法律观念开始进入中国民众的心中。同时，亦正是在中西法律文化之冲突与碰撞中，暴露了中国传统司法的重重危机，该案使得清廷统治当局深刻地认识到若再不变革"祖宗之法"，无论是在和西方列强之交涉上，还是在对普通民众之统治上，都会处于不利地位。在苏报案之刺激下，清廷加快了法制改革之进程，以求与西方接轨。1906 年，清廷正式下诏，参政西律，改革国家法律。可以说，苏报案客观上促进了中国传统法律观念之变革，为其向近代化转型提供了动力。另一方面，该案亦推动了中国革命之进程。清政府本欲通过对苏报案相关人员之审理，杀一儆百，以达到阻止革命思潮蔓延之目的，最终结果却适得其反，革命思想之影响反而迅速扩大。后来，孙中山曾对苏报案进行评价："此案涉及清帝个人，为朝廷与人民聚讼之始，清朝以来所未有也。清廷虽讼胜，而章、邹不过仅得囚禁两年而已，于是民气为之大壮。"[1] 新闻史专家胡道静亦言："苏报案在历史上的意义很大的。其正面的影响，就是革命派不过牺牲了一个报馆，毕竟予清政府以极锋利的舆论攻击，使它全盛时代以毒辣手段焚书坑儒的威严全消失了。其侧面的影响，是清廷虽以雷霆万钧之力，欲提办章、邹诸人，卒以事出租界，外人为维护其既得之行政权的缘故，卒未使它达到野心的目的；以后的上海言论界、出版界多数集中于公共租界，这件事情有莫大的关系。"[2] 由此观之，在苏报案中，尽管章炳麟和邹容均被判处刑罚，却造就了民众之觉醒，故最后胜利的还是革命党人。可以说，"大清帝国不仅在法律上败给了西方，更是在外国人的干预下败给了自己认为可以像蚂蚁那样随意掐死的刁民"[3]。此后，章炳麟和邹容在监狱中受尽折磨，邹容甚至因此瘐死狱中，但章、邹二人之声名从此远播，奠定了他们民主革命宣传家之历史

---

① 黄彦编：《孙文选集》（上），广东人民出版社 2006 年版，第 92 页。

② 杨光辉等编：《中国近代报刊发展概况》，新华出版社 1986 年版，第 331 页。

③ 谌洪果：《转型阵痛中的被动司法——评蔡斐博士论文〈1903：上海苏报案与清末司法转型〉》，载徐昕主编：《司法》（第 7 辑），厦门大学出版社 2012 年版，第 202 页。

地位。苏报案还在一定程度上促进了革命团体"光复会"和"华兴会"之成立，这为后来"同盟会"之创建奠定了基础。

六、宋教仁被刺案——中国近代民主政治发展挫折在法制领域体现的典型性案例

（一）选案背景与教学目的

1911 年 10 月，武昌起义拉开反抗清廷统治的序幕，各省纷纷成立军政府宣布脱离清廷统治而独立，清王朝迅速土崩瓦解。1911 年 12 月 3 日，各省都督府代表联合会在汉口议决通过了《中华民国临时政府组织大纲》，于即日宣布；并以此为据，在南京举行各省的代表会，于 1911 年 12 月 29 日选举孙中山为中华民国南京临时政府第一任临时大总统。1912 年元旦，中华民国南京临时政府宣告成立。

《中华民国临时政府组织大纲》共四章（临时大总统、副总统，参议院，行政各部，附则）二百一十一条。其特点是：实行总统制和三权分立的政府体制，采取一院制的议会制度，临时中央审判所行使司法权。《中华民国临时政府组织大纲》是一部具有临时宪法性质的政府组织法，它从法律上肯定了辛亥革命推翻封建专制的成果，为资产阶级民主共和政体提供法律基础，为南京临时政府的建立提供法律依据。其缺陷是缺乏民主性和民主基础，政权运作及内部机构相互制约关系缺少相应规定，没有规定人民的民主自由和权利。

1912 年 1 月 5 日至 27 日，各省代表会代理参议院，决定景耀月、张一鹏、吕志伊、王有兰、马君武五人为"起草员"，负责起草《中华民国临时约法草案》，又决定林森等九人为"审查员"，负责审查《临时约法草案》。28 日，参议院正式成立之后，2 月 6 日至 3 月 8 日期间连续开审议《临时约法草案》的第一、二、三读会。3 月 8 日，参议院全案通过《中华民国临时约法》，并咨请临时大总统予以公布。11 日，孙中山以临时大总统名义，于《临时政府公报》第 35 号公布《中华民国临时约法》。

《中华民国临时约法》共分 7 章，依次为总纲、人民、参议院、临时大总统副总统、国务员、法院、附则，计 56 条。该法确立"主权在民"的民

主共和原则；规定了人民的平等、自由原则，具体规定了人民享有的权利、自由；确定了"三权分立"的国家权力原则；建立一院制议会、责任内阁制和司法独立等制度和原则，因而是一部具有资产阶级共和国宪法性质的文件。《临时约法》是在资产阶级革命派、立宪派和以袁世凯为代表的反动势力之间围绕政权问题而展开的尖锐复杂的斗争中产生的，是在孙中山提出辞去临时大总统（1912 年 2 月 13 日）、袁世凯就任临时大总统（3 月 10 日于北京）之际颁布的。这一阶级斗争形势、阶级力量对比关系，决定了《临时约法》有一个突出的特点，即有一些限制临时大总统权力的条文，如：改总统制为责任内阁制，限制袁世凯独裁；扩大参议院的权力，与袁世凯抗衡；规定严格的修改程序，防止袁世凯擅自篡改。

1912 年中华民国成立，宋教仁被任命为法制院院长。1912 年 8 月中国同盟会改组为国民党。宋教仁希望在将来的国会选举中国民党能争取多数席位，在安徽、上海、浙江、江苏等地到处演说。为了达到"制袁"的目的，在宋教仁的主持经营下，1913 年 3 月，中华民国第一届国会选举基本结束，国民党在参、众两院 870 议席中占有 392 席，取得重大胜利。国民党的选举胜利，进一步抬高了宋教仁的政权预期和政治热情。根据《中华民国临时约法》的规定，国民党将以多数党的地位组织责任内阁，代理理事长宋教仁欲循欧洲"内阁制"惯例，以党首身份组阁，出任内阁总理。

有 10 年老资格的革命党人宋教仁年仅 31 岁，正处而立之年，组阁之夙愿得遂，正指点江山、意气风发。10 余天前，宋氏登杭州之南高峰，看钱江潮起潮落，做诗言志，抒胸中之意，称此时之心态，似"竞上高峰""欲挽强弓"以成政治伟业。

1913 年 3 月 20 日，宋教仁拟乘坐沪宁列车赴京组阁，就任政府总理。晚 10 时许，宋教仁与送行的人抵达沪宁车站。车站有专为议员而设的接待室，宋教仁与送行者在接待室中休息。10 点 40 分，一送行人吴仲华来告，请宋教仁上车。吴仲华先行，依次是拓鲁生、黄兴、陈劲宣、宋教仁、廖仲恺等，鱼贯而行。走至车站入口的检票处，宋伸手去取收票员检过的车票，突然响起了一声沉闷的枪声，击中宋教仁腰部。随后又响起两声清脆的枪响，显然没有再击中人。宋教仁倚靠在检票口的铁栅旁。宋教仁痛苦至极，口呼叫"吾中枪矣"。于右任、黄兴等一面安排追捕凶手，一面派人借汽车，送宋教仁前往沪宁铁路医院。当时诸人欲先护持宋教仁，而车站警察也不知去向，凶手竟扬长而去。手术后，情况没有好转，大小便中出血严重；21 日下午，宋教仁再次被送进手术室，延至 22 日凌晨 4 时 48 分不治身死，年仅 31 岁。身故后，范鸿仙拍下宋教仁遗体的照片，今宋教仁墓安于上海市闸北公园。

宋教仁被刺是民国史上重大转折点之一。宋案之前，革命派、立宪派、北洋派和地方势力共同推翻清王朝，创建了中华民国，孙中山、黄兴北上大力支持袁世凯，在各派合作的基础上进入了和平建设时期，似乎中华民国前途颇为光明。宋案之后，不同派别各趋极端，爆发了大规模的内战。此后战火连绵几十年，国家弥漫着血腥和暴力，失去了从容建设的机会。政党领袖身体的消亡，注定演化成政治事件乃至于军事斗争。这看起来像是 1913 年事变逻辑链条中的第一个环节。多米诺骨牌开始倒塌，民国呈现出一片溃败之势。

选择本案的教学目的在于，完整揭示民国建立初期各派之间激烈的权力之争，使学生对《临时约法》"因人设法"的评论有全面的客观认识，理解民主共和初始，制度创新的不易，最终深化学生对"马工程"教材上有关《临时约法》内容、特点及历史意义的认识。

（二）案例原文与出处

前农林总长宋教仁被刺身故一案，经上海公共租界会审公堂暨法租界会审公堂分别预审，暗杀明确。于本月十六、十七两日，先后将凶犯武士英即吴福铭、应桂馨即应夔丞解交前来。于又十八日，由公共租界会审公堂呈送在应犯家内由英、法总巡等搜获之凶器五响手枪一支，内有枪弹两个外，枪弹壳两个，密电本三本，封固函电证据两包，皮箱一个。另由公共租界捕房总巡当堂移交在应犯家内搜获之函电证据五包。并据上海地方检察厅长陈英将法捕房在应犯家内搜获函电簿籍证据等一大木箱，手皮包一个，送交汇检。当经分别接收，将凶犯严密看管后，又将前于三月二十九日在电报沪局查阅洪、应两犯最近往来电底调取校译。连日由德全、德阌会同地方检察厅长陈英等员在沪交涉使署内执行检查手续。德全、德阌均为地方长官，按照公堂法律，本有执行检查事务之职权。加以三月二十二日奉大总统令，自应将此案证据逐细检查，以期穷究主名，务得确情。所有关于本案紧要各证据，公同盖印，并拍印照片。除将一切证据妥慎保存外，兹特撮要报告……前奉电令穷究主名，综观以上各该证据，洪、应两犯往来函电词意均有所属，此中主名必须彻底讯究，以期水落石出。似此案情重大，自应先行撮要据实电陈。除武士英一犯业已在狱身故，由程德全等派西医会同监察厅所派西医四人剖验，另行电陈。应桂馨一犯，迭经电请组织特别法庭，一俟奉准，即行开审外，谨电文。

——《民立报》，1913 年 4 月 26 日

（三）案情解读与评析

宋案发生后，社会各界反应非常强烈，纷纷要求严惩凶手。检察厅发出了《地方检察厅赏格》，以悬赏捉拿罪犯。参议院也向政府发出质问政府书，要求政府在 3 日内答复。根据线索，24 日零点过后不久，英捕房总巡带人在上海公共租界捕获应夔丞。24 日，法捕房又在应夔丞家里逮捕了武士英，并搜获应夔丞与国务总理赵秉钧、内务部秘书洪述祖（奉赵秉钧之命，专管国务院密电事宜）来往密电和函件等多种证据。经过上海公共租界会审公廨和法租界会审公廨分别预审，确定此案为暗杀。在搜获的证据中，很多是应夔丞与洪述祖的往来密电，还有国务总理赵秉钧与应夔丞的来往信件。据此，会审公廨初步判断洪述祖为本案的间接正犯，而且案关国务总理赵秉钧，甚至涉及袁世凯。4 月 16 日至 18 日，英法租界当局将应、武二犯及涉案证据交给中国当局。武士英承认子弹是从他的枪膛中射出的。然而，就在法庭公开审理的前一天（24 号）上午，突然传出凶手暴毙上海狱中的讯息，各方猜测应属中毒。赵秉钧被迫辞去总理。1914 年 1 月，应夔丞出狱后北上向袁世凯索酬，被人追杀，在逃往天津的火车上被刺。1914 年 2 月 26 日，赵秉钧在天津督署内中毒，七窍流血诡异而亡。洪述祖在案发后一直躲在青岛租界，1916 年化名潜入上海租界，1917 年 4 月被宋教仁的儿子宋振侣发现。租界当局根据宋振侣提供的线索将洪述祖逮捕并进行了会审，之后，在美国方面的主张下，洪述祖被引渡给中方，交由京师地方检察厅提起公诉，于 1918 年 9 月 26 日由京师地方审判厅一审判处无期徒刑，洪不服上诉，1918 年 12 月 2 日由京师高等审判厅二审维持原判，洪又上诉，1919 年 3 月 27 日由大理院改判死刑，执行绞决。

谁杀了宋教仁？在悼宋教仁的挽联中，黄兴严斥"凶手"："前年杀吴禄贞，再杀张振武，今年又杀宋教仁；你说是应桂馨，他说是洪述祖，我

说确是袁世凯!"

由于宋案当年还未真正经过司法程序开庭审理,二次革命就爆发了,所以从法律的角度讲,没有直接证据能够证明谁是真正刺杀宋教仁的幕后黑手。后洪述祖虽经司法审判定罪,但洪述祖是否为真凶,或者谁为真凶,抑或为元凶,可谓疑点重重。宋案已发生了百年,这样的争吵在学界从来没有停过,它至今是个谜。故本文只能从有关文献中摘取片段以为据,从如下几个方面展开评论:

一是关于罪犯的引渡问题。宋教仁被刺后,英国捕房总巡率先得到案件线索,在证据相对确凿的情况下,到公共租界将应夔丞抓捕归案。武士英被英法捕房抓获后关在法租界。在应夔丞家中搜集到的电报、密码本、信函文件、手枪等证据也是在法租界封存、查验。而根据公共会审公廨洋浜设官章程第二、第四两款,凡华人控告华人、与洋商无涉者,领事无会审权,及华人犯有命盗重案,罪在军流徒以上者,须送地方执法官厅讯办,解员不得擅专。但是自民国成立后,会审公廨常常超越权限,并不照章办理。由于本案案情重大,影响甚广,所以司法总长许世英饬令沪交涉使依据洋浜设官章程,与英、法两领事磋议,要求将此案解归内地审判厅审理。经交涉,英法两领事在将凶犯供词确讯,预审终了后,将应夔丞和武士英涉案证据一并引渡给中方。①

二是关于审理本案的法庭。由于本案事关政府,国务院总理赵秉钧涉案其中,江苏都督程德全、民政长应德闳等致电袁世凯,请求组织特别法庭审讯,但是遭到司法总长许世英的强烈反对,拒绝副署。其理由主要有:(1)法律问题:特别法庭之组织,约法和法院编制法中都没有规定,若迁就事实而特许,是以命令变更法律。且先例一开,就会造成以令代法的问题。所以这是违法的。(2)事实问题:被告律师已来电拒绝出庭,即使强开审判为判决,律师被告不服,则判决终归无效。本案既然不能组织特别法庭进行审讯,就只得按照普通程序进行审理。依据《中华民国暂行法院编制法》,全国的普通法院实行四级三审制,即民事与刑事审判机关分为四级,采用"三审制":(1)初级审判厅,为普通民事刑事案件的第一审机关;(2)地方审判厅,为普通民事刑事案件的第二审机关和特别案件的第

---

① 马晓莉:《宋教仁被刺案》,载《中国审判》,2008 年第 2 期。

一审机关；（3）高等审判厅，为普通民事刑事案件的第三审（终审机关和特别案件的第二审机关）；（4）大理院，为法令属于大理院特别权限的案件之初审及终审机关，亦为不服高等审判厅判决的案件之第三审（终审）机关。在四级审判机关中设四级检察机关，即初级检察厅、地方检察厅、高等检察厅及总检察厅。检察官员的职权是依法实行搜查取证，提起公诉，并监察判决之执行。各级检察厅虽配置于各级审判机关内，但独立行使职权。据此，本案就在上海地方审判厅进行审理，由上海地方检察厅提起公诉。本案在上海地方审判庭虽经几次开庭，但事实上终未能作出判决，因为武士英于关押中死亡，而主要案犯洪述祖未能抓获；后又爆发了二次革命，应夔丞趁机逃逸。不久，应夔丞与赵秉钧均死于非命，袁世凯也于1916年死去，至此涉案人员就只剩下了洪述祖。1916年洪述祖在上海被抓，经过北京地方审判厅和高等审判厅两级审判后，最终被大理院判处死刑。

三是宋教仁被刺背后的"因人设法"之争。早在南北议和时，双方代表谈判订立草约五条，其中就有"先推翻清政府者为大总统"。民众渴求和平，以为推翻清政府后，只要战乱平息，谁人当总统都是一样。然而宋教仁却认为袁世凯"其人不学无术，其品更恶劣可鄙"。眼见袁世凯即将逼迫清帝退位，从而坐收渔人之利，对他素无好感的宋教仁决定趁早制订计划制约袁世凯的权力。他拼全力争取，经过多次反复磋商终于说服孙中山，决定不采总统制而采取责任内阁制。责任内阁制是指由内阁掌握实权，对议会负责并且受议会监督，总统只是名义上的国家元首，而内阁则是由议会中占有多数席位的一个或多个政党联合组成。

《中华民国临时约法》中明确规定了限制总统权力的诸多内容，例如：临时大总统制定官制官规、任命国务员和外交使臣、宣战媾和及缔结条约、进行大赦等均需经参议院同意。同时《临时约法》最后还规定了严格的修改程序；修改约法必须由三分之二以上的参议员或者临时大总统提议，有五分之四以上的参议员出席，并且出席人员四分之三以上同意才可以修改。这些规定无疑都极大地束缚了袁世凯。但宋教仁可能并未考虑到一个实际问题：内阁的权力怎样得到保障？如果手握军权的袁世凯干脆将其一脚踢开，以武力解散内阁，看似设计完美的民主政体，又将走向何方？

1913年初，由国民党组成一党责任制内阁已成定局，宋教仁即将成为中华民国新一任内阁总理。在这个时候，如果北洋集团接受"政党内阁"

思路,国民党就可以兵不血刃夺取组阁权。然而事与愿违,以袁世凯为首的北洋集团并不希望看到这样的局面。

革命党人苦心孤诣设计的《临时约法》最终却引来了许多非议。批评者主要基于两点理由:一是《临时约法》所规定的责任内阁制是针对特定的人设计的,这种做法违背了宪政的本意,使人的意志置于法的意志之上,实际上是对宪政的不尊重;二是《临时约法》所规定的责任内阁制是一种畸形的责任内阁制,因为它规定议会对国务员的任命行使同意权,并且议会还掌握着对国务员的弹劾权,总统又没有解散议会的权力,这种设计是有违责任内阁制的通例的。历史学家李剑农曾就此评价道:"对人立法,在理论上是不能赞许的;因为真正的大枭雄,不肯把法律放在眼里,徒使公正的政治家失去政治运用应有的活动。但是当时的参议员,大都不明白这道理,以为只要是黑字写在白纸上经过议会多数通过的法律便是神圣,可以压制一切恶魔,便如铁笼,可以防御一切猛兽。谁知后来的猛兽恶魔,仍只把它看作一些黑字写在白纸上,到了妨碍他们的行动的时候,一伸爪便把它撕破了。"①

而支持者却认为《临时约法》因人而设是正确的,因为后来袁世凯倒行逆施、复辟帝制的做法恰恰说明宋教仁等人的忧虑是有道理的。孙中山就曾表示:袁世凯是旧官僚,是善于玩弄权术的人,他主张推翻清王朝的统治,在这一点上与革命党人是一致的。但至于他是否真的心向民主共和,是否真心维护民国,大家是存疑的。所以要在约法中限制他的权力,就像给孙悟空戴上了紧箍咒。

不论是总统制,还是责任内阁制,都是信奉资产阶级民主政治的革命党人一厢情愿制订的"游戏规则"。它们在世故圆滑的袁世凯眼里,都是一些可有可无的虚幻之物:当袁世凯需要把自己装扮成民主开明之人时就拿这些规则装点门面;当这些规则束缚手脚时便对其置之不理,宋教仁遇刺案便是最好的证明。

百年之后,"因人设法"的是与非还被人们继续争论,但毋庸置疑的是,宋教仁为推进宪政所做的努力是值得肯定的,袁世凯倒行逆施之举是遭人唾弃的。毛泽东曾对宋教仁主导制定的《临时约法》给予了肯定的评

---

① 李剑农:《中国近百年政治史》,复旦大学出版社 2002 年版,第 310 页。

价，他说："民国元年的《中华民国临时约法》，在那个时期是一个比较好的东西，当然，是不完全的，有缺点的，是资产阶级性的，但它带有革命性、民主性。"①

有"狂士怪杰"之称的国学大师辜鸿铭在民国时期仍留着辫子，他在北大任教时曾受到学生的嘲笑，却不慌不忙地说道："剪掉头上辫子易，去除心中的辫子难。我头上的辫子是有形的，诸君心里的辫子是无形的。"这句玩笑话却耐人寻味。民主宪政绝非一蹴而就、一劳永逸的，革命推翻的只是中国数千年的封建专制制度，却难以剔除国人心中的封建思想。宋教仁"因人设法"的主张并非不无道理。阿克顿勋爵曾言：权力导致腐败，绝对的权力导致绝对的腐败。特别是对袁世凯这种在旧体制中上位的政客而言，封建主义、专制思想尤为浓重。在袁世凯执政时期，行政权一次次地强势干预立法权，立法者成了行政官员随意踩躏的人，议员被收买，更甚于逮捕的现象层出不穷，由此也可见宋教仁等颇具先见之明。如果说"因人设法"有违法治理念，那比"因人设法"更加悲哀的是以这种特殊方式限权却仍以惨败告终。

宋教仁早年间曾东渡日本，在东京政法大学进修法政，日后他一直致力于推广宪政，致力于将法治的观念引入人心。遥想百年前的中国，无数像宋教仁这样的仁人志士为了缔造一个民主共和的国家抛头颅洒热血。革命一词古义是"变革天命"，孙中山先生等革命党人赋予其新的含义，他们认为前代的革命是英雄革命，是为了建立新的专制统治而进行的暴动，而近代的革命是国民革命，所谓"国民革命"，就是指为了人民的自由、平等、博爱而革命。从这个角度分析，在宋教仁之前的中国历史上，革命的目的只有一个：取得国家的最高权力，口号是"彼可取而代之"。这个传统的潜规则被宋教仁打破了。他并不谋求总统的职位，而是为谋求制衡总统的职位作表率。他并不是谋求消灭专制者的肉体性命，而是谋求大家在合法的环境中公平竞争，在和平的基础上发展各自的理论和实践。在宋教仁看来，革命不是谋求个人利益的敲门砖，而是谋求建立全新政治模式的手段，是开启幸福之门的钥匙。正如宋教仁墓地雄鹰踏青蛇的塑像所隐喻的：为了法治理想，不惜以鲜血和生命为代价，不畏权威与封建势力顽强斗争，

① 刘泱泱：《宋教仁评价论略》，载《船山学刊》，2012 第 2 期。

最终奋斗得来大众的福祉。

宋教仁也是一位颇有争议的清末民初时期的政治人物。在当时的社会历史条件下，他投身民主革命和民主政治建设，并从中传播西方政党观念，组建政党，推行政党政治，虽过分注重议会竞选，却也不可借此否定其无可替代的历史地位。宋教仁是辛亥革命的领导者和中华民国的创立者之一，是民国初年政党政治最主要的倡导者和先行者之一。章太炎在《民国报》《神州日报》评点孙中山只是"元老之才"，"至于建制内阁，仆则首推宋君教仁，堪为宰辅"，"谓总理莫宜于宋教仁"。蔡元培在《我之历史》序言说："（同盟会）其抱有建设之计划者居少数。抱此计划而毅然以之自任者尤居少数，宋渔父先生其最著也。"宋教仁为民主共和国捐躯，举国恸悼，孙中山先生为宋教仁撰写挽联："作公民保障，谁非后死者。为宪法流血，公真第一人。"宋教仁一生坚守的民主宪政，是反对专制统治的有力武器。宋教仁的理想虽然没有实现，但他的宪政思想和献身精神，在中华民族追求民主的斗争史上，写下了浓墨重彩的一笔。因此，该案也可被视为中国近代民主政治发展挫折在法制领域体现的典型性案例。

七、施剑翘刺杀孙传芳案——体现南京国民政府刑法原则及律师制度的代表性案例

（一）选案背景与教学目的

施剑翘原名施谷兰，从小随父亲生活在山东济南，其父施从滨曾任山东兖州镇守使，1923 年，任山东督办张宗昌部第二军军长。1925 年 10 月，奉浙战争爆发（第三次直奉战争），张宗昌任命施从滨为安徽军务善后督办兼前敌总指挥，自山东兖州、泰安南进迎击孙传芳部。在蚌埠地区作战中，施从滨遭孙传芳部谢鸿勋俘虏，孙将他用铁丝绑缚，在蚌埠车站南侧将其斩首，将其首级悬挂在蚌埠车站前的一根木杆上，而且还暴尸三天，不准家人前来收尸。① 死讯传来，全家哀痛欲绝，年仅 20 岁的施谷兰决心为父报仇，随即赋诗表达替父复仇的决心和勇气："战地惊鸿传噩耗，闺中疑假

---

① 蔡惠明：《施剑翘其人其事》，载《法音》，1988 年第 10 期。

复疑真。背娘偷问归来使,肯叔潜移劫后身。被俘牺牲无公理,暴尸悬首灭人情。痛亲谁识儿心苦,誓报父仇不顾身。"①

施谷兰先是将报仇的希望寄托在担任烟台警备司令的堂兄施中诚身上。施中诚满口答应,但是随着职务的升迁,反而劝说施谷兰打消复仇念头。施谷兰很生气,与施中诚断绝关系。在施从滨遇害三周年的忌日上,施谷兰放声痛哭。此情恰巧被在山西阎锡山部任职的同乡施靖公遇到,他信誓旦旦表示愿意替施谷兰报仇雪恨,但是要求娶施谷兰为妻。施谷兰为报父仇答应嫁给他,但施靖公婚后根本没把报仇放在心上。施谷兰一再要求施靖公为父报仇,遭到拒绝后,她毅然与一起生活 7 年的丈夫一刀两断,带着两个儿子返回娘家。施谷兰决心靠自己去完成复仇计划,她想起了一句诗:"翘首望明月,拔剑问青天",遂将"施谷兰"改名为"施剑翘"。②

孙传芳为山东泰安人,直系军阀首领,与张作霖、吴佩孚并称为"北洋三大军阀",浙、闽、苏、皖、赣五省联军总司令,拥兵数十万,号称"东南王",是直系后期最具实力的大军阀。后在 1927 年 2 月组织兵力阻止国民革命军北伐时,主力军消耗殆尽,从此一蹶不振。1931 年"九一八事变"后,孙传芳隐居于天津英租界 20 号路 134 号私邸,洗心革面、皈依佛门,担任居士林佛教会理事长,每日诵经礼佛,法号"智圆"。

为报杀父之仇,施剑翘多次通过手术整形把脚放开,在购得复仇用的勃朗宁手枪和六发子弹后,她瞒着家人,强忍疼痛,偷偷训练枪法。同时,为发现孙传芳行踪,她还将儿子送至天津富贵子弟学校读书,从而探听到孙的小女儿也在该校念书,并记住了接送的孙家汽车牌号。③ 1935 年 10 月 3 日,施剑翘来到草厂庵在给父亲做遇害十周年祭辰,了解到隐退的孙传芳已皈依佛门,在此创办居士林,并称自己为智圆大师,每逢诵经期必来本庵主持诵经念佛,希望以此洗刷身上的血腥罪行。此后,施剑翘化名"董慧",混进了居士林,她做好了各项刺杀准备工作,起草了《告国人书》和传单,并分别给母亲、弟弟、妹妹及其亲族写了遗书。其间,施剑翘多次前往居士林诵经,都与孙传芳相遇,但苦于教友甚多,没有下手。直至 11

---

① 施剑翘:《我为父报仇手刃孙传芳》,载《武汉文史资料》,2009 年第 2 期。
② 施羽尧口述:《我的母亲刺杀了孙传芳》,李菁整理,《文史博览》,2008 年第 1 期。
③ 庚辰:《大军阀孙传芳血溅居士林》,载《文史天地》,2007 年第 5 期。

月 13 日的讲经日，下午 2 时，施剑翘再次来到居士林，见到诵经的人很少，认为有机可乘，但没有见到孙传芳。正在她和别人攀谈之际，孙传芳走进院子。施剑翘见机会来了，立即回家取枪、子弹和告国人书及父亲的遗像和传单。3 时 40 分返回到居士林开始行刺复仇。

前来听经的孙传芳端坐在居士林佛堂中央。施剑翘本在靠近火炉的后排座位，离孙传芳较远，她以背后的炉火太热为由要移到前排去。看堂人允诺后，施剑翘站起身来，伸手握住衣襟下的手枪，快步来到孙传芳身后。待众居士闭目随富明法师诵经，施剑翘悄悄拔出勃朗宁手枪，对准孙传芳的后脑勺射出了第一发子弹，紧接着又朝他的太阳穴和腰部各射一枪。枪声惊醒了其他诵经的教友，大家惊惶万分。施剑翘镇定自若，高声喊道："大家不要害怕，我是替父报仇！"于是她走出讲堂散发《告国人书》及按有指纹的传单。① 听到枪声后，在后院的住持及僧人们齐集讲堂。施剑翘从容地嘱咐僧人立即报警。当值班岗警王化南赶到时，施剑翘自称投案自首，随即被带至第一分局，施剑翘高兴地说"痛快至极"。②

孙传芳被刺后，施剑翘对杀人一事供认不讳，她在庭审中说："若余父死在前线，自无所谓（报仇）。吾父被俘实不该遭其惨祸。"1935 年 12 月 16 日，天津地方法院一审宣判，按《中华民国刑法》，认定施剑翘有自首情节，但未采纳"情可悯恕"一节，判处有期徒刑十年；1936 年 2 月 11 日，河北省高等法院宣判，否定了施剑翘自首情节，但认定"情可悯恕"，判处施剑翘七年有期徒刑；1936 年 8 月 1 日，南京最高法院检察官认为，施剑翘"论法虽无可恕，衡情究有可原，原审量处徒刑七年，情罪尚属相当"，终审裁决驳回上诉，维持原判。随后，本案引发社会各界高度关注，民众舆论纷纷表达对弱女子施剑翘因"孝道"复仇的同情，也得到了国民党内部高层和冯玉祥等势力的支持。最终，在 1936 年 10 月 14 日，时任南京国民政府主席的林森依据《中华民国训政时期约法》第六十八条发布公告，由最高法院下达特赦令，将施剑翘特赦释放。

---

① 传单内容如下：各位先生注意，（一）今天施剑翘（原名谷兰）打死孙传芳是为先父施从滨报仇。（二）详细情形请看我的告国人书。（三）大仇已报，我即向法院自首。（四）血溅佛堂，惊骇各位，谨以至诚向居士林及各位先生表示歉意。下面署名"报仇女施剑翘谨启"。施剑翘在每张传单的名字下面按上自己的大拇指印。

② 《孙传芳拜佛被刺身亡》，载《新天津》，1935 年 11 月 14 日，第五版、第六版。

施剑翘刺杀孙传芳案就发生在从北洋军阀混战走向中华民国逐步统一的历史背景之下，中国传统法律文化在清末民国西学东渐的影响下受到了欧美刑事法律思想的冲击，传统孝道似乎赋替父复仇以正当性，但在严肃的法律和司法下，这种复仇的合法性存在巨大争议。加之虐杀战俘对战争文明法则的破坏，以及弱女子蛰伏十年独自一人走上复仇之路等因素，一时间让施剑翘刺杀孙传芳案被推上了社会舆论的风口浪尖。从一审的十年有期徒刑，到复审减至七年有期徒刑，再到最高法院维持原判，最后是国民政府公告对其进行特赦。这期间，关于舆论对司法的影响、情理对法律的挑战，这些争议伴随着整个案件的审判。最终，国民政府秉承法律至上的原则，通过适用《中华民国刑法》《中华民国训政时期约法》相关法条，对未经审判处死战犯、孝道与法条的冲突、自首行为的认定、理性对待舆论诉求、罪犯特赦等问题逐一化解。

该案的教学，拟以"马工程"教材上有关民国后期的法制的内容为切入点，让学生把握施剑翘刺杀孙传芳的历史背景与社会现实，认识到其中存在着的舆论与司法的精彩对决、情理与法律的激烈辩论。

（二）案例原文与出处

本日下午三点半钟，孙传芳在南马路居士林诵经。正在跪地时候，被一身穿月白大褂之胖小姐用勃朗宁枪行刺。共发三枪，一枪中太阳，一枪中后腰，一枪中后脑。孙氏当时倒地，气绝身死。该小姐行刺后，自首到警局一分局二所，自称姓施。分局阎局长正在审讯中。施小姐名剑翘，说笑自若，态度安静，自称大仇已报，并发许多传单。又闻施剑翘为前直鲁军混成旅长施从滨之长女。施从滨在民国十四年在蚌埠被孙传芳斩首。此次报仇与该事有关云。

——《孙传芳被刺死，施小姐报父仇》，《新天津报（号外）》，

1935 年 11 月 13 日

（三）案情解读与评析

施剑翘刺杀孙传芳案，是能够体现南京国民政府刑法原则及律师制度的代表性案例，该案在当时引发了舆论热议，激起了社会大众的同情。按照当时司法院长居正的说法，施剑翘的行为"已具备杀人罪的要件，所以法院判处徒刑七年，不能说是不合法"，但孙传芳属于被革命对象，其死

"正是大快人心"，且当时一般民意俱要求无罪释放施剑翘。最高法院判决七年徒刑，导致"国家法律与人民常识酿成正面的冲突"。居正进一步认为，利用《中华民国训政时期约法》特赦施剑翘，是一种不得已的对民意的曲线"救济"。① 因此，虽然施剑翘以被特赦而告终，但这并非是法院对民意的简单回应，或是对孝行的褒奖，在舆论与司法的对决、情理与法律的激辩背后，体现出的是案件背后真正的司法逻辑，以及在近代法治的框架和程序下，民众、媒体、政府对于司法运作的影响。因此，施剑翘刺杀孙传芳案是中国侠义复仇案件的典型代表，"它体现了礼与法的冲突与融合，交织着民众心理与统治者利益的复杂关系。到了近代，它又纠缠出西方法治与我国传统法律文化、历史传统与现代转型之间的微妙关系"②。

1. 舆论与司法的对决

在施剑翘案件的审判前后，她的故事逐渐被世人熟知，弱女子蛰伏十年，寄人篱下求得帮助，后离开丈夫只身一人带着孩子走上替父复仇之路，她的故事触动了全社会。羁押期间，施剑翘还撰写了《亲爱的女同胞，赶快奋力兴起吧》并发表在 1936 年 4 月 13 日《新天津》上，一石激起千层浪，刺杀案再度引发关注。③ 于是，许多组织团体和名人纷纷对施剑翘的果敢和勇毅表示同情，褒扬剑翘女士忠孝壮烈且智勇兼备，再加上百姓对直系军阀孙传芳早年暴虐杀戮、危害民国罪行的憎恨，社会舆论开始倒向施剑翘。"不仅女界特色，抑为民国历史光荣"，吁请司法当局援照三年前为报叔父之仇枪杀张宗昌的郑继成案之判例，法外施仁。因此也间接促成了南京国民政府对她的特赦。如，著名女报人邓季惺在《新民报》发表了《对施剑翘判决书》，她认为孙传芳是祸国罪首，本应按照《危害民国紧急治罪法》处以极刑，且时值国民政府正通缉孙传芳在案，故诛杀国法不容

---

① 居正：《党化司法之具体方案及实施标准法则》，原载《法制周刊》复刊第 1 卷第 11 期，1937 年 3 月 29 日，系居正在司法院法官训练所的讲稿。转引自：李在全，《法治与党治：国民党政权的司法党化 1923－1948》，社会科学文献出版社 2012 年版，第 216－217 页。

② 李晓婧：《近代法制背景下侠义复仇案件的传统运行模式——以侠女施剑翘复仇案为例》，载《安徽师范大学学报（人文社会科学版）》，2017 年第 3 期。

③ 在狱中的施剑翘，照样能够读书写字，接受媒体采访。在整个被关押及审判的过程中，施剑翘充分地利用好了舆论：1936 年 4 月 13 日，《新天津报》刊登了施剑翘在狱中写的文章《亲爱的同胞，赶快奋力兴起吧》。而在法庭的审判过程中，施剑翘表现出来的并不是刚烈的形象，而是进行了两个小时的哭诉，展现的是一个弱女子为父报仇，卧薪尝胆刺杀大军阀的凄惨悲凉的故事。

之人，古今均不为罪，施剑翘一弱女子，诛杀了因租借荫庇、政府无能追捕的凶犯，法庭却判以重刑，实欠公允。又如，《晶报》刊登旅京安徽学会致各报馆、社会团体、父老姐妹的通电，呼吁政府对施剑翘予以特赦。《朝报》也发表扬州妇女致首都、上海同仁请求联合营救的通电，历数孙传芳的罪恶，赞扬施剑翘为父报仇、手刃巨恶、从容自首、大义凛然的精神，敬乞合各界人士一致营救，早脱囹圄。与此同时，苏州各学校校长、芜湖律师公会、怀宁国民党县党部、九江各中学还发出了声援电。冯玉祥、李烈钧、张继等国府委员也联合呈请政府特赦施剑翘。舆论对司法的导向作用在本案中被无限放大，迫于社会舆论对施剑翘的同情，1936 年 10 月 14 日，南京国民政府内部基本达成一致。① 主席林森发表公告，依据《中华民国训政时期约法》特赦施剑翘。本案至此终告一段落，之所以促成了特赦，一方面是社会舆论对施剑翘身上所展现出的英勇女性、独自复仇、秉承孝道、反军阀暴行等方面的同情和理解；另一方面也是国民党借施剑翘复仇而向民众展现出反对军阀割据，赢得民意支持的重要手段。除此之外，国民党内部派系斗争和勾结也试图通过舆论影响，推波助澜促成特赦。可见，舆论与司法在本案中有着精彩的对决。

2. 法律与情理的激辩

本案在一审和二审中的争议焦点，来自于法律与情理的对抗，是以儒家经典和孝道情理作为减刑的依据，还是以生硬的法典作为审判的依据？情与法的激辩伴随着施剑翘案的整个司法审判进程。被告辩护人以"百善孝为先"为理由，认为法律"虽不能鼓励杀人，亦不能掩孝烈"，不认同与"孝道"相悖的判决，并提出儒家经典对报父仇的"同情"，要求审判者"权其势恕其情"。对此，公诉人与代理人认为中国传统儒家经典中的道德与情理不再适于现代案件审判，要求司法必须以法典和法律为依据。在情理与法律的激辩中，天津地方法院一审提出，依刑法第五十九条，孝义可嘉，需酌情减刑；河北省高等法院复审认为不能以传统孝道和儒家经典来突破现有法律，于是以施从滨未经审判就被孙传芳惨害为由，对施剑翘复

---

① 施剑翘的被特赦令，虽由国民政府主席林森及司法院院长居正签署，但或与蒋介石亦有关系，据《事略稿本》记载，1936 年 10 月 20 日上午，蒋阅读了"国府十四日明令特赦施剑翘"的报告。

仇给予同情，高等法院依然秉承法律和司法至上的理念；南京最高法院最终依然以法律为核心，查明施从滨以战俘身份被孙传芳处死，其间未经公正审判，缺乏程序正义，由此构成对施剑翘的同情。可见，在情理与法律的博弈中，从地方法院到最高法院均秉承法律至上，在重视儒家同情孝道的基础上，依然坚持以法典、法条作为审判依据，从施从滨未经法律公正审判，而非儒家经典和情理来寻求突破，继而获得对施剑翘复仇行为的理解和同情。哪怕在最后国民政府公告的特赦令中依然以《中华民国训政时期约法》第六十八条之法律规定，提出"论其杀人行为，固属触犯刑法，而以一女子发于孝思，奋力不顾，其志可哀，其情尤可原"，最终在舆论和多方势力影响下，促成了特赦，案件全过程体现出现代法律与传统情理的激烈博弈。因此，这种坚持在法律框架内寻求正义的方式，是中国近代司法史上极为宝贵的遗产。

在施剑翘被特赦后，她利用较高关注度和自身影响力，积极投身抗日救亡运动，发起募捐，为国效力，后开展慈善义举创办私立小学，救助社会困难儿童，与共产党建立深厚友谊，送两个儿子参加解放军。1949年后，她移居北京，在1957年当选北京市政协委员，直至1979年去世。这期间，施剑翘发挥优势，积极组织和参与救亡进步运动，成了一位真正的巾帼英雄。

第八章
革命根据地时期的案例

【**章前导读**】 革命根据地时期的法制，是中国共产党领导革命根据地人民创立的人民民主法制。在20多年的法制发展过程中，中国共产党结合革命根据地的社会生产、生活实践，建立了一套契合革命斗争需要的法律制度，为革命的最终胜利作出了杰出贡献。本章所选的五个案例，其中学疗命案、刘巧儿案、黄克功案、师有泰栽赃诬告案，分别体现了边区政府的人权保护原则、婚姻法律原则、法律面前人人平等原则、司法适用原则，而夏魏单纠纷案，则是根据地时期土地纠纷的典型性案例。可以说，这五个案例分别围绕革命根据地不同阶段的法制概况与特征，从不同侧面呈现出中国共产党以人民为中心、法律面前人人平等及司法为民的法制理念。

一、学疗命案——边区政府人权保护的典型性案例

（一）选案背景与教学目的

抗日战争时期，由于边区自然条件恶劣、土地贫瘠、匪患猖獗，再加上日本侵略军和国民党军的封锁，边区人民的生存发展面临着极大的威胁。毛泽东曾明确地指出："人民的言论、出版、集会、结社、思想、信仰和身体这几项自由，是最重要的自由。"深沉灾难引发了党对人权的思考，党的人权理论得到较大的发展，这些宝贵思想都为陕甘宁边区保障人权提供了理论基础。为适应国内主要矛盾、人民主体和人权内容变化的需要，党重新制定了一系列的方针政策、施政纲领和政策法规，把争取民族解放、人民的和平权和生存权放在了首位。边区党和政府坚持走群众路线，积极领导群众实现民主政治、公平正义、社会安定的生活环境。实践表明，陕甘宁边区的人权保障事业曾经有过辉煌历史，是党在抗日战争时期特殊环境中探索人权保障的重要成果。

在人权保障的法制建设方面，陕甘宁边区制定出台了一系列的政策法规。比如，1940年的《陕甘宁边区给各县司法处的指示信》，具体地规定了人民的各项权利和义务。1941年5月中国共产党边区中央局提出，同年11月陕甘宁边区第二届参议会正式通过《陕甘宁边区施政纲领》规定，"保证一切抗日人民（地主、资本家、农民、工人等）的人权，政权，财权及言论、出版、集会、结社、信仰、居住、迁徙之自由权。除司法系统及公安机关依法执行其职务外，任何机关、部队、团体不得对任何人加以逮捕、审问或处罚，而人民则有用无论何种方式控告任何公务人员非法行为之权利"。1941年11月17日，陕甘宁边区第二届参议会通过，1942年2月边区政府公布施行的《陕甘宁边区保障人权财权条例》，是抗日战争时期陕甘宁边区政府为保障边区人民的人权财权不受非法侵害而制定的重要法规之一，共22条。其中，第七条规定："除司法机关及公安机关依法执行其职务外，任何机关、部队、团体不得对任何人加以逮捕审问处罚，但现行犯不在此例。人民利益如受损害时，有用任何方式控告任何公务人员非法行为之权。"第八条规定："司法机关或公安机关，逮捕人犯应有充分证据，依法

定手续执行。"第九条规定:"非司法机关或公安职权之机关、军队、团体或个人,拘获现行犯时,须在二十四小时内连同证据送交有检察职权或公安机关依法办理,接受犯人之检察或公安机关应于二十四小时内侦讯。"边区政府1942年颁布的《陕甘宁边区民众团体组织纲要》规定:"凡边区民众,在不违反抗战建国最高原则之下,均有集会结社之完全自由。"为保障边区人民的社会权利,边区政府颁布了《抗日军人优待条例》《陕甘宁边区抚恤暂行办法》《关于赈济工作的决定》《陕甘宁边区政府优待外来难民和贫民之决定》等,包含了社会保险、社会救济、社会优抚、社会福利等方面,覆盖了工、农、兵、学和公务人员等群体。边区政府还积极保障人民出版自由,当时创办了许多的文艺刊物和报纸,如《中国文艺》《大众文艺》《文艺战线》《新中华报》《群众报》《解放日报》《解放》和《共产党人》等。

本案的教学,拟以"马工程"教材中有关新民主主义革命时期民主政权的法制发展概况的内容为切入点,意在让学生认识到陕甘宁边区司法过程中的人权保障,人权是公民的首要权利,从而全面增进对陕甘宁边区特殊历史背景下重视人权保障的社会背景、原因及影响等知识的理解深度。

(二)案例原文与出处

抗日战争时期,陕甘宁边区首府延安有一座学生疗养院。

1942年1月19日,学生疗养院管理员李德成与运输队长刘世有同去三十里铺院机关运木炭。在回来的路上,两人发生口角,冲突越闹越大,以致动手斗殴,李德成当场被打伤。

晚上回到疗养院后,李德成向该院秘书长李延德、总务科长白占山报告了两人争吵及自己被殴致伤的情况。李延德白占山分别找李德成、刘世有谈话,指责刘世有不该打架伤人。刘世有态度强硬,不接受批评,最后竟至声称:情愿停止工作。

李延德、白占山二人无法解决,遂请示疗养院副院长刘伟。刘副院长让白占山自己斟酌处理。白占山即指使另一名管理员杜湛准备绳子,把刘世有捆绑起来,关押在窑洞中,派管理员及饲养员王玉华、杨永和看押伴守,打算第二天把刘世有送运输大队部去处理。

刘世有在窑洞中,前半夜吵骂不休,到后半夜却静无声息。杨永和和王玉华颇觉有异，入洞察视，发现刘世有已气绝倒地，急忙报告李延德等，经延请医生急救，无效身死。检查尸体，没发现什么可疑迹象，分析死亡原因，似系刘世有图推脱责任故意假死，以致真死。

主管疗养院的管理局闻讯后派员前往调查，并将此案报延安市地方法院审理。

延安市地方法院经侦查讯明，刘世有并非因"图脱假死以致真死"，而实系被捆绑致死。

据有关当事人介绍案情是这样的：当刘副院长让白占山斟酌处理后，白占山乃一面命管理员杜湛准备绳子，一面又找刘世有谈话。刘世有最初不承认错误，后经反复劝导，始被说服，故白占山打算就此了事。岂料杜湛又把他在一旁听到的白、刘谈话情形秘密报告刘副院长及秘书长李延德，说刘世有不承认错误。李延德遂授意杜湛把刘世有捆起来送运输大队。刘世有被捆绑后，刘副院长和李延德又来进行批评教育。同时，李延德又传令让运输队另一名队员郝树国明天一早出发去运炭。郝树国声称身体有病，叫了四次均未过来。李延德很生气，命令把他也捆起来，并要白占山负责处理此事。白占山命令管理员及饲养员杨永和、王玉华、赵凤岗将刘、郝二人监押于空窑洞中，因恐其逃跑，将他俩双手反缚，头颈也捆上绳子，系在破窗棂上。刘世有疼得惨叫，郝树国见状害怕，连连表示承认错误，于是被放松一些。而刘世有则破口大骂，故仍紧缚如旧。因夜间天寒地冻，双手被捆，血脉不通，又加以白天运炭疲劳过度，刘世有昏倒在地，绳勒颈上，窒息气绝。到夜里十一时左右发觉时，李延德仍未引起注意，后来刘副院长闻讯赶来，延请医生检查诊视，业已身死无救。

延安市地方法院讯明情况后，认为：当时边区参议会新通过的《甘宁边区施政纲领》及《陕甘宁边区保障人权财权条例》均规定，非司法系统及公安机关不得侵害人身自由，擅自捕押人。该疗养院总务科长等人竟擅自押人，又未善为处置，以致发生人命案，已触犯法律。2月7日，延安市地方法院正式判决：王玉华、杨永和各处有期徒刑四年；杜湛处有期徒刑一年零六个月；白占山处有期徒刑一年零三个月；刘副院长免予刑事处分，应受行政上处分。关于死者埋葬费及家属抚恤费，由学生疗养院付给边币一千五百元；死者家中小孩由公家负责培养，免费入学，帮助生活。

判决下达后，杨永和不服。他认为判决书认定的情况与事实大有差异，特别是关于刑事责任之确定尤为不当。他依法律规定，选聘了孙孝实、庄健两人为第二审级之辩护人，径向陕甘宁边区高等法院提出上诉。上诉书中说：杨永和之捆绑刘世有，系执行总务科长白占山之命令；而在发觉刘世有濒死征兆时，杨曾立即报告秘书长李延德。因此，捆之因与致死之果，一则由于总务科长之命令，再则由于李秘书长之漫不关心。杨永和没有构成过失或准过失之责任。

杨永和不服上诉，牵动了此案所有各犯。

边区高等法院接到上诉状后，历经数次侦讯，于 6 月 13 日下午在边区参议会大礼堂举行公开辩论。辩论会由庭长任扶中主审，书记员金石记录。各有关人犯白占山、李延德、杨永和、王玉华、杜湛、赵凤岗及杨永和的辩护人孙孝实、庄健均出席了辩论会。参加旁听的群众达七百多人，辩论的中心是刘世有致死的责任问题。

关于随便捆绑禁闭人的问题，白占山、李延德、杜湛、杨永和、王玉华及赵凤岗均承认违反了《陕甘宁边区施政纲领》第六条之规定。唯白占山申辩说："我并没有下令解大绑为小绑，如何绑法及具体分班看守，也没说过。我最多只负疏于检查之责。"李延德则说：对刘世有之死，他只负"当时没有迅速去请医生之过"。庭长问杨永和："怎样由大绑改小绑？"杨永和答："不知道。"王玉华承认说："由大绑改小绑是我提议，经杨永和等同意的。"杨永和说："我并没有参加商议执行。"

关于分班轮流看守问题，赵凤岗说："我和杨永和有分班，我自己看上班，杨永和看下班。"杨永和说："并没有具体分工。刘世有倒在地下时，正是晚间十二点，我向李延德提议请医生来看看。李延德说：'刘世有主要是疲乏，让他休息一会儿，自然会好的，用不着深夜去麻烦医生。'那时候刘世有确实还有气息，龚长云曾用棉花塞在他鼻孔上呼气。但后来再请医生来时，刘世有已经断气了。"

庭长询问副院长刘伟，刘副院长回答说："我自己应负行政上之责任。"各人口供都问完后，又分别对了质。

最后杨永和的辩护人孙孝实发言。他先托庭长转问了几个有怀疑点的口供，然后陈述了下列几点意见：关于行政上谁下令捆人及大绑改小绑的问题，到现在仍未明确解决，因此希望法院分别研究清楚。又，杨永和只捆了刘世有的手，捆手是否会死人，此点值得注意。最后，确定死亡时间也很重要，如果杨永和提议请医生时死者确仍有可救的话，则李延德不请医生，责任在他，这点更为重要。末了，他对高等法院处理此件命案的严肃认真态度表示满意。

至此，辩论结束。

经过近半年的调查、庭讯、辩论，边区高等法院终于弄清学生疗养院这一命案的全部真相及有关人员的责任所在。

原来，当总务科长白占山命令勤务员张永玉叫管理员杜湛拿绳子来绑刘世有时，刘世有态度已稍转软，故杜湛亦未动手。白占山又命令刘世有于明日（即1月20日）往朱家沟去运炭，限定当天去当天回来。刘世有答应去运，但表示当天赶不回来。杜湛悄悄把此情形报告秘书长李延德，李延德闻听即生捆绑刘世有之意，并准备于次日将刘世有送管理局运输大队处理。杜湛回来又把此情形转告白占山，白占山遂下令把刘世有捆绑起来。

刘世有捆缚已毕，李延德又同白占山商量翌日运炭的事，白占山叫运输队员郝树国前来。郝树国因为已就寝，不愿起床。白占山叫人屡次召唤亦未见来，李延德大怒，遂命杨永和、王玉华、赵凤岗把郝树国绑来。当时郝树国全身赤裸裸地被挟来，白占山叫人拿衣服给他穿上。李延德说："谁不工作就把谁捆起来。"于是郝树国也被捆绑起来。

当时，天正下雪，气候寒冷。刘世有、郝树国二人被杨永和、王玉华、赵凤岗等带下去囚禁。郝树国被禁于白占山住室右下方的第一窑洞内，刘世有被禁于第五窑洞内。两个人都被吊在窗棂上，唯刘世有是大绑，郝树国是小绑。后王玉华提议：两人应绑为一样。在场之赵凤岗、杨永和表示同意，杜湛亦未反对，赵凤岗并说："要捆就捆紧。"于是王玉华和杨永和走进刘世有的密洞，王玉华改绳，杨永和反缚刘世有之手，王玉华用绳子在刘世有右胳膊上缠绕一周，把刘世有也改成了小绑，同时又把攀在左肩上的绳子和捆手脚的绳子一并连接系在窗棂上。

事后，杨永和等把情形报告白占山说："把刘世有、郝树国两人都小绑起来了，他们逃不掉了。"白占山问："绑得松紧？"王玉华说："比以前绑我时松得多了。"白占出便命令杨永和等人分班看守。

不久，刘世有痛得连哭带叫，但就是不承认错误，因此捆绑一直未放松，不多久便停止了叫喊。郝树国经指导员马龙与他谈话后，承认了错误，马龙便命令杨永和放松他的绑绳。当夜，杨永和、王玉华、赵凤岗三人分班看守刘世有、郝树国二人。

至深夜十一点多，杨永和等在窑洞门外叫刘世有时，刘世有没有答应，打开窑门一看，刘世有已倒在地上。杨永和急忙跑去把情况报告秘书长李延德，并商议请医生来。李延德说："不要紧，刘世有主要是疲乏。"当场命令杨永和解开绑刘的绳子，给刘喂点开水，并说："让刘世有卧地休息，不必深夜去麻烦医生了。"当时，刘世有仍有气，龚长云还曾用棉花塞在刘世有鼻孔上呼气。待以后报告副院长，再请医生来时，刘世有已气绝身死了。

由以上事实证明，刘世有之死，秘书长李延德负有不可推卸的主要责任。

据此，边区高等法院于 7 月 22 日开庭宣判，撤销延安市地方法院前判决，判处李延德有期徒刑三年，白占山有期徒刑二年零十个月，王玉华、赵凤岗有期徒刑各二年，杨永和有期徒刑一年零十个月，杜湛宣告无罪释放。

庭长任扶中宣布以上判决后，告诉上述各犯：如不服本判决，仍可向边区审判委员会提出上诉。

在座各犯聆听宣判后均表示：服从法庭判决，不再上诉。①

——延安《解放日报》，1942 年 1 月 23 日、2 月 12 日、

2 月 28 日、6 月 17 日、7 月 25 日版

（三）案情解读与评析

"学疗人命案"作为边区政府人权保护的典型性案例，发生于陕甘宁边区高度重视人权保障的时期。当时，边区党和政府出台了一系列制度性文件，以《陕甘宁边区施政纲领》《陕甘宁边区保障人权财权条例》为代表。"学疗人命案"反映了陕甘宁边区执法人员及公民的人权保障观念十分落后，新民主主义法治建设面临着复杂多变的社会环境。而此案的审判实践，尤其是在司法过程注重调查研究、对被告人诉讼权利的有效保护等某些做法，表明了边区司法审判的独特性。

第一，司法过程中贯彻群众路线，注重调查情况，摸清事实。据《解

---

① 赵崑坡、俞建平：《中国革命根据地案例选》，山西人民出版社 1984 年版，第 159 – 165 页。

放日报》报道，延安市地方法院从调查案情到请示边区高等法院，再到作出一审判决，前后仅用 11 天。虽然本案的初审过程似乎比较短，但仍然是建立在侦查讯明的基础上，有比较充分的调查过程。事实上，到基层搜集证据、查清事实真相，是边区审判机关的一项最重要的工作。而本案司法过程注重调查的做法，特别是二审经过了近半年的调查、庭讯、辩论。相关司法档案显示，仅在 3 月 19 日至 4 月 20 日期间，边区高等法院先后进行了 15 次法庭调查，分别讯问及相互对质，被调查及讯问者有 18 人，形成了 200 余页的笔录。① 在深入调查取证的基础上，边区高等法院最终弄清了这一命案的全部真相，高等法院在事实审方面做了扎实的工作，这与当前我国的上诉审注重法律审的做法是不同的。

第二，体现了边区司法重程序的倾向，注重保障刑事被告人各项诉讼权利。本案发生时正处于边区高等法院院长雷经天、李木庵分别主导的司法正规化改革时期，他们都十分重视诉讼程序的规范化。比如，1941 年 12 月 7 日，高等法院发布《为饬严格遵行上诉程序训令》，要求各县严格遵行上诉程序，明确规定：凡民刑事案件不服第一审判决的，均准予到高等法院上诉。当事人声明上诉后，原审机关应将本案有关的卷宗材料证据及处理过的情形，送呈具报，并指定日期、传齐两造到高等法院候讯。声明上诉期间，民事定为 15 天，刑事定为 10 天，非有特殊情形，不得变更，逾期而作为判决确定。倘未经第一审判决声明上诉的案件，不得随便送到高等法院，以免紊乱审级和秩序。②"学疗人命案"的一审正处于雷经天实施司法正规化改革时期，杨永和针对一审延安市地方法院作出的对其不利的判决，依据高等法院发布的上述训令，可以向边区高等法院提起上诉。由于该案涉及被告人数较多，而且案情十分复杂，因而高等法院在该案重审的过程超过了规定的十日期限。特别值得注意的是，此时边区实行的是"三审制"，在高等法院之上还设立了边区政府审委会的终审制。本案二审宣判后，宣判时明确告知其不服仍可继续向边区政府审判委员会上诉。此外，

---

① 马成、薛永毅：《历史言说与现实启示：1942 年陕甘宁边区"学疗人命案"》，人民法院报，2018 - 7 - 6（7）。

② 参见《高等法院 1941 - 1942 年工作报告》，全宗 15 - 187。另参见杨永华、方克勤：《陕甘宁边区法制史稿·诉讼狱政篇》，法律出版社 1987 年版，第 4 页。还参见刘全娥：《陕甘宁边区司法改革与"政法传统"的形成》，人民出版社 2016 年版，第 80 页。

该案在审理中，通过专业辩护律师的加入，有效保护被告人以辩护权为核心的各种诉讼权利，成为弥补控审不分弊端、平衡司法机关和诉讼参与人法律地位的重要保障。

第三，审判适用法律依据的多元化。李木庵担任高等法院院长时期的一项重要改革就是解决"无法可依"的局面。在他看来，陕甘宁边区的法律制度以及资产阶级的法律制度在革命政权中都可以适用。① 李木庵任职期间，是边区高等法院援用国民政府法律条文最多的时期。"学疗人命案"的两级判决书虽然载明以国民政府法律为依据，但实际上为民国政府刑法、刑事诉讼法与边区刑罚传统的混合。如终审判决中，依据国民政府刑法第三百零二条第一、第二项，分别判处白占山、李延德（两罪并罚、合并执行）、工工华、赵凤岗、杨永和有期徒刑二年十个月、三年、二年、二年及一年十个月。而国民政府《刑法》第三百零二条规定："私行拘禁或以其他非法方法剥夺人之行动自由者，处五年以下有期徒刑、拘役或三百元以下罚金。因而致人予死者，处无期徒刑或七年以上有期徒刑。致重伤者，处三年以上十年以下有期徒刑。"由此可见，本案被告的惩处都不在《刑法》规定的刑罚适用范围，其根本原因在于边区司法的多元化。一方面，边区司法参照了国民政府的刑法所规定的罪名罪状；另一方面，边区司法的量刑有自己的刑罚传统。②

二、夏魏单纠纷案——根据地时期土地纠纷的典型性案例

（一）选案背景与教学目的

陕甘宁边区的前身是陕甘宁苏区，这里的土地关系有两种情况：大部分地区彻底进行了土地革命，消灭了封建土地剥削制度；一部分新区，尚未变革旧的土地制度。为贯彻党的抗日民族统一战线的土地政策，陕甘宁工农民主政府于1937年4月26日发布了关于土地政策的布告，宣布"在没

---

① 参见《雷经天同志的司法工作检讨及绥德县1944年司法工作总结报告》，全宗2–680。另参见刘全娥：《陕甘宁边区司法改革与"政法传统"的形成》，人民出版社2016年版，第89页。

② 参见朱婴："边区刑罚的特点"，《边区政府审判委员会秘书朱婴、毕珩的检讨会议记录和有关材料》，卷宗号：15–97。另参见刘全娥：《人权保障的司法进路——陕甘宁边区"学疗命案"的启迪》，载《法律适用》，2017年第7期。

有分配土地的统一战线区域，地主豪绅的土地停止没收"，并且规定："在已分配了土地的区域，地主豪绅回来，可在原区乡分配他以和农民一样多的土地和房屋。"但是，自边区政府规定上述政策后，许多过去因土地革命而外逃的地主、富农纷纷返回边区，有人不顾边区政府的法令，采取各种威胁利诱的手段强迫农民交还土地、地租、房屋和债务。这样，巩固土地革命的成果、保护农民的利益就成了边区政府的主要任务。于是，陕甘宁边区政府于 1938 年 4 月 1 日发出了《关于处理地主土地问题》的布告，宣布"在已分配土地的地区，已没收的土地不应还原，分配了的房屋不得翻案，已取消了的租债不许再索取"。为了确保农民的土地所有权，陕甘宁边区政府于 1937 年 9 月 24 日公布了《陕甘宁边区土地所有权条例》，确定了分配土地后农民所分得的土地所有权，并发放土地所有权证。至于未分配土地的地区，则不再没收地主的土地，土地所有权仍属地主。所有这些政策，后来都用施政纲领和土地法规的形式确定下来。例如 1939 年陕甘宁边区第一届参议会通过的《陕甘宁边区抗战时期施政纲领》宣布："确定私人财产所有权，保护边区人民土地改革所得之利益。"同时通过的《陕甘宁边区土地条例》具体规定："确定土地私有制，人民经分配所得之土地，即为其私人所有。土地改革以前之旧有土地关系，一律作废。""土地出租时，业、佃双方须订合同，除保证业户利益外，须保证佃户使用土地之一定年限及租额之不至过高。"①

　　1936 年 6 月 16 日，定边解放，随着中共定边县委的成立，定边县苏维埃政府也随即成立，属陕甘宁省苏维埃政府领导。1936 年 6 月至 12 月，定边县土地革命主要工作有：宣传党的土地政策，调查摸底和登记人口，划分阶级定成分；在农村分田地，在城市分房产，及时颁发"土地所有权证"。1937 年 1 月至 1937 年 2 月，由于党中央指示停止没收地主土地，但又考虑有些地区（特别是新区）土地革命斗争搞得很不彻底，如果再不把土地分配的尾留工作搞好，群众就会得不到土地，所以要求各地在此期间再次抓了土地分配的尾留工作。但因时间太短，整个工作搞得比较粗糙，有些地方始终没有很好地开展此项工作，只是搞了一下地主自动"献地"。

---

① 参见《解放》第 68 期，第 23 页。另参见张希坡、韩延龙：《中国革命法制史》，中国社会科学出版社 2007 年版，第 570－571 页。

安边县土地革命斗争到 1937 年 2 月以后就基本结束。

本案例的教学目的主要是帮助学生了解陕甘宁苏区、边区土地革命的有关政策与法律的内容及其变化，理解土地纠纷解决过程中政策与法律的适用，以及陕甘宁边区的司法传统，深化对"马工程"教材中有关新民主主义革命时期民事经济法律制度内容的认识。

（二）案例原文与出处

陕西省定边县一区六乡南园子李尚财、李刘氏夫妇在定边暗门庄有一块地，名叫"夏魏单"，计六十垧。后因家境不好，1927 年李尚财把这块地典给定边市区四乡一村地主丁攀生。1929 年李尚财病故后，李刘氏即将此地全部卖给丁攀生。这样，丁攀生连同原有之地，加上"夏魏单"，共有土地三百余垧。

1936 年陕北开展土地革命后，丁攀生逃跑了。按照当时的土地政策，地主所有的土地包括典受地，均在没收之列。故丁攀生的全部土地包括"夏魏单"，都被没收归公了。

抗日民族统一战线建立后，丁攀生又回到边区。他及当地其他一些居民趁政府对"夏魏单"等地管理不严，就侵种了一部分。

李刘氏见丁攀生侵种的土地内有自己原先的地，就找丁攀生要把地赎回，丁攀生怎么也不同意。李刘氏便于 1940 年向定边县政府提起诉讼，声称："夏魏单"地在 1927 年只是出典给丁攀生，并没有卖给他，因此要求赎回。当时，定边县裁判处对土地真相未作调查，不知道该地早已没收归公，即判决把该地三分之二归李刘氏耕种，三分之一归丁攀生耕种。

后来，定边县政府在调查中发现了新的事实："夏魏单"等地早已没收归公，并非私人之业，丁攀生等人占地已属非法侵种。据此，定边县司法处于 1942 年对此案依法进行再审。决定：撤销 1940 年所作之原判，原判给李刘氏及丁攀生之地，一律复行收回公有，丁攀生不应侵种，李刘氏更无权赎回。不过，该县政府考虑到丁攀生及李刘氏生计困难，为照顾各阶层利益，又给他们补充一部分土地，按各家人口之多寡，拨给丁攀生六十垧地，拨给李刘氏六垧地，让他们耕种过活。

李刘氏因补拨给自己的土地过少，很不甘心，又目睹补拨给丁攀生的地里仍有自己原先之地，故不服县里判决，又到陕甘宁边区高等法院提出上诉，控诉丁攀生霸占她的地，要求恢复 1940 年原判所分之地。

边区高等法院传讯双方当事人，查明事实后，于 1942 年 12 月 3 日开庭公审此案。民事审判庭由庭长任扶中、推事王怀安、书记员海心组成。

法庭认为：李、丁双方所争之"夏魏单"地亩，早在土地革命时期已按当时土地政策没收归公。因此，李刘氏所称她在 1927 年只是把地出典给丁攀生，并未出卖，这一情节无论是否属实，都不能阻挠土地改革已成之实效。业已收归公有之土地，不能再返还给旧有地主。定边县署再审撤销原判，将原判分给双方之地复行一律收回归公，于法并无不合。李刘氏请求废弃后判，恢复 1940 年原判分种之地，实为无理。至于丁攀生受分政府所补拨之土地，虽然其中有李刘氏原种之一部分土地，但此系经没收归公后，复由政府补给之地，与李刘氏等无关，故不得指丁攀生为霸占。

据此，法庭判决：驳回上诉，李刘氏不得再向丁攀生索地。判决还指出：如果李刘氏现时所分之土地确实过少，无法维持生活，可另将实际情况报告定边县政府，申请再补给一些土地，以资救济。

此案之处理受到各阶层群众之称颂。①

——延安《解放日报》，1945 年 1 月 13 日版

（三）案情解读与评析

该案是根据地时期土地纠纷的典型性案例，发生在陕甘宁工农革命前后和抗战时期，具有比较复杂的社会背景，尤其是陕甘宁边区党和政府有关土地政策、法律制度的变化，使得原本已经履行完毕的土地合同关系再次引发土地所有权纠纷。

实际上，1927 年李尚财把这块地典给丁攀生的时候，此时李尚财仍然是持有"夏魏单"的所有权的，因为"典"是一种"活卖"，卖方在约定的时期内是可以赎回去的。李尚财死后，李刘氏夫妇变更了原来的合同关系，提出"典"转"卖"，此时双方基于"夏魏单"的合同性质是土地买卖合同，"夏魏单"的所有权因而转移到了丁攀生。在当时看来，该块土地已经不存在任何权属纠纷了。

定边县工农民主革命后，随着苏维埃政权的建立，1936 年 7 月《中央

---

① 赵崑坡、俞建平：《中国革命根据地案例选》，山西人民出版社 1984 年版，第 201 - 203 页。

关于土地政策的指示》规定了"没收地主土地"。《中华苏维埃共和国土地法》第一条规定："所有封建地主、豪绅、军阀、官僚以及其他大私有者的土地,无论自己经营或出租,一概无任何代价的实行没收。"1935 年的《西北革命军事委员会军区政治部关于土地问题的布告》,宣布无条件没收地主土地,分配给贫苦的工农大众;所有典给人家的土地一律无代价收回,土地归原来出当的穷人所有,所欠主人家的钱,一律不还。因此,根据上诉政策和法律规定,"夏魏单"这块土地被定边县苏维埃政府没收。关于"夏魏单"这块土地的所有权,实际上政府已经收归国有。

但问题是,因为建立抗日统一战线,根据中央的指示,土地政策有变,1937 年 9 月 24 日公布了《陕甘宁边区土地所有权条例》,确定了分配土地后农民所分得的土地所有权,并发放土地所有权证。至于未分配土地的地区,则不再没收地主的土地,土地所有权仍属地主。正是因为守边政府对于中央政策的把握不准,没有抓好土地分配的"留尾"工作,以致没有把"夏魏单"这块土地分给农民。由于政府土地管理不到位,"夏魏单"这块土地才被丁攀生和一些农民侵占和使用,以致引发了土地所有权的纠纷问题。从本案来看,定边县裁判处审判在程序方面出现了问题,李刘氏在主张"夏魏单"这块土地的所有权时,通过故意捏造事实,把买卖说成"典",但因为定边县裁判处的官僚主义作风,没有经过调查取证就轻信了李刘氏的话,导致了错误的判决。在之后的再审过程中,定边县司法处发现了本案事实依据的错误,即李刘氏已经把"夏魏单"这块土地卖给丁攀生的事实。根据 1938 年《陕甘宁边区政府公告——关于处理土地问题》规定:"在已经分配了土地的区域,地主回来应表示欢迎,可在属区乡村公地内分配和农民一样多的土地。但已经没收的土地不应还原,分配了的房屋不得翻案,已经取消了的租债不许再索取等;地主回来,与其他群众一样受到政府的保护,但须遵守法令,不得有欺压群众及损害抗战之行为,违者依法处办。"而《陕甘宁边区高等法院民事判决书》第 56 号就该案的判决理由为:"查系争土地,于土地革命时期,按当时土地政策早经没收归公。李刘氏所称,仅于民国十六年出典于丁攀生并未出卖一节,无论是否属实,不能阻挠土地政策已成之实效,至此业已收归公有之土地不能再返还于旧有地主。"因此,原判给两人的土地,一律收回公有。尽管如此,基于人道主义及抗日战争时期统一战线工作需要,法院还是拨给丁攀生六十饷地和李刘氏六饷地,是按照政策进行合法分配给他们的。

三、刘巧儿案——体现边区婚姻法律基本原则及马锡五审判方式的典型性案例

（一）选案背景与教学目的

刘巧儿案发生在 1943 年 3 月，是由陕甘宁边区高等法院陇东法庭庭长马锡五审理的一场著名的刑事附带民事案件，是一起通过"马锡五审判方式"审理的有关女性婚姻自由的典型案件。本案发生的环境和背景，主要有以下几点：

首先，随着抗日战争进入相持阶段，抗日敌后根据地的建设开始初具规模。在此背景下，作为重要的根据地之一的陕甘宁边区，在边区政府以及党中央的领导下，取得了一定的成就，通过精兵简政和发展商品经济、稳定金融物价等措施，根据地经济有了发展，再加之整风运动加强了党内的团结，使得党内团结达到新的高度。在此条件下，党政军民通力协作，边区的工商业、文化事业等得以迅速发展，为边区妇女权益的增加和司法体制的改革奠定了坚实的物质基础和组织基础。

其次，随着妇女解放运动的进一步推进，妇女开始广泛参与生产活动，妇女的思想理念的解放、经济地位的提高不断冲击着旧传统中有关妇女不平等的歧视。1939 年 4 月，边区政府颁布了《陕甘宁边区婚姻条例》，规定婚姻要遵照男女双方的自由意志，禁止包办及买卖婚姻；规定男女双方的法定结婚年龄；实行一夫一妻制的原则；规定离婚时的财产分配原则及其他各项权利和义务，从婚姻法的角度赋予妇女权利；又，早在 1941 年 5 月 1 日，由中共边区政治局提出、中共中央政治局批准的《陕甘宁边区施政纲领》第 16 条就规定："依据男女平等原则，从政治经济文化上提高妇女在社会上的地位，发挥妇女在经济上的积极性，保护女工、产妇、儿童，坚持自愿的一夫一妻婚姻制。"① 这就从政治上确定了妇女的地位。1942 年开始，边区的妇女经济政策方针不仅局限于家庭生产，而且是转变成组织农村妇女个体与集体的生产，加强妇女的生产与家庭结合，以生产合作及各种生产方式组织妇女，进一步提高了妇女的经济地位。可以说，这一系列

---

① 中央盐池县党委办公室编：《陕甘宁边区概述》，宁夏人民出版社 1988 年版，第 17 页。

举措都为进一步解放女性提供了良好的条件。

再次，随着边区司法体制的改革与完善，为审理案件提供了现实的法律途径。第一，边区立法的完善，为司法裁判打下了良好的基石，不仅有宪法民法刑法等实体法的出台，还有诸多诉讼法等实体法的颁布，有力地保障了裁判的合法性；第二，边区政府实行多级审判制度①，可以有效地避免司法裁判出错而难以改正的情况，刘巧儿案正是通过二审得以完美解决；第三，边区法院从自身的性质出发，始终牢记自己是人民的司法机关，是为人民服务的组织，采取多种措施以便民利民诉讼。为了便于乡村群众诉讼，边区司法始终追求简化手续，接受口头申诉，免除所有诉讼费。②"政府机关所需用的一切经费，既经由人民供给，当不借故额外征收。"特别要求法院不得"故意摆设庄严的法堂，使犯人发生恐惧"③，积极倡导司法过程中采用矛盾调解手段等。④

最后，马锡五在从事司法工作之前，正是通过深入群众之中，倾听群众意见，有针对性地解决群众难题的方式很好地化解了"陇东事件"在边区的不良影响。基于此，马锡五充分利用"一刻也不离开群众"的工作作风和"充分的群众观点"的审判方式为边区司法审判工作树立了良好的典范作用。刘巧儿案，对倡导婚姻自由、推动妇女解放运动、宣传人民政府"司法为民""有错必纠"执政理念等产生了极其重大而深远的影响。

该案的教学，拟以"马工程"教材中有关新民主主义革命时期的婚姻

---

① 在边区与国民政府间的合法关系尚未解决期间，暂行确定两级两审制。县司法处（或市地方法院）对县政府（或市政府）负责，进行初级审判，高等法院及其分度对边区政府负责，履行终审职权。详情请见林伯渠《关于改善司法工作（1944 年）》，载于中国共产党历史资料丛书西北五省区编纂领导小组、中央档案馆主编，《陕甘宁边区抗日民主根据地》（文献卷）上册，中共党史资料出版社 1990 年版，第 169 页；边区法院，取三级三审制。县政府的承审员（因各种关系尚未设地方法院）是第一级的初审，边区高等法院是第二级的复审，中央最高法院是第三级的终审。在目前，边区法院是受边区政府主席团的指示和领导。详情请见雷经天：《陕甘宁边区的司法制度》，载《解放》，第 50 期，1938 年 8 月 28 日。

② 中国共产党历史资料丛书西北五省区编纂领导小组、中央档案馆主编：《陕甘宁边区抗日民主根据地》（文献卷）上册，中共党史资料出版社 1990 年版，第 169 页。

③ 雷经天：《陕甘宁边区的司法制度》，载《解放》，第 50 期，1938 年 8 月 28 日。

④ 提倡并普及双方自愿为原则的民间调解，以减少人民诉讼到极小限制，民事一般推行调解。详情请见林伯渠《关于改善司法工作（1944 年）》，载于中国共产党历史资料丛书西北五省区编纂领导小组、中央档案馆：《陕甘宁边区抗日民主根据地》（文献卷）上册，中共党史资料出版社 1990 年版，第 168 – 170 页。

法律制度、司法制度等内容为切入点，意在让学生理解陕甘宁边区司法审判方式的代表——马锡五审判方式的时代背景、本质特点以及深远影响，熟悉陕甘宁边区政府时期妇女解放运动中边区法律制度、方针政策以及妇女维权的相关情况。

（二）案例原文与出处

原上诉人封彦贵之女儿（棒儿）小时于民国十七年同媒说合，许与张金才之次子（张柏）为妻。后于民国二十一年五月（1932年），该封彦贵见女儿长大，借女儿婚姻自主为名，遂以法币贰仟四百元硬币四十八元将棒儿卖于城壕川南塬张宪芝之子为妻。被张金才告发，经华池县府查明属实，即撤销。难料封彦贵复于本年三月以法币八仟元、哔叽四匹、硬币二十元，经张光荣做媒又卖给新堡区朱寿昌为妻。于三月十日在封家订婚，当即交法币七千元，布两匹，棉花三斤。另外于本年十二月十三日适有新堡区赵家洼子钟案宝过事时，该封彦贵之女儿棒儿前赴该事，而张柏亦到，男女两人亲自会面谈话，棒儿愿与张柏结婚，就是被父母包办出不了恶劣家庭环境，而张柏就回家告诉他父张金才，其后张金才听到封彦贵将棒儿许与朱寿昌之消息，即请来张金贵及户族张得赐、张仲、张老五等连儿子张柏共二十人，于三月十八日下午从家中出发，当晚二更后到封彦贵家，人已睡定，首由张柏进家将棒儿拖出，时封姓家中人见来多人，遂让棒儿由张姓抢劫前去，及天明两小成了婚姻。当日封姓控告至华池县府，县司法处判处张金才徒刑六个月，棒儿与柏儿婚姻无效。上诉人不服，上诉本庭。经调查，一般群众对华池县处理此案亦有意见。华池县司法处判决在案。[①]

——陕甘宁边区高等法院陇东分庭刑事附带民事判书，1943年7月8日

（三）案情解读与评析

封彦贵控告到县，经判决，张金才徒刑六个月，张柏儿对棒儿婚姻无效。当时封张两造均不同意，附近群众亦感不满。适值马锡五同志赴华池县巡视工作，经上诉前来。受理后，首先详询当地区乡干部，了解了实际情况；其次又问了附近许多群众，了解了一般舆论趋向；再就派平日与封

---

① 文绍润、高海深：《陕甘宁边区判例案例选》，陕西人民出版社2007年版，第80–82页。

棒儿接近的人去与其谈话，再亲自切实征求她的意见，了解了她是不愿与朱姓结婚。她说："死也要与张柏儿结婚的。"全部真相既明，于是协同华池县上同志举行群众性的公开审理，将与此案有关的人一并集合起来，审明：封姓屡卖女儿；张姓以张金才为首，张金贵为次，纠众抢亲属实。从后复征询封棒儿对婚事意见，与前无异，最后征询到场群众对全案意见，一致认为：封姓屡卖女儿，捣乱咱政府婚姻法，应受处罚。张家黑夜抢亲，既伤风化，并碍治安，使四邻害怕，以为盗贼临门，也应处罚，否则，以后大家仿效起来，还成什么世界。群众特别关心的，就是张柏儿、封棒儿两人的婚姻问题，认为一对少年夫妇，没有问题，不能给拆散。至此，一切都弄明白了。于是判决：张柏儿与封棒儿双方同意结婚，按婚姻自主原则，其婚姻准予有效；但不论新式旧式，均应采取合法手续，黑夜纠众实行抢亲，对地方治安及社会秩序妨碍极大，因之科处张金才、张金贵等以徒刑，其他附和者给予严厉之批评，封彦贵以女儿为货物，反复出卖，科苦役以示警戒。此次判决，不仅原被告双方都表示同意，群众也认为判决结果十分恰当，合情合理。①

作为能够体现边区婚姻法律基本原则及马锡五审判方式的典型性案例，该案当时在陕甘宁边区引起了轰动。延安《解放日报》《新华日报》等纷纷对这一案件进行了报道，不仅如此，还出现了陕北说书艺人韩起祥编写的《刘巧儿团圆》。而且，在中华人民共和国成立初期，一部由著名评剧表演艺术家新凤霞主演的叫《刘巧儿》的评剧风靡全国，甚至到了妇孺皆知的地步。今天看来，"刘巧儿案"并不复杂。它之所以是能够体现边区婚姻法律基本原则及马锡五审判方式的典型性案例，乃至 20 世纪中国"八大名案之一"，主要是基于当时的特定历史背景，以及它所产生的影响。

首先，"刘巧儿案"对推动当时的妇女解放运动产生了积极影响。尽管早在 1931 年，《中华苏维埃共和国宪法大纲》便明确宣布："中华苏维埃政权以保证彻底的实行妇女解放为目的，承认婚姻自由，实行各种保护妇女的办法，使妇女能够从事实上逐渐得到脱离家庭束缚的物质基础，而参加

---

① 《解放日报》一九四三年三月十三日刊印，载于中国共产党历史资料丛书西北五省区编纂领导小组、中央档案馆：《陕甘宁边区抗日民主根据地》（文献卷）上册，中共党史资料出版社1990 年版，第 172 – 174 页。

全社会经济的政治的文化的生活。"特别是在边区政府成立后，又陆续颁布了《陕甘宁边区婚姻条例》《陕甘宁边区政府关于严禁买卖婚姻具体办法的命令》《修正陕甘宁边区婚姻暂行条例》等法律法规，但是传统的封建伦理思想仍然束缚着广大女性，尤其是农村地区妇女的思想，"父母之命，媒妁之言"甚至买卖婚的现象仍十分普遍。"刘巧儿案"树立了一个敢于为自己的婚姻和命运同传统礼教斗争的时代新女性形象，它充分地表明了陕甘宁边区司法对女性权益的维护绝对不是流于表面，与国民党统治区的情况形成鲜明的对比，充分体现了共产党人民司法的优越性。另外，"刘巧儿案"还对当今妇女维权有一定借鉴意义，虽然一审判决取消了封芝琴与张柏的婚姻，但封芝琴却认为自己与张柏两情相悦，自愿结为夫妻，与边区政府的政策法规相一致，因此为了维护自己的合法权益，应当提起上诉。它向我们表明，只要是维护自己的合法权益，就应当勇敢地表达，通过各种法律手段予以保护，这种敢于抗争的新女性精神值得当代女性学习。

其次，马锡五在"刘巧儿案"当中使用的"马锡五审判方式"也在当时产生了巨大的影响。它的特点就是法官深入群众，全面了解案情，秉公作出判决，如1944年《解放日报》便将马锡五审判方式总结为：（1）深入调查；（2）在坚决执行政策法令和维护群众基本利益的前提下，进行合理调解；（3）诉讼手续简便集中为一点，就是"充分的群众观点"。① 又如，1945年12月陕甘宁边区司法工作会议的总结报告，将马锡五审判方式，归结为三项原则：（1）深入农村，调查研究；（2）就地审判，不拘形式；（3）经过群众解决问题。② 这样的审理方式取得了良好的效果，使得"赢的输的都自愿服从"，不仅党中央高度赞誉，而且广大群众也高度认可。在当时，它与国民党脱离群众、主观臆断、故弄玄虚、繁琐不堪的司法形成鲜明对比，成为当时中国共产党司法审判的一面旗帜，被誉为"东方经验"。不仅如此，"马锡五审判方式"对现如今的司法审判仍有借鉴意义。尽管"马锡五审判方式"作为特定历史时期的产物，与现代司法存在诸多不同，但其中蕴含的一些理念仍然值得我们学习。它作为现代司法调解制度的原型，要求我们做到实事求是，全面而不偏听，依靠群众而不是完全

---

① 张希坡：《马锡五审判方式》，法律出版社1983年版，第41页。
② 张希坡：《马锡五审判方式》，法律出版社1983年版，第41页。

脱离群众；针对不同的对象，要以解决核心问题为出发点，采取不同手段和方式；简化诉讼程序，更好地为人民提供服务。

四、黄克功案——体现边区法律面前人人平等原则的典型性案例

（一）选案背景与教学目的

1939年1月17日至2月4日，由边区第一届参议会第一次会议选出议长、副议长，政府主席、副主席。陕甘宁边区政府正式成立。司法机关，边区设高等法院，专区设高等法院的分院，县设县法院。边区和县的法院院长，由边区和县参议会选举产生。边区参议会、边区政府和边区高等法院，是三者统一的一元化的民主集中制。

遵义会议之后，党逐步克服和纠正了"左倾"错误路线在刑事立法中的影响，纠正了"唯成分论""唯功绩论"的偏向，主张法律面前人人平等，确保新民主主义刑事立法的正确发展方向。延安时期，董必武对于陕甘宁边区法治的发展发挥了重要作用。他坚持从中国革命的实际出发，强调法律要为巩固革命政权服务，法律要代表和维护人民的利益。1935年12月至1937年2月，董必武担任中共中央审查委员会书记，他在审查处理陕北地区"肃反"事件过程中，坚持依法办事，认为党所领导的一切工作都应当依据法律进行规范，如此才能更好地加强党的领导，才能巩固革命政权。他认为法律的效力应当及于所有人，而不能只要求广大民众遵守，党员干部要法令范围活动。1940年8月20日，董必武在陕甘宁县委书记联席会议上作了题为"更好地领导政府工作"的报告，他指出："党员应无条件地服从和遵守政府法令，党员犯罪应当加重治罪。"陕甘宁边区的司法审判制度在沿袭苏区司法制度的基础上，结合边区具体社会环境进行了改革发展，更正强化了人民陪审制、人民调解委员会制等。董必武在中共八大上提出的"有法可依""有法必依"的著名论断，是他在中央苏区和陕甘宁边区法治建设的经验总结。陕甘宁边区重视保障公民的生命安全，一切非法剥夺他人生命的行为，都被视为对公民人身权利的最严重侵犯，必将受到法律的严厉惩处。从陕甘宁边区审判实践来看，故意杀人案主要原因包

括图财害命、因奸杀人、因泄愤杀人等方面。对于故意杀人罪，边区政府在量刑上均采取从重原则。

此外，陕甘宁抗日民主政权对于婚姻方面有明确的规定，如《陕甘宁边区抗战时期施政纲领》规定："实行男女平等，提高妇女在政治上、经济上、社会上的地位，实行自愿的婚姻制度，禁止买卖婚姻和童养媳。"从1939年起，依据上述《施政纲领》，陕甘宁边区政府先后制定了《陕甘宁婚姻条例》《陕甘宁边区禁止妇女缠足条例》。1942年颁布《陕甘宁边区抗属离婚处理办法》，1943年颁布《陕甘边区婚姻暂行条例》以及1944年颁布的《修正陕甘宁边区婚姻暂行条例》。

本案的教学目的，主要在于帮助学生了解革命根据地法治原则的变化及其对于司法的影响，理解"法律面前人人平等"对于保障人权、维护革命政权的重要意义，从而让学生形成对"马工程"教材中有关新民主主义革命时期宪法理念与制度等内容的体系化认知。

（二）案例原文与出处

黄克功，男性，年二十六岁，江西省南康县人。案查该凶犯于十月五日黄昏在延安城外东关河边地方因逼婚不遂逞凶枪杀陕北公学女生刘茜一命，经检察机关侦查，证据确凿，提起公诉，本院举行公审，该凶犯在法庭上已直供不讳。此种罪恶行为，本院认为该凶犯黄克功为着个人的恋爱不达目的，竟忘却自己过去为革命艰苦斗争的光荣历史，不顾目前抗日救国的重大任务，破坏红军铁的纪律，违犯革命政府的法令，自私自利，以最残忍的手段杀害革命青年同志，当前暴日侵凌，国家危急，民族的革命战争正在紧张的时候，对于此种在革命营垒中的败类，应给以严厉的制裁，以维革命的纪纲，本院根据该凶犯黄克功犯罪的事实，特判处死刑，当即验明正身，执行枪决。

此布

中华民国二十六年十月十一日

院长　董必武　雷经天（代）

监印　任扶中

校对　王济文

——《陕甘宁边区高等法院布告刑字第二号》，1937年10月11日

（三）案情解读与评析

本案是发生在延安的一起枪杀案，在群众中引发了强烈反响。关于如何处理该起案件，当时有几种意见。一种意见认为，黄克功少年时就参加了红军，为革命事业屡建战功，应该从宽处理。一批老红军认为黄克功对革命有功，应该减刑，依据红军法令 35 条规定"凡对苏维埃有功绩的人，其犯罪行为得按照规定减轻处罚"，念他一时冲动杀害刘茜，革命已经损失了力量，前线抗日需要战将，应该让他戴罪杀敌，将功赎罪。另外一种意见认为，黄克功身为革命军人和党员，强迫未达到婚龄的少女结婚，已违反婚姻法，不仅如此，在强迫结婚无果之后竟然丧心病狂杀害同志，理应判处死刑，以平息民愤。受害者所在的陕北公学主张杀人必须偿命，不能因为黄克功是革命功臣就可以超越法律、享有特权，要求枪毙黄克功。

实际上，上诉两种意见代表了党和政府司法理念的调整和改变。在工农民主政权建设时期，司法实践强调"唯成分论""唯功绩论"。建立抗日民主政权时，边区进行了司法的正规化改革，强调法律面前人人平等，注重对于公民的人权保障。

在当时的条件下，如何审判黄克功？是赦还是杀？毛泽东、张闻天、胡耀邦都不可回避地参与此案。雷经天曾参加过南昌起义、广州起义、百色起义，与黄克功一同走过长征路。依法公开审判犯罪的红军将领，简陋的边区法院从未经历过如此大案。黄克功案发生后，边区政府十分重视此案，组成了以雷经天为审判长的合议庭，经过调查取证和审讯，决定判处黄克功死刑。按照边区司法规定的程序，陕甘宁高等审判厅将该案审判意见呈边区政府审核后，又上报中共中央审批，最后批准了陕甘宁高等法院对黄克功的判决。毛泽东在写给审判长雷经天的复信中指出："必须依据被告人犯罪行为的危害大小，作为定罪科刑的主要依据。"由此可见，此时司法实践当中已经纠正了"唯成分论""唯功绩论"的错误倾向，否定了有功绩者犯罪享受刑罚减免的特权，体现了法律面前人人平等的思想。毛泽东在复信中还强调指出："黄克功过去斗争历史是光荣的，今天处以极刑，我及党中央的同志都是为之惋惜的。但他犯了不容赦免的大罪，以一个共产党员红军干部如此卑鄙的，残忍的，失掉党的立场的，失掉革命立场的，失掉人的立场的行为，如为赦免，便无以教育党，无以教育红军，无以教育革命者，并无以教育做一个普通的人。"① 此案表明共产党在没有夺取全国政权之时，就意识到了一些自认为对于革命有功者，居功自傲，目无法纪的人，如果不严加惩处，必然成为害群之马，失去民心。此案判决后，当时延安军民盛赞"杀了黄克功，为党敲警钟"。毛泽东指出："黄克功一粒子弹，否定了刘茜，违反了政策，破坏了群众影响；我们的一粒子弹，又否定了黄克功，坚持了政策，挽回了群众影响，而且使得群众更拥护我们了。""法律面前人人平等"是近代法治社会的主要法律原则，但在苏维埃政权时期，出于阶级斗争环境的现实需要，法治建设方面仍然带有封建特权观念的残留。对黄克功判处极刑，意味着根据地特权观念的彻底废除。这次公审，就是要让全国抗战军民，让我们的敌人，让世人，让后人，看到共产党绝不包庇自己犯罪的干部，不为自己的功臣网开一面，不搞官贵民贱，坚持法律面前人人平等。

黄克功杀人案发生后，边区司法机关仅用 6 天时间，便完成了从案件的侦破、起诉到审理、判决和执行的所有程序，为陕甘宁边区的司法公正，从效率、民主与人权保护等方面，确立了标准。黄克功案以边区高等法院为一审终审，审判时以党纪军纪为依据，并未适用国民政府法律。由于当时边区法律不完善，司法的主要依据是党的纲领、文告、方针等，法院以"故意杀人罪"判处黄克功是缺乏依据的，整个判决书也没有发现有明确的定罪，只有"罪案成立"的表述。在缺乏明确的实体法及程序法规范的情况下，边区高等法院通过对此案的审理，创设了人民群众民主参与刑事案件的陪审制度和公审制度、边区高等法院对重大刑事案件一审终审的诉讼程序制度、法律适用主体的平等原则等重要制度，体现了边区在特定历史条件和战争环境下实现司法公正的独特方式，对革命法制的发展产生了巨大而深远的影响。因此，该案可被视为能够体现边区法律面前人人平等原则的典型性案例。

著名民主战士李公朴先生曾这样评价黄克功案件的审判："它为将来的新中国建立了一个好的法律榜样。"黄克功案件处理后，毛泽东还在抗大特意作了一场"革命与恋爱"的讲演。他要求大家从"黄克功案"中吸取教

---

① 参见张希坡主编，韩延龙、杨永华副主编：《革命根据地法制史》，法律出版社 1994 年版，第 472 页。

训，要严肃对待恋爱、婚姻、家庭问题，要培养无产阶级的理想和情操，坚决杜绝类似事件发生。这个案例引发了法治中国建设必须慎重思考的问题：对一个共产党员和一个革命者来说，应该怎样正确对待自己过去的光荣斗争历史？一个共产党员和革命者有没有什么特权，可以置身于党纪国法之外？或者党纪可以代替国法？我们认为，黄克功案的判决对于上述问题，无疑提供了一个很好的先例和回应。

五、师有泰栽赃诬告案——体现边区政府司法适用原则的典型性案例

（一）选案背景与教学目的

延安时期，以毛泽东为代表的中国共产党人把马克思主义的普遍原理同中国革命的具体实践相结合，毛泽东集全党智慧撰写的《论持久战》等一系列重要著作，阐明了中国共产党全面抗战的路线和战略、策略，成为领导中国革命走向胜利的思想武器。陕甘宁边区和延安因此被誉为"抗日的灯塔"和"革命的圣地"，成为中国人民抗日战争的政治指导中心，八路军、新四军和其他人民抗日武装的战略总后方。

抗日战争时期，有关各类刑事犯罪立法并不完善。在刑事方面，抗日民主政权将汉奸罪、盗匪罪、破坏坚壁清野罪、烟毒罪、贪污罪列为特种刑事犯罪，作为重点打击对象。抗日民主政权用以惩罚犯罪主要刑罚种类有：死刑、有期徒刑、拘役、罚金、剥夺公民政治权利、没收财产、劳役、管制等。

关于诬告伪证罪方面，各根据地并没有专门制定有关诬告伪证罪之类的治罪条例，只是在其他有关刑事条例中有相关条款。比如，《陕甘宁边区抗战时期惩治汉奸条例》规定：诬陷别人为汉奸者以汉奸论罪。《陕甘宁边区破坏金融惩处条例》第九条规定：如有挟嫌诬告者，以诬告论罪，处两月以上，一年以下之有期徒刑。

关于烟毒罪方面，由于日本侵略者实行毒化政策，到处强迫敌占区人民种植鸦片，制造各种毒品。为了彻底根绝烟毒，保障陕甘宁边区人民的身体健康，边区政府先后成立了禁烟督察局（处），并颁布了一系列有关法

律法规。比如《陕甘宁边区禁烟毒条例（草案）》《国民革命军第十八集团军总司令部、陕甘宁边区政府关于禁烟的布告》《陕甘宁边区政府关于成立陕甘宁边区禁烟督察处命令》《陕甘宁边区查获鸦片毒品修正办法》《陕甘宁边区政府关于查禁鸦片烟苗的命令》《陕甘宁边区政府严禁料面入境的命令》《陕甘宁边区政府为加强缉私工作的命令》《陕甘宁边区政府关于再申禁种鸦片烟苗的命令》《陕甘宁边区政府关于彻底铲除鸦片的快邮代电》《陕甘宁边区禁烟督察处修正组织规程》《陕甘宁边区查获鸦片毒品第三次修正办法》《陕甘宁边区禁烟督察处组织规程》《陕甘宁边区查获鸦片毒品暂行办法》《陕甘宁边区政府禁烟督察处查获鸦片毒品奖金办法》《陕甘宁边区政府为禁止吸毒事给专员公署县（市）政府的指示信》等。按照上述法律文件的规定，凡是意图制造鸦片而种植罂粟者，制造贩卖运输烟毒者，制造吸食或注射烟毒器具者，意图营利设立吸食注射烟毒场所者，公务人员包庇受贿纵容他人犯前项各罪者均构成烟毒罪。除专设禁烟督查处、分处，禁烟检查站和禁烟服务队专司其事外，还授权各级司法机关受理贩卖和吸食烟毒之案件审判。仅 1937—1938 年两年中，审理鸦片案 525 起，占总案件 2166 起的 1/4。

有关盗窃罪方面，在各抗日根据地，特别是一些敌后根据地，盗窃案件发生比较多，此类案件在刑事案件当中占很高的比例。这主要是由于边区地瘠民贫，一些好逸恶劳之徒和极度贫苦百姓为生计所迫，间或乘人不备，偷窃公私财物。这类盗窃一般数额不大，边区各县司法机关在审理此类案件时，基本上以"一般二流子性质的过犯，以不羁押为原则"，但基于保护人民的财产不受侵犯，一般判处徒刑以下劳役，交边区政府或村，由群众负责约束改造。边区各级法院在审理判决盗窃案件，对改造二流子发挥了重要作用。比如，1937 年 3 月，延安市白兰英因偷窃现金 74 元及其他东西，被判徒刑 6 个月，剥夺公民权 3 个月。对于因天灾受到饥寒所迫的灾民所犯的轻微盗窃案件，对于此类盗窃案件的处理，一般按照具体情节酌情处理。对于盗窃数额较大的惯窃，仍坚持实事求是的原则而处以徒刑。而对于那些盗窃的惯犯、累犯应加重处罚，必要时可处以死刑。

陕甘宁边区刑事立法的特点是在刑事立法和司法实践中，边区政府根据形势发展的需要，因时制宜地制定了许多单行条例，作为边区司法机关审理刑事案件的法律依据。如边区刑罚种类，没有统一的规定，而是体现在边区政府制定颁布的各项刑事条例中，对不同的刑事犯罪定有不同的刑罚，但也体现出了边区刑罚制度的罪刑相适应原则。此外，边区政府在法制建设探索过程中也陆续制定出台了一系列刑事法律，同时为了弥补法律的空白，还以不同的形式选用了国民党刑法中一些可以利用的法律条文。如 1941 年 7 月 21 日，延安市地方法院关于延安西沟阳庄村李高氏养子李锁子遗弃其母罪一案的判决，即依《中华民国刑法》第 294 条和第 295 条之规定，确认李锁子犯遗弃罪，判处其苦役半年。因其老母、妻幼无人抚养，准予具保假释，代罪侍母。如再遗弃加重处罚向。

本案的教学，拟以"马工程"教材中有关新民主主义革命时期民主政权的法制发展概况为切入点，意在让学生了解陕甘宁边区刑事立法实践，以及司法的适用原则。

（二）案例原文与出处

两月前抬高物价，欺诈乡民，被罚停业三天的会友园经理师有泰，现又栽赃诬告陈德贵，延安市地方法院刑事法庭特于六日在市商会广场开公审大会，当场依法判罪，上午午时，市商会广场即聚集着各界代表及市场民众，法官周玉洁院长，检查员崔正冉推事及陪审官市参议员固长安等入堂后，各犯即行入场。检查员起立报告本案情形并陈述检查意见，缘陈德贵（女，安塞人）前年因与李景明发生债务纠纷，经师有泰调解后，由李景明赔偿边币四十七元了事，师乃趁经手之便，暗中将款用去，经陈一再索讨，于去年一月始付过十元，陈德贵于去年十二月二十二日来延买货，向师面索余款并下榻师宅，师又给以十元，余则推诿不付，二十四日陈德贵与师妻康贵至门诊部看病，陈先回要走，师有泰仍将钥匙交陈自取行李，陈便中窃取师宅红枣二斤二两，师回见枣短少，知系陈所偷窃，乃乘机教唆会友园伙计吉根荣赶至城内陈德贵寓所栽赃毛巾及小布包皮各一。一面持言陈德贵窃盗物质，并向法院控告陈德贵窃盗红枣一斤二两、法币及边币若干①、刘继南寄存师处之鸦片三两九钱，并由吉根荣到院作证，经法院一再搜集证据，审讯研究，陈德贵确曾偷窃红枣，至法币、边币则实无其事，师有泰已当场供认诬告，意图趁机敲诈不讳，鸦片固有其事，唯与本

---

① 原文为"法币一、五四〇元，边币一、三四〇元"，因疑有误，且难以辨识其金额表述形式，故编者模糊处理如文所示。

案无关，在案发前已经刘继南卖给洛川商人，（现刘已离开延安）然师有泰显系包庇鸦片。按刑法一六九条及边区禁烟条例第九条之规定，诬告罪判处徒刑一年零九个月，包庇鸦片罪罚苦刑三月，合共判处有期徒刑两年。窃盗犯陈德贵虽期图狡赖，但前后口供不符，所举证据亦矛盾百出，法院确认偷枣委系事实，唯因窃物甚微，按刑法第一八条之规定，判处苦役半月，因在押已有二十余日，免予执行，伪证犯吉根荣栽赃伪证依刑法第一六八条规定，判处徒刑七月。当法官宣告判决时，吉根荣说："我不过做了伪证，为什么罚我凭般重？"法官道："伪作证人，藐视法权，使本案拖延二十余日之久，如非法院彻查清楚，险使陈德贵永蒙不白之冤，你犯的罪还算轻吗？"台下群众均鼓掌表示信任。陪案官问话后，市府代表王明述同志，就本案情形当场讲话，发挥了教育的意义。①

——延安《解放日报》，1942 年 3 月 9 日版

（三）案情解读与评析

本案比较复杂，涉及盗窃罪、诬告罪、伪证罪、包庇鸦片罪等犯罪。从整个这一连串的犯罪来看，实际上都是因为当事人缺乏法治思维，整个事情的演变都是运用非法的手段来实现目的。由此可见，抗战时期陕甘宁边区老百姓的法治观念是严重缺乏的。

《陕甘宁边区保障人权财权条例》规定了人权的法律概念和具体内容。《条例》第 1 条指出："本条例以保障边区人民之人权财权不受非法之侵害为目的。"本案的起因是师有泰私自用掉了部分调解款，这笔余款虽没明确说不还，但一直未还钱，师有泰的这种行为在本案中认定为借用比较合适。正是因为师有泰无期限地拖欠这笔钱不给当事人陈德贵，致使陈德贵非常懊恼。于是在气愤之余，陈德贵盗窃了师有泰家的红枣。这种盗窃背后的原因，可能有三个方面：其一，是为了补偿自己的利益，毕竟多次索要都要不回；其二，可能师有泰的行为确实让陈德贵生气，于是为了报复，就偷取了红枣；其三，可能是陈德贵有顺手牵羊的恶习，故意偷了师有泰家的红枣。但不管基于何种动机，陈德贵的行为已经构成了盗窃罪。

而当师有泰见到自己家的红枣少了，第一时间想到的并不是去报案，

---

① 彭勃主编：《中华监察执纪执法大典》（第三卷），中国方正出版社 2002 年版，第 184 页。

而是想用栽赃、作伪证这样非法的手段去陷害陈德贵。一般而言，诬告者往往是为了个人私利，无视国法，抛弃道德规范，对别人进行栽赃陷害，以达到不可告人的目的。师有泰栽赃诬告，有敲诈勒索之嫌。这实在让人匪夷所思，这也表明陕甘宁边区政府在法治建设方面确实面临着十分艰巨的任务。

延安法院在审理此案过程中，经过法院的调查取证，证实了师有泰犯有诬告罪、包庇鸦片罪。依据《刑法》第69条，以及《边区禁烟条例》第9条，判处师有泰诬告罪有期徒刑一年零九个月，包庇鸦片罪罚苦刑三个月，合并执行有期徒刑二年。吉根荣栽赃伪证，依照《刑法》第168条规定，判处有期徒刑七月。由此可见，边区的司法贯彻了轻刑的理念。边区政府废除了最高刑期十五年的规定，在抗战初期陕甘宁边区的有期徒刑最高刑期被减为五年。不过，在1942年3月31日陕甘宁边区政府发布了经边区政府第十三次政务会议决定，复经边区参议会常驻会第五次常务会通过的战字第237号令，决定"边区之最高徒刑定为十年"。

陈德贵犯盗窃罪，基于盗窃物价值较小，按照《刑法》之规定，判处苦役半月，因在押已有二十余日，免于执行。这主要还是边区政府认为，采取不拘禁自由的方式，指定那些犯轻微罪行的人服劳役，不仅可以避免这些犯罪人在拘禁的过程中沾染其他犯罪人的不良习气，成为社会的不稳定因素；而且也可保留这些犯罪人的体面和尊严，引导其悔过。因此，不拘禁这种罪责较轻的罪犯而令其服一定的劳役，对其施以教育，则更为有效。总之，从形式上看，该案审理过程体现了边区的刑法理念与实践；从本质上看，该案却完整体现了边区的司法适用原则。

图书在版编目（CIP）数据

中国法制史研讨教学案例／夏新华主编. —长沙：湖南师范大学出版社，2021.9

ISBN 978 - 7 - 5648 - 4329 - 8

Ⅰ.①中… Ⅱ.①夏… Ⅲ.①法制史—研究—中国—教案（教育）—高等学校 Ⅳ.①D929

中国版本图书馆 CIP 数据核字（2021）第 169130 号

中国法制史研讨教学案例
Zhongguo Fazhishi Yantao Jiaoxue Anli

夏新华　主编　刘顺峰　副主编

◇出　版　人：吴真文
◇责任编辑：孙雪姣
◇责任校对：李　航
◇出版发行：湖南师范大学出版社
　　　　　　地址/长沙市岳麓区　邮编/410081
　　　　　　电话/0731 - 88873071　88873070　传真/0731 - 88872636
　　　　　　网址/https：//press. hunnu. edu. cn
◇经销：新华书店
◇印刷：长沙雅佳印刷有限公司
◇开本：710 mm×1000 mm　1/16
◇印张：15
◇字数：255 千字
◇版次：2021 年 9 月第 1 版
◇印次：2024 年 9 月第 3 次印刷
◇书号：ISBN 978 - 7 - 5648 - 4329 - 8
◇定价：68.00 元

凡购本书，如有缺页、倒页、脱页，由本社发行部调换。